노인복지론

박희숙 · 장원태 · 곽종형

KNOWLEDGE COMMUNITY 공동체

Preface

우리나라 고령화 속도가 OECD 국가 중 1위라는 사실을 알고 계신가요?

생활수준의 향상과 의료기술의 발달로 인해 인간의 수명연장은 인구의 고령화를 가져오게 되었습니다. 통계청에 따르면, 우리나라는 이미 2000년을 기준으로 고령화사회로 진입하였고, 65세 이상의 인구가 총인구를 차지하는 비율이 2018년에는 14.3%로 고령사회에 진입하였으며, 2026년에는 20.8%로 이르게 되어 초고령사회에 진입할 것으로 보고하고 있습니다.

이와 같이 전 세계에서 그 유례를 찾아볼 수 없는 우리나라의 급격한 노인인구의 증가는 다양한 사회문제를 가져오게 되었으며, 우리 사회의 중요한 과제가 되었습니다. 하지만 초고령사회로의 진입을 코앞에 두고 있는 지금, 급격하게 늘어나는 노인인구에 비해 우리 사회가 노인을 위해 계획하고 있는 시설이나 정책은 극히 미미하고 부족한 실정입니다.

이에 따라 노인복지를 바르게 이해하고 시대변화에 맞는 노인복지 정책 및 서비스 제공을 위한 노력이 필요하다 생각합니다.

이러한 시기에 맞춰 대학에서 다년간 노인복지를 강의한 저자들과 현장실무를 담당하는 교수들이 함께 모여 그간의 강의경험과 변화하는 사회경제적 상황을 반영한 노인복지 저서의 필요성을 인지하여 노인복지 동향·정책·사회적 변화 등 각 분야를 반영한 노인복지론을 집필하게 되었습니다.

이 책의 구성은 총 14장으로 이루어져 있고, 각 장에서는 다음과 같은 내용을 다루고 있습니다. 제1장에서는 노인의 이해, 제2장에서는 노화에 대한 일반적 견해를 다루고 있고, 제3장에서는 노년기의 발달과제 및 건강관리에 대해 다루고 있습니다. 제4장에서는 현대사회와 고령화, 제5장에서는 가족과 노인가구의 변화에 대해 다루고 있고, 제6장에서는 사회문제로서의 노인문제에 대해 다루고 있습니다. 제7장에서는 노인복지정책의 기초, 제8장에서는 노인복지 관련법에 대해 다루고 있고, 제9장에서는 노인복지의 정책에 대해 다루고 있습니다. 제10장에서는 노인복지실천과 기술, 제11장에서는 장기요양보험제도 및 노인복지서비스, 제12장에서는 노인교육과 자원봉사, 제13장에서는 노인과 죽음, 제14장에서는 고령사회와 노인복지의 미래에 대해 다루고 있으며, 마지막으로 부록에서는 NCS 학습모듈을 다루고 있습니다.

이 책이 21세기 고령화사회의 당면 과제인 한국의 노인문제를 해결하기 위해 노인복지 수준을 한 차원 높이고, 이론과 현실을 체계화시킬 수 있으며, 무엇보다 대학에서 노인복지론의 교재로 사용할 수 있을 뿐만 아니라 노인문제와 노인복지에 관심을 가진 많은 분들에게도 널리 활용될 수 있기를 기대합니다.

끝으로 이 책이 완성되도록 함께해 준 교수님들에게 감사의 마음을 전하고, 이 책의 출판을 격려하고 도와주신 공동체 사장님, 공동체 가족 여러분께 감사드립니다. 그리고 무엇보다 이 책으로 강의하시는 교수님들과 이 책을 통해 공부하게 될 학생들에게도 감사를 드립니다.

2023년 10월

저자 일동

Contents

PART 2 고령화사회와 노인문제

PART 3 노인복지정책

PART 4 노인복지실천

01

PART

노인의 이해 및 노년기의 발달과제

Chapter 1

노인의 이해

1. 노인의 개념

노인에 대한 사전적 의미로 '노인(老人)'은 나이가 들어서 늙은 사람을 뜻한다. 공식적으로 어르신이라고 부르지만 그 밖에도 고령자, 늙은이, 실버, 시니어 등으로 사용하기도 한다. 노인이란 생활과정의 최종단계에 돌입하게 되면서 신체적·정신적·사회적인 측면에서 그 능력이나 적응성이 퇴화되는 현상을 나타내게 된다.

제2회 국제노년학회(International Association of Gerontology, 1951)의 의학적 견지에서는 다음과 같이 노인을 정의하고 있다.

노인이란 생리적·심리적·환경적 행동의 변화가 노화과정 속에서 복합적으로 상호작용하는 형태의 과정에 있는 사람이며, 이를 세분화하여 설명하면 다음과 같다.

첫째, 자체조직에 결핍이 있어 환경변화에 적절하게 적응하기 힘든 사람

둘째, 자기통합능력이 감퇴되어 가는 생애주기에 있는 사람

셋째, 인체의 기능, 조직, 기관 등에서 노화로 인한 감퇴현상이 일어나는 시기에 있는 사람

넷째, 인생 자체의 적응이 정신적으로 결손되어 가고 있는 사람

다섯째, 인체의 기능과 조직의 소모로 인한 적응이 감퇴상태에 있는 사람

Breen(1960)은 노화의 개념에는 생리적·생물학적·심리적, 그리고 사회적

노화의 개념까지 포함되어야 한다고 주장하면서 노인의 개념을 첫째, 생리적 및 생물학적인 면에서 퇴화기에 있는 사람, 둘째, 정신기능과 성격이 심리적인 면에서 변화되고 있는 사람, 셋째, 사회적인 역할과 지위가 상실되어 가고 있는 사람이라고 정의하였다.

우리나라의 고령자고용촉진법에서는 노인을 55세 이상으로, 국민연금법은 만 60세 이상으로, 노인복지법과 국민기초생활 보장법은 65세 이상인 자로, 단 유료노인요양시설 및 유료노인전문요양시설, 유료노인복지주택은 60세 이상으로 연령에 따라 구분하고 있다. 이처럼 노인의 개념은 연령을 기준으로 할 뿐만 아니라 신체적 · 사회적 · 정신적 특성의 다양한 측면에서 그 개념을 찾을 수 있으며, 최종적으로 신체적 · 정신적 및 사회적 기능과 역할능력이 퇴화되고 감퇴되는 현상을 겪고 있는 사람을 노인이라고 개념 지을 수 있다.

노인이란 비생산적 연령(post-productive age)이라는 의미로 사용하며 그 기준은 나라마다 다소 다르게 나타난다. 미국, 프랑스, 네덜란드, 스웨덴 등은 대체로 정년퇴직의 시점부터로 보고 있기 때문에 정년퇴직이 60세 전후에서 결정되고 있는 일본의 경우에는 사회적 의미의 노년기가 좀 더 일찍 시작된다. 이는 단순하게 연령적으로 65세 이상이라고 하기보다는 실질적으로 경제적인 활동능력과 노동현장에서의 은퇴하고 있는 층을 노인이라고 일컫고 있다.

한편 우리나라에서는 전통적으로 만 60세를 '환갑'이라고 하여 노인으로 인식하여 왔으며, '고희'라고 부르는 70세의 노인들을 후하게 대접하고 장수를 기원하였다. 정부에서는 명확하게 노인의 나이를 규정하고 있지는 않지만 노인복지법 제25조, 제26조 등에서 노인에 해당되는 자를 65세 이상으로 보고 있다.

2. 노인의 발달과업 및 특성

1) 노인의 발달과업

노인은 65세 이상으로서 감각기능이 쇠퇴하는 등의 신체적 노화현상이 나타나는 시기에 있는 사람이다. 이 시기에는 문제해결에 느린 반응 및 기억력 감퇴의 특징을 보이며, 노인들만의 어떤 독특한 특성을 보이는 등의 다소 변화된 성격을 보이기도 한다. 이 시기에 노인의 발달과업은 배우자, 부모, 자녀와 같은 가족과 친구 등과의 유대관계와 친밀감을 강화해야 하며, 사별한 사람은 배우자의 죽음에도 적응해야 한다. 또한 은퇴 이후의 생활에 적응하고, 자아통합을 성취하고 죽음을 수용해야 하는 시기이기도 하다.

2) 노인의 특성

(1) 노인의 신체적 특성

노화가 되면서 노인이 겪게 되는 신체적 특징은 건강 관련 체력인 근력, 근지구력, 심폐지구력, 유연성 등과 더불어 평형성, 민첩성, 전신 반응 시간 등과 같은 기능 관련 체력, 그리고 근량감소와 체지방량이 증가하는 신체조성의 급격한 변화가 있다. 체력손실과 더불어 감각기능이 저하되고 자세유지에 관여하는 중추신경계의 기능이 감퇴하여 평형능력이 저하되어 낙상을 경험하게 된다.

(2) 노인의 심리적 특성

노인의 심리적 특성은 노인의 심리성격에 대하여 첫째, 우울증 경향이 증가한다고 하였다. 우울증은 노년기 전반에 걸쳐 증가하는데, 신체적 질병이나 배우자의 죽음, 경제능력의 약화와 사회나 가족으로부터의 소외 및 고립, 일상에 대한 자기통제의 불가능으로 인한 상실감, 지나온 세월에 대한 회한 등 이러한 많은 원인으로 인해서 노인의 우울증이 증가된다.

둘째, 내향성 및 수동성이 증가한다. 노년기에는 자신의 감정이나 사고에 의해서 사물들을 판단하게 되는 일이 많아지고 누군가의 도움을 받아 문제를 해결하려는 수동적인 성향이 증가하게 된다.

셋째, 경직성이 증가하므로 새로운 환경에 대한 적응능력이 힘들어지고, 이로 인해 노인의 학습능력과 문제에 대한 해결능력이 현저히 저하하게 된다.

넷째, 조심성이 증가하게 되는데 노인 자신의 의지로 정확성을 중요하게 생각하기 때문에 조심성이 증가한다.

다섯째, 의존성이 증가하게 된다. 신체나 경제력이 저하되는 시기이기 때문에 모든 면에서 자신의 의지가 약해지므로 다른 사람에게 의지하는 의존성이 증가한다.

여섯째, 사물에 대한 애착심이 강해진다. 오래 사용한 물건을 통해 지난 시간에 대한 회상으로 마음의 안정을 찾는다.

일곱째, 유산을 남기려고 한다. 건강한 노인일수록 자손들에게 사후에 자기 자신에 대한 자취를 남기고자 하는 경향이 있다.

이러한 변화는 노인의 기능적 정신장애, 우울증, 자살 등과 깊은 연관성을 가진다.

3. 노인연령의 UN 기준

1) 노인연령의 기준

노인인구가 증가하면 고령화 현상이 발생해 국가적인 차원에서의 문제가 나타나기도 한다. 과거에는 60세면 노인이라고 하였으나 현재는 65~70세는 되어야 노인이라고 한다.

노인의 기준이 65세로 정해진 것은 일반적으로 독일에서 시작된 것으로 알려져 있는데, 그 이유는 1889년에 독일이 세계 최초로 연금제도를 만들 때 설정한 수급자의 연령이 65세이기 때문이다. 당시 독일의 평균수명은 49세였다. 그러나 현재 기대수명은 80.8세, 수급연령은 60세이므로 현재와 비교 시 정반대의 상황이었음을 알 수 있다고 중앙일보(2012. 9. 11)에 보도되었다. 보건복지부의 「OECD 보건통계」(2019. 7. 5. 기준)에 따르면 2017년 OECD평균 기대수명은 80.7세이며 일본 84.2세, 한국 82.7세, 독일 81.1세, 미국 78.6세로 나타나고 있다.

우리나라는 법률상 노인의 나이에 대한 명확한 정의는 없지만, 1961년 생활보호법 재정 당시 수급자 범위를 '연령 65세 이상 노쇠자'라고 한 것이 국내법상 노인연령 기준에 준하게 된 것으로 볼 수 있다. 또한 법과 규범에 따라 노인 관련 연령의 기준이 상이하게 규정되어 있지만 〈표 1-1〉처럼 대부분 60~65세로 보고 있다.

〈표 1-1〉 우리나라 노인 관련 연령기준

구 분	연령기준	비 고
노인복지법	65세 이상	경로우대/ 생업지원 등
국민기초생활 보장법	65세 이상	근로능력이 없는 수급자
노인장기요양보험법	65세 이상	적용대상 노인
기초노령연금법	65세 이상	연금지급 대상자
노인일자리사업 대상	65세 이상	• 재능 나눔 활동은 만 65세 이상 누구나 • 취·창업활동은 만 60세 이상(소득기준 없음)
공공근로	65세 이상	• 일반 공공근로 사업 만 18세 이상 • 청모집군은 만 18세~만 39세 • 노인모집군은 만 65세 이상
국민연금법	62세 이상 (2019년 기준)	가입대상 제외자

노인복지회관	60세 이상	이용대상
환갑잔치	60세	-
고령자고용촉진법	55세 이상	• 고령자 : 55세 이상 • 준고령자 : 50세 이상 55세 미만

출처 : 김형익(2013). 2019년 기준으로 일부수정.

2) 노인연령의 UN 기준

현대사회는 의료기술의 발달과 고도의 경제성장으로 평균수명이 늘어나고 이로 인한 인구고령화 현상이 급속히 진전되고 있다.

인구고령화란 젊은 근로층이 나이 든 근로층 및 퇴직한 고령인구로 변화하는 것을 의미한다.

다른 국가들도 노인연령에 대한 명확히 통일된 규정을 만들지 않은 것으로 알려져 있지만, 대부분 국가들은 65세를 기준으로 삼고 있으며, 일본도 대부분 노인복지제도가 65세부터 시작된다. 또한 OECD 국가 대부분은 연금수령 연령시기를 65세 혹은 67세로 상향 조정하였으며, 덴마크와 이탈리아는 69세로 상향 조정하였다(국민연금공단, 2012).

2015년 UN이 인류의 체질과 평균수명 등을 고려해 생애주기를 5단계로 새롭게 제안한 연령기준에 따르면 0~17세는 미성년자, 18~65세는 청년, 66~79세는 중년, 80~99세는 노년, 그리고 100세 이후는 장수노인으로 구분하고 있다. 또한 UN에서는 만 65세를 기준으로 전체 인구의 7%, 14%, 20% 선에서 세 단계로 사회를 구분하고 있다. 즉, 노인인구가 전체 인구의 7% 이상~14% 미만일 경우에는 고령화사회, 14% 이상~20% 미만이면 고령사회, 그리고 이상의 고령인구 비율이 전체 인구 중 20% 이상인 사회를 초고령사회라고 한다.

Chapter 2

노화에 대한 일반적 견해

1. 노화의 개념

노화의 의미는 '연령이 증가함에 따라 성숙기 이후에 나타나는 저하현상으로, 특히 생식력 및 생존능력의 저하 등 생리학적으로 불가피한 변화의 총집합 또는 그 결과가 육체적으로 나타나는 현상'을 의미한다.

모든 생물에 공통적으로 나타나는 노화의 특성은 위와 같이 정의할 수 있지만, 사회적 동물인 인간에게 있어서 노화현상을 단순히 생리적 측면으로 나타낼 수 있는가라는 문제가 제기된다. '인구학적 노화'(전체 인구에 점하는 65세 이상 노인인구 비율의 증가현상을 의미), '사회적 노화'(가족, 친구 등과의 이별·사별 등 인간관계의 축소, 정년퇴직 등의 사회적 활동기회의 감소, 경제적 능력의 저하 등을 의미)와 함께 사용되는 경우도 있으나, 노화의 개념은 여러 가지 상황을 고려하여 결정해야 한다.

일본의 金子仁(홍종인 역, 1986)은 다음의 네 가지 특성으로 노화를 정의하고 있다.

첫째, 노화는 병이 아닌 일차적인 변화이며 본질적인 것이다.

둘째, 노화는 진행성이며 한번 시작하면 후퇴하지 않는다. 언제부터 노화가 시작되었느냐에 대한 의견차가 학자들 간에 존재하지만, 일단 한번 쇠퇴가 발생하면 원래 상태로의 회복은 불가능하다. 만일 어떠한 방법으로라도 몸의 원상복구가 가능하다면 이는 노화가 아닌 병으로 간주되어야 한다.

셋째, 노화는 인간의 몸에 해악을 가져오는 장해성을 가진다. 흔히 노화가 병으로 혼동되는 예는 바로 이 때문이다.

넷째, 노화는 누구에게나 일어나는 보편적인 것이다. 모든 이에게 노화는 평등하게 나타나며, 다만 그 출현방식이 개인마다 다르다.

Beaver(1983)는 노화를 시간이 지남에 따라 유기체의 세포, 조직, 기관조직 또는 유기체 전체에 일어나는 점진적인 변화로서, 이는 인간의 정상적 성장과 발달과정 중의 한 부분이라고 정의하였다. 이와 유사한 개념으로 Harris와 Cole(최신덕 역, 1985)은 노화란 인간에게 있어 정상적인 성장과 발달과정의 일부분이며, 적어도 생물학적 노화, 심리적 노화, 그리고 사회적 노화 등 세 가지 측면에서의 변화과정을 포함하는 것으로 이해되어야 한다고 주장한다.

여러 학자들이 정의한 노화의 특징을 살펴보면 첫째, 이러한 변화는 유기체에 내재되어 있는 필연적인 것으로서 인간이 출생하여 죽음에 이르는 전 과정에 걸쳐서 일어나고 노년기에는 특히 그 속도가 빨라진다. 둘째, 노화는 신체의 구조나 기능에 있어서의 변화뿐 아니라 인간의 적응이나 행동에 있어서의 변화유형도 포함된다. 즉, 노화는 복합적인 과정으로서 생물학적 변화뿐 아니라 심리적 변화 및 사회적 변화의 과정까지 모두 포함된다는 것이다.

2. 노화의 원칙

노화의 원인에 대하여 최근에는 새로운 연구결과가 나오고 있다. 흰 머리가 나오고 피부 주름이 생기고 근육이 약화되는 노화현상은 늙은 세포가 새로운 세포로 대체되는 세포의 이른바 '품질관리' 과정이 제대로 이루어지지 못하기 때문에 발생한다는 연구결과가 나왔다.

조선일보 2000년 3월 31일자 사이언스지 최근호에 따르면, 노화가 6천 6개의 유전자에 미치는 영향을 첨단 컴퓨터칩 기술로 분석한 결과 이 중 61개 유전자가 노화과정에서 급격한 변화가 발생하며, 바로 이 변화가 노화의 갖가지 증상을 일으킨다는 사실을 알아냈다고 밝혔다. 인체는 늙은 세포가 새로운 세포로 대체됨으로써 정상적인 기능이 유지되며, 이러한 세포의 교체는 늙은 세포와 똑같은 염색체를 지닌 새로운 세포가 만들어지는 세포분열과정을 통해 이루어진다고 밝히고, 이러한 세포의 '품질관리'를 감시하는 유전자가 제 기능을 발휘하지 못할 때 노화현상이 나타난다고 말했다. 이 감시유전자들이 제대로 기능하지 못하면 결함이 있는 세포가 똑같은 결함을 지닌 새로운 세포를 만들어 내는 악순환이 영구화되면서 노화현상이 발생한다고 밝혔다.

국내 생화학 연구팀은 세포에서 일어나는 노화현상의 비밀은 '카베올린 단백질 탓'이라고 하면서 이 물질이 세포의 성장과 분열에 관계된 신호전달체계를 방해해 세포는 더 이상의 성장과 분열이 멈춰져 노화가 촉진된다고 처음으로 밝혔다.

Chapter 3

노년기의 발달과제 및 건강관리

1. 노년기의 발달과제

1) 노년기의 발달과제

노년기는 쇠퇴기로서 생애발달의 최종단계이다. 노년기의 지적 능력과 창조성 등이 고령까지 유지된다는 사실이 최근 연구나 연구방법의 발전에 의해 밝혀지면서 노년기를 바라보는 새로운 인식이 확산되고 있다. 이로 인해 인간은 죽음에 이르는 어느 시점 전까지는 심신의 기능을 유지할 수 있다는 등의 내용이 노년기 모델에 대해서 수정되었다. 즉, 수명이 늘어난 것이 심신의 허약한 상태가 단순히 연장된다는 것이 아니라, 건강한 상태로서의 기간이 연장된다는 것을 의미하고 있는 것이다.

Erikson(1959)의 이론에 따르면, 노년기는 제8단계에 해당하는 최종단계이며, 이 시기의 심리적 위기와 발달적 과제는 절망과 자아의 통합성이라고 보았다. 자신의 인생을 되돌아보고 삶의 의미와 가치를 발견할 수 있다면 죽음까지도 수용할 수 있다는 것이다. 다만, 위기해결에서 실패한 사람은 자신의 인생을 다시 시작할 수 없다는 사실에 빠지게 될 수 있다.

한편 Peck(1975)은 중년기와 노년기를 4단계와 3단계로 구분하고 각각의 단계에서 서로 다른 심리적 과제나 적응이 있다고 주장하였다. 그는 Erikson과 같이 각각의 단계를 구분할 때 생물학적 연령으로 구분하기보다는 개인에 따라서 서로 다른 순서로 각각의 단계를 밟아나간다고 주장하였다. 특히 인생 후반기에는 다른 시기와 다르게 발달과제에 임하는 시기에 개인차이가 크다고 주장한다. 즉, 아동기와 같이 인생의 전반에는 생물학적 연령에 따른 발달수준의 차이가 거의 나지 않지만, 인생의 후반부에 들어서면 각자의 가정과 환경에 따라 발달과업이나 위기에 대한 인식이 크게 다르다는 것이다. 다음으로 그가 제안하는 노년기의 발달과제를 자세히 살펴보겠다.

(1) 자아의 분화 또는 일에 대한 몰입(은퇴의 위기)

여기에서의 과제는 60대 전후로 정년퇴직을 하게 되는 현실에서 발생하는 문제이다. 즉, 자아의 분화 또는 일에 대한 몰입이 의미하고 있는 것이 정년퇴직의 시점이 다가옴에 따라 자신의 가치를 재확인·재정의해 보며, 이제까지 오랫동안 해오던 직장생활에서의 역할보다는 더 광범위한 역할을 가지고 활동하는 가운데 만족감을 발견하는 가치의 변화라고 할 수 있다. 정년퇴직은 대부분의 사람들에게 직업생활에서 유지했던 지위의 상실과 수입 감소에 따른 생활수준의 저하를 의미한다. 또한 현시점까지 구축해 두었던 자신의 자기상과 가치관을 버리고 타인이나 자녀들에게 의존하게 되는 입장의 변화에 점차 적응해 나가야 함을 의미한다. 만약 이러한 강제적인 변화에 대해 자아가 분화하여 대인관계나 새로운 역할활동, 취미생활 등에 의미 있는 만족감을 발견할 수 있는 사람은 자신의 인생의 또 다른 면을 보다 풍요롭고 충실한 삶으로 발전시키는 계기로 만들 수 있을 것이다.

이처럼 노년기에는 보다 원만한 적응을 위해 자신과 자신의 역할활동에 대한 재정의가 필요하다. 이를 위해서 이전의 역할활동에 몰입하는 것을 선택할지, 자아를 분화시키는 것을 선택할 것인지가 노년기의 만족감과 가치관에 커다란 영향을 준다.

(2) 신체의 초월 또는 몰입(신체적 건강의 위기)

대부분의 사람들은 연령 증가와 함께 병에 대한 저항력 또는 회복력이 저하되어 신체적인 고통을 경험할 기회가 많아진다. 신체적 건강을 최우선의 행복으로 생각하는 사람은 오로지 자신의 신체에만 모든 관심을 집중시켜 노화와 질병을 비극으로만 받아들일 수도 있다. 그러나 신체의 문제를 초월하여 취미활동이나 타인과의 교류를 하는 생활을 적극적으로 찾고 영위하는 사람은 인생을 즐길 줄 알고 의미 있게 보내게 된다.

(3) 자아의 초월 또는 자아로의 몰입

죽음의 공포는 노년기의 최종 위기이다. 젊을 때 죽음은 예기치 않고 찾아오지만 노년기에 들어서면 점점 자신에게 다가오는 죽음을 발견하게 된다. 모든 사람에게 있어서 죽음이란 절망적인 것이며, 이런 위기상황을 극복해 나가는 것이 노년시기에 요구되는 발달과제이기도 하다. 그래서 점차 가까워지고 있는 죽음을 느끼면서도 가족과 자녀, 그리고 지역사회나 문화를 위해 자신이 할 수 있는 것을 찾고 최선을 다하는 노력과 애정을 통해 자아를 초월할 수 있다. 죽음에 대한 적응은 수동적인 복종을 의미한다기보다는 사후(死後) 자기 존재의 영구화를 위한 노력이며, 자기실현의 한 방법이라고 볼 수 있다.

2) 노년기의 발달과업 이론

노인은 고립된 계층으로서 취급되기보다는 지역사회 내에서 활동적 역할을 하며 대접받기를 원하므로 자기가 살던 지역사회에서 사회적 · 경제적으로 계속적인 참여를 하면서 살기를 원한다. 그러나 노인이 되어 스스로 원하는 곳에서 살기 위해서는 노후생활을 위한 많은 준비가 필요하다.

인간은 누구나 개인의 생애 중 각 단계별로 어떤 특수한 시기에 행해야 할 발달과업이 있다. 인생을 유아기부터 후기 성인기까지 구분하고, 후기 성인기(50세 이후)의 주요 과업을 통합과 절망이라고 말한다. 이 시기에 맞는 과업을 잘 수행하면 성공적인 인생을 살고, 그렇지 못하면 좌절된 삶이 된다. 이와 같이 현명한 노후생활을 대비하기 위해서는 자신도 곧 노인이 된다는 사실을 인정하고, 단계별로 요구되는 발달과업을 충분히 이해하고 늙는다는 사실을 긍정적으로 받아들이고, 이것에 대해 슬기롭고 최선을 다해 자기 연령에 맞는 역할과업을 준비해야 한다.

(1) Erikson의 노년기 발달과업 : 통합성/ 절망

① 자아통합

가. 통합성은 일생 동안 일어났던 사실들을 두려움 없이 수용하며 죽음에 직면할 수 있는 능력이다.

나. 자신의 과거 및 현재의 인생을 원하는 대로 살았다고 받아들일 뿐만 아니라 삶을 의미 있고 만족스럽게 바라볼 수 있어야 한다. 또한 다가올 죽음을 인정하면서 기다리는 태도를 갖는 것이다.

② 절망

자기의 과거 및 현재의 인생을 후회스럽고 불만스럽게 생각하고 다시 한 번 기회가 주어진다면 지금과는 다르게 살아보겠다고 생각하며, 죽음에 앞서 남은 시간이 너무 짧게 느껴져서 어떻게 할 수 없기 때문에 불안하고 초조해하는 것을 의미한다.

(2) Kubler Ross의 죽음에 대한 적응단계

Kubler Ross는 중년기에 말기 암에 걸린 환자들은 '부정-분노-타협-우울-수용'이라는 다섯 단계를 거쳐 죽음에 적응해 나간다고 했다.

〈표 3-1〉 **Kubler Ross의 죽음에 대한 적응단계**

단 계	죽음에 대한 반응
부정단계	불치병을 인정하지 않고, 의사의 오진이라고 생각함
분노단계	'왜 나만 죽어야 하지?'라고 생각하며, 건강한 사람을 원망하고 주변 사람들에게 화를 냄
타협단계	죽음을 받아들이고, 해결하지 못한 인생과업을 해결할 때까지 살 수 있도록 기원하고, 불가사의한 힘과 타협함
우울단계	주변 사람과 일상생활에 대한 애착을 보이고, 이런 것들과 헤어져야 한다는 점 때문에 우울증이 나타남
수용단계	죽음 자체를 수용하고, 마음의 평화를 회복하여 임종에 직면함

〈표 3-2〉 **죽음에 대한 태도(죽음을 두려워하는 두 가지 이유)**

죽는 과정에 관련된 두려움	죽음의 결과에 관련된 공포
• 죽음이 고통스러울 것이라는 생각 • 혼자서 죽음을 맞게 될 것이라는 걱정 • 자신이 고통받는 것을 사람들이 보는 것 • 자신의 사고와 신체에 대한 지배력을 잃게 되는 것 등	• 죽음 이후 미지의 세계에 대한 두려움 • 자기가 잊혀질 것이라는 점, 가족이나 친지들이 자신의 죽음에 대해 겪을 슬픔 • 신체가 소멸되는 것 • 사후세계에 존재할지도 모르는 벌과 고통 등

3) Peck의 노년기의 심리적 적응

Peck은 노년기에 심리적으로 적응해야 할 과업으로 다음 세 가지를 제시했다.

① 직업역할 몰두에서 자기분화로 전환 : 퇴직상황에 빨리 적응하고 새로운 활동에 만족을 얻을 수 있도록 자기 가치가 재평가되어야 한다.

② 신체몰두에서 신체초월로 나아가기 : 노화로 인한 건강상태와 외모의 변화에 초월함으로써 인간관계와 창조적 정신능력에서 행복을 정의할 줄 안다.

③ 자기몰두에서 자기초월로 나아가기 : 죽음에 직면한 상황에 적응하여 죽음을 긍정적으로 수용하고 성공적인 노화를 이끈다.

4) Havighurst의 발달과업

① 생의 발달단계는 생애주기에 따라 6단계로 구분되고, 각각의 발달단계에 주어진 과업을 그 단계에 완수하면 행복해지고 더불어 다음 단계의 발달과업까지도 잘 수행할 수 있게 된다고 보았다.

② Havighurst(1972)가 제시한 마지막 6단계인 노령기의 발달과업은 다음과 같다.

- 신체적 힘과 건강의 약화에 따른 적응
- 퇴직과 경제적 수입 감소에 따른 적응
- 동년배 집단과의 유대관계 강화
- 배우자의 죽음에 대한 적응
- 사회적 역할을 융통성 있게 수행하고 적응하는 일
- 생활에 적합한 물리적 생활환경의 조성

5) Clark & Anderson의 적응발달과업 이론

노령기에는 누구나 직면하게 되는 다섯 가지 적응과업이 있다.

① 노화의 현실과 이로 인한 활동 및 행동에 제약이 오는 것을 자각하는 것

② 노화로 인한 제약 때문에 종전처럼 만족시킬 수 없는 욕구를 다른 방법으로 만족시키는 것

③ 신체적 및 사회적 생활반경을 재정의하는 것

④ 자신의 평가기준을 새로이 설정하는 것

⑤ 노령기의 생활에 맞도록 자신의 목표와 가치를 재정립하는 것

2. 노년기의 만성질환

노년기가 되면 신체기능의 저하와 더불어 생물학적·병리적 노화의 과정으로 인하여 타인의 도움과 보호가 필요한 신체적 건강문제나 장애가 발생할 확률이 증가한다. 따라서 노년기에 발생할 수 있는 주요 신체질환의 특성, 예방 및 치료방법, 생활수칙 등에 대해 살펴보고자 한다.

1) 치 매

치매(dementia)는 뇌의 병변(病變)에 의해 단기기억장애, 사고장애, 판단장애, 지남력(식별력)장애 및 계산력장애 등과 같은 인지기능의 저하와 고등정신 기능이 감퇴되고, 성격변화, 정서 및 일상생활 동작능력 장애 등이 수반됨으로써 직업적, 대인관계 또는 일상적 사회활동에 장애를 초래하는 노년기의 대표적 기질성 정신장애이다. 치매를 유발하는 원인은 내과, 정신과 및 신경과 질환 등 60~100가지 정도로 다양한데, 치매의 50% 정도는 아직 그 원인이 정확하게 밝혀지지 않고 있다. 그러나 치매의 분자생물학적 발생기전 등이 밝혀지면서 점점 더 치매의 종류는 증가할 것으로 보인다.

치매라는 용어는 '없다'라는 의미의 'e'와 '정신'이라는 'ent'가 결합한 'ement'라는 라틴어에서 유래된 것으로 '정신이 없어진 것'을 의미하며, 한문으로는 '어리석을 치(痴)'와 '어리석을 매(呆)'로 표기한다. 이런 점에서 치매를 과거에는 흔히 '노망'이나 '망령'으로 불렀으며 나이가 들면 누구나 겪는 노화과정이라고 인식되었다. 그러나 의료기술의 발달과 함께 치매에 대한 임상적 특성이 파악되면서 이러한 인식이 바뀌어서 현재는 뇌 질환으로 인식되고 있다.

치매에 대한 인식은 고대와 중세에도 있었으나 미미한 수준이었고, 치매에 대해 본격적으로 개념정립을 시도하여 의학의 분류체계에 포함시키고자 한 것은 과학이 급속하게 발전하기 시작한 근대 이후라고 할 수 있다. 프랑스 정신의학의 아버지로 불리는 Pinel은 최초로 노인성치매(senile dementia)라는 용어를 사용하였고, 노화 자체가 일종의 질병으로 결과적으로 서서히 지적 능력과 도덕적 붕괴를 가져온다고 보았다. 20세기에 들어서면서 현미경을 사용해 신경조직을 직접 관찰하는 의학기술이 발전함에 따라 Binswanger는 뇌의 동맥경화로 인해 생기는 새로운 형태의 치매를 보고하였고, Alzheimer는 뇌에 비정상적인 아밀로이드 단백질이 쌓여서 뇌세포가 파괴되는 병인 알츠하이머병을 발견하였다.

치매는 질병으로서 특정한 조건에서 여러 증상이 함께 나타나는 증상들의 묶음이라고 할 수 있다. 이런 점에서 치매는 나이가 들면서 나타나는 단순한 기억력 저하나 건망증과는 다르다고 할 수 있다. 치매의 대표적인 초기 증상이 기억력장애로 나타나다 보니 치매를 기억력 저하나 건망증으로 착각하는 경우도 있으나, 〈표 3-3〉과 같이 정상 노인들이 나이가 들면서 생기는 기억력 저하나 건망증은 치매로 인해 나타나는 기억장애와 차이가 있다.

〈표 3-3〉 **기억력 저하와 치매의 기억장애 비교**

정상노인의 기억력 저하	치매노인의 기억장애
- 뇌의 자연적인 노화현상이 원인이다. - 경험한 것의 일부를 잊어버린다. - 잊어버리는 것이 많아져도 진행되지 않는다. - 잊어버린 사실을 스스로 안다. - 일상생활에 지장이 없다.	- 경험한 것의 전체를 잊어버린다. - 기억장애가 점차 심해지며 판단력도 저하된다. - 잊어버린 사실 자체를 모른다. - 뇌의 질병이나 손상이 원인이다. - 일상생활에 지장을 받는다.

출처 : 국립중앙치매센터 홈페이지.

(1) 치매의 원인과 유형

① 치매의 원인

치매는 다양한 원인 질환에 의해 인지기능 저하를 보이는 일종의 증후군(syndrome)이다. 따라서 치매를 유발하는 원인 질환도 내과, 신경과 및 정신과 질환 등 60~100여 가지로 다양하게 나타나고 있으나, 전체 치매의 절반 정도는 아직 그 원인이 정확하게 밝혀지고 있지 않다. 한편 보건복지가족부의 지원하에 실시된 2008년 전국 역학조사에서 나타난 치매 위험인자에 대한 결과를 보면, 고령(85세 이상이 65~69세에 비해 14.9배), 여성(남성에 비해 2.85배), 무학(교육연수 7년 이상에 비해 9.2배)이 치매 위험과 높은 연관성을 보였다. 또한 사별, 이혼, 별거, 미혼 등 결혼생활을 유지하지 못하는 사람의 치매 위험이 2.9배가량 높았으며, 중강도 이상의 규칙적 운동을 하는 사람의 치매 위험이 그렇지 않는 사람에 비해 약 1/3 수준으로 낮았으나, 운동량 및 운동 종류와 치매 위험 간의 인과관계는 전향적 후속 연구를 통해 규명되어야 할 것이다. 이 밖에 10분 정도 이상의 의식장애가 있는 두부외상의 과거력이 있는 사람은 약 3.8배가량 치매 위험이 높았으며, 우울증이 있는 사람은 약 3배가량 치매 위험이 높은 것으로 나타났다. 국립중앙치매센터에서 종합적으로 제시한 치매의 위험인자에 대한 내용을 〈표 3-4〉로 정리하면 다음과 같다.

〈표 3-4〉 **치매의 위험인자**

구 분		내 용
사회인구학적 위험인자	연 령	연령이 증가하면서 치매의 유병률 급증
	성 별	여성 : 알츠하이머 치매의 발병 위험성이 더 높음
	학 력	치매의 발병 위험성에 간접적으로 영향을 줄 가능성도 있음
유전적 위험인자	치매 가족력	영향 있음
	유전자 돌연변이 및 다형성	유전자 돌연변이 없이 발생, 유전자의 다형성에 영향받음

환경적 위험인자	흡 연	영향 있음
	음 주	포도주, 소량의 음주 : 치매의 위험성을 낮추는 데 도움
	영 양	• 산화작용 : 영향 있음 • 육식을 주로 하는 사람들은 채식을 주로 하는 사람들에 비해 치매 발생 위험성이 높음 • 높은 혈중 지질 총량, 포화지방, 콜레스테롤이 치매 발병 위험성을 높임
	사회적 지지망 및 활동	미혼, 독거, 사회적으로 고립된 노인들 : 그렇지 않은 노인들에 비해 알츠하이머 치매의 발병 위험성이 높음
신체적 · 정신적 건강상태	심 · 뇌혈관 질환	대부분의 혈관성 위험인자 : 혈관성 치매뿐 아니라 알츠하이머 치매와도 연관 있음
	우울증	치매의 발병 위험성을 증가시킴
	뇌외상	중등도 내지 심각한 뇌외상 병력 : 치매의 위험성을 높일 수 있음

② 치매의 유형

치매의 유형 분류에는 신경병리학적 소견에 의한 분류, 원인에 의한 분류, 병변의 진행에 의한 분류가 있으나, 국제질병분류 제10판(ICD-10)에서는 이를 통합하여 〈표 3-5〉와 같이 알츠하이머형, 혈관성, 기타 질병에 의한 치매, 불분명한 치매로 구분하고 있다(이은희, 2013).

〈표 3-5〉 **치매의 유형 분류**

구 분	원인 질환
알츠하이머 치매	조발성 알츠하이머형 치매, 비정형 또는 혼합형 알츠하이머형 치매, 만발성 알츠하이머형 치매, 분명하지 않은 알츠하이머형 치매
혈관성 치매	급성 혈관성 치매, 피질하 혈관성 치매, 다발성 경색 혈관성 치매, 혼합형 혈관성 치매, 기타 혈관성 치매
기타 질병에 의한 치매	파킨슨병, 픽병, 크로이츠펠트-야코프병, 헌팅턴병, HIV 감염에 의한 치매, 기타 질병에 의한 치매
불분명한 치매	분명치 않은 치매

또한 치매의 정도는 임상적 분류에 따라 경증, 중등증, 중증의 3단계로 나눌 수 있다.

경증은 사회생활 및 직업상의 능력이 상실되더라도 독립적인 생활이 가능하고, 적절한 개인위생을 유지하거나 비교적 온전한 판단력을 사용하고 있는 상태를 말한다. 중등증은 독립적인 생활이 매우 위험하며, 타인에 의한 부분적인 감독과 간호가 필요한 상태를 의미한다. 중증은 일상생활의 능력이 심하게 감퇴되어 지속적인 감독과 보호가 필요한 상태로, 스스로는 최소한의 개인위생도 유지할 수 없고, 대개는 대화가 불가능한 언어구사나 함구의 상태를 말한다.

(2) 치매의 증상과 치료

① 치매의 증상

치매는 다양한 증상을 보일 수 있지만 인지기능장애 증상과 정신행동 증상으로 나눌 수 있다.

가. 인지기능장애

인지기능장애 증상으로는 기억력장애, 지남력장애, 언어장애, 실행능력장애, 판단력장애 등을 들 수 있다.

첫째, 초기에는 최근에 있었던 일을 기억하지 못하는 단기기억력의 감퇴가 주로 나타나며 시간이 지남에 따라 장기기억력의 감퇴도 동반하게 된다.

둘째, 날짜와 계절에 대한 감각이 떨어지는 시간지남력의 장애를 보이게 된다. 즉, 환자는 오늘이 며칠인지, 무슨 요일인지 혹은 지금이 무슨 계절인지를 모르게 되고 이에 따라 자주 날짜를 착각하여 실수를 하게 된다.

셋째, 언어소통에 장애를 보여 말을 하는데 단어가 떠오르지 않거나, 적절한 단어를 사용하지 못하고 다른 단어를 사용한다.

넷째, 시공간능력에 장애가 발생하여 자주 다니던 익숙한 거리에서 길을 잃거나 심하게는 집 안에서 방이나 화장실 등을 찾아가지 못하는 증상으로까지 발전할 수 있다.

다섯째, 감각 및 운동 기관이 온전한 데도 불구하고 목적성 있는 행동을 못하는 실행능력장애가 발생한다. 처음에는 운동화 끈을 매지 못한다든가 하는 증상에서부터 시작하여 집 안의 간단한 도구, 예를 들면 가스레인지 혹은 텔레비전 등을 적절하게 사용하지 못하게 된다.

여섯째, 돈 관리를 제대로 못하고 때로는 필요 없는 물건을 사기도 하는 등 판단력장애가 발생한다.

나. 정신행동 증상

성격의 변화가 발생하여 예전의 성격이 강해지거나 충동조절이 안 되고, 인지기능의 저하에 대한 반응으로 혹은 그와 상관없이 우울증을 보인다. 또한 이유 없이 자꾸 서성거리며 한 자리에 오래 앉아 있지 못하는 일이 많으며, 자신의 소지품을 제대로 챙기지 못하고 자꾸 다른 사람이 자신의 것을 훔쳐간다든지 하는 의심이 늘어난다. 한편 장애가 생겨 낮에는 자고 밤에는 돌아다니며 가족들의 수면을 방해하는 일이 자주 있으며, 때로는 지각의 장애가 생겨 다른 사람의 눈에는 보이지 않는 것을 본다든지 다른 사람의 귀에 들리지 않는 것을 듣는다든지 하는 환각현상을 보이기도 한다. 이 밖에 주변에 대한 관심과 흥미를 잃고 새로운 일을 시작하려는 의욕이 감소한다.

② 치매의 치료

대부분의 치매는 시간이 흐를수록 진행되며 증상이 변화하기 때문에 당황하지 말고 침착하게 대처하는 것이 필요하다. 또한 대부분의 치매환자는 근원적인 치료방법이 없기 때문에 점진적으로 기능을 상실하며 생을 마감하기 때문에 체계적인 치료관리를 통해 삶의 질을 향상시키기 위해 가족과 주변 이웃들의 정서적인 지원이 필요하다. 이를 위해 통합적 치료관리가 강조되는데, 이는 치매환자의 현재 기능을 극대화하고 최대한 오래 보존하며 장기간 치료관리를 행하기 위해 의료, 간호, 복지, 작업치료, 물리치료, 전문요양 등 다양한 분야의 측면에서 실제 효과가 입증된 최적의 치료관리 방법을 체계적으로 환자와 가족에게 제공하는 것을 말한다.

통합적 치료관리를 위해서는 치매의 진행에 따라 초기에는 정확한 진단, 약물치료, 인지재활 등 비약물적 치료, 치매에 대한 정보수집, 치매교육에 참가하고, 중기에는 인지기능 약물치료 유지, 정신행동 증상에 대한 약물치료 병행, 공존질병 관리, 비약물적 치료관리, 치매교육 참가, 치매상담 및 가족모임 참가, 일상생활 보조, 시설입소 고려, 일정한 휴식시간 확보를 하며, 말기에는 인지기능 약물치료 유지 혹은 중단, 정신행동 증상에 대한 약물치료 병행, 합병증 및 공존질병에 대한 치료관리, 비약물적 치료관리, 치매상담과 가족모임 참가, 일상생활 보조, 일정한 휴식시간 확보, 이별과 애도에 대한 준비를 해야 할 것이다.

한편 치매의 경우 조기발견이 중요한데, 이를 위해서는 무엇보다 치매를 의심하는 것이 중요하다. 따라서 기억력이 현저하게 저하된 경우 그냥 '나이가 들어서'라고 생각하지 말고 치매전문의사와 상담해야 할 것이다.

치매의 원인은 매우 다양하고 절반 이상의 치매가 아직까지 정확한 원인이 밝혀지지 않고 있기 때문에 치매의 치료를 위한 수술이나 약물치료 등의 효과에 한계가 있다. 이를 보완하기 위해서 대체의학적 요법들과 음악요법, 미술요법, 원예요법, 작업요법 등의 다양한 재활요법을 함께 활용하고 있으며, 특히 치매는 간호와 보살핌을 필요로 하는 정신장애이므로 치매와 관련된 간호법에 대해서도 알아야 한다.

(3) 치매 실태 및 과제

① 우리나라의 치매 실태

보건복지부가 국가적 차원에서 2008년에 이어 두 번째로 실시한 '2012년 치매 유병률 조사' 결과를 보면, 2012년에 65세 이상 노인의 치매 유병률은 9.18%로 추정되었다. 급속한 고령화로 치매 유병률은 계속 상승해 환자 수도 2012년 약 54만 명에서 2030년에는 약 127만 명, 2050년에는 약 271만 명으로 매 20년마다 약 2배씩 증가할 것으로 |그림 3-1|과 같이 추산된다.

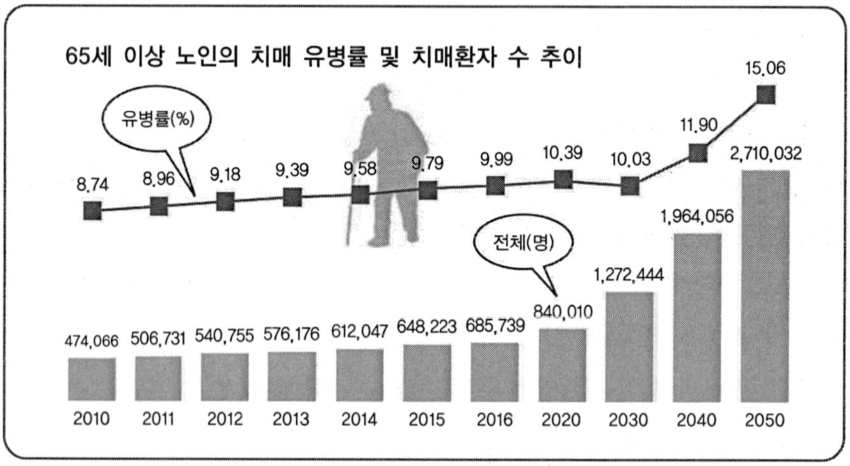

|그림 3-1| 65세 이상 한국 노인의 치매 유병률 및 치매환자 수 추이

출처 : 보건복지부(2017).

치매 유형별 분포를 살펴보면, 전체 치매환자 중 알츠하이머 치매는 71.3%, 혈관성치매는 16.9%, 기타 치매는 11.8%의 비율을 차지하고 있다. 또한 치매 중증도별 분포는 최경도 치매 17.4%, 경도 치매 41.4%, 중등도 치매 25.7%, 중증 치매 15.5%로 나타나 경도 치매가 가장 높게 나타났으며, 최경도 및 경도 치매를 합하면 전체의 58.8%를 차지하고 있었다. 지역별로는 도시지역이 농촌지역에 비해 상대적으로 경도 및 중등도 치매의 비율이 더 높았다. 이 밖에 2012년 경도인지장애 유병률은 27.82%로 65세 이상 전체 노인인구의 1/4를 넘는 것으로 추산됐다. 지역별로는 농촌지역이 30.65%로 나타나 도시지역의 25.99%로 보다 높은 것으로 나타났다.

한편 치매 위험도는 고령자일수록, 남성보다는 여성이, 고학력자보다는 저학력자인 경우에 높은 것으로 나타났다. 위험 증가 인자로는 배우자 부재(사별, 이혼, 별거, 미혼 등)가 2.9배, 두부외상 과거력 3.8배, 우울증 2.7배로 나타났다. 보건복지부는 이러한 치매노인 급증 추세에 대응하기 위해 2012년에 '제2차 국가치매관리종합계획(2013~2015)'을 수립했고, '국가치매관리체계 확립'을 국정과제로 확정했다.

② 과제

인간의 수명이 점점 늘어나면서 건강에 대한 관심이 더욱 높아지고 있다. 특히 한국처럼 고령화사회로 진입하는 기간이 빠른 사회에서 건강하게 오래 산다는 것은 하나의 희망사항으로까지 인식되고 있다. 치매환자가 증가하는 것은 건강에 대한 관심이 높아지면서 검진을 통해 질병을 발견하고 꾸준히 관리받는 사람이 늘어났기 때문이라는 분석도 있다. 실제로 4대 중증 질환 중 하나인 뇌혈관질환은 지난 10년 동안 꾸준히 증가했지만 이로 인해 사망하는 환자는 10년 전보다 줄어들었다.

치매로 고생하는 당사자 및 주변 사람들을 줄이기 위해서는 다음과 같은 사항을 실천에 옮겨야 한다.

첫째, 치매에 대한 부정적인 인식을 개선하고 치매예방 및 조기검진 시스템을 도입해야 한다. 치매는 노화현상으로 누구나 걸릴 수 있으며 체계적인 치료관리를 통해 증상을 완화시킬 수 있으므로 부정적으로 생각하여 극단적으로 대해서는 안 된다. 따라서 인지재활 프로그램을 더욱 개발하여 치매에 대한 부정적 인식을 개선하는 작업도 꾸준히 추진해야 한다. 또한 현재 정부에서도 치매관리법을 제정하여 치매관리종합계획 수립, 치매연구사업, 치매검진사업, 역학조사, 치매상담센터 설치 등을 추진하고 있으나, 아직 초기단계로 예산도 부족하고 인력도 부족하므로 이를 확충하여 제도적 기반을 구축하는 데 힘써야 할 것이다.

둘째, 치매가족의 부양부담 경감을 위한 지원방안을 확립해야 한다. 먼저 치매관리법 제12조를 보면 "국가와 지방자치단체는 치매환자의 경제적 부담능력을 고려하여 치매 치료 및 진단에 드는 비용을 예산에서 지원할 수 있다"라고 규정되어 있고, 치매관리법 시행령 제10조에서 그 대상자를 ① 건강보험가입자 및 피부양자 중 치매환자, ② 의료급여수급권자 중 치매환자 중에서 소득과 재산 등이 보건복지부장관이 매년 정해 고시하는 기준 이하인 사람으로 하고 있다. 국가예산 때문에 그렇겠지만 이러한 규정에 따를 경우 치매로 인해 고통을 받고 있는 환자 및 가족에 비해 그 대상자가 지나치게 한정되므로 점차 확대해 나가야 할 것이다. 또한 현재 치매 관련 기관이나 협회 및 보건소에서는 치매가족의 부양부담을 경감하기 위해 치매가족을 위한 교육·지지집단 프로그램, 치매가족 상담과 치료(전화나 인터넷을 통한 상담, 가족상담과 가족치료 등), 휴식서비스, 치매가족 자조집단 운영 등을 실시하고 있으나 아직까지 미미한 수준이다. 따라서 치매관리법이 제정된 만큼 정부의 적극적인 관심과 지원 아래 다양한 방안들이 마련되어야 할 것이다.

이 밖에 치매노인 및 그 가족을 위한 요양보호사, 치매시설 운영자 및 종사자 등 서비스 전문인력 공급을 위한 교육체계의 정비 및 연구기관에 대한 지원책 등이 마련되어야 할 것이다. 즉, 정부 차원에서 치매노인과 그 가족에게 필요한 보건, 복지, 의료의 통합적 서비스를 제공할 수 있는 체계를 마련해야 한다.

2) 중 풍

(1) 중풍의 정의

중풍은 '뇌혈관질환'과 같은 말이며 흔히 '뇌졸중'이라고 한다. 뇌졸중이란 사람의 뇌에 혈액을 공급하고 있는 혈관의 일부가 터지거나 막힘으로써 그 부분의 뇌가 손상되어 나타나는 신경학적 증상을 말한다. 수많은 기능을 수행하고 있는 사람의 뇌에 혈액공급이 끊기거나 손상이 생길 경우, 손상된 부분의 뇌는 그 기능을 제대로 수행하지 못하는 기능상실이 다양한 증상으로 나타나게 된다. 노년층에서 많이 발생하지만 젊은층인 20대 또는 30대에서도 발생 가능성이 있으며, 지난 10년 동안 뇌졸중 발생률은 전혀 줄어들지 않고 있다.

영어로 'stroke'로 표기하는 뇌졸중은 '마치 벼락이 치듯이 갑자기 증상이 온다'는 의미인 'apoplexy'라는 그리스어로 많이 사용하였다. 사람의 목을 통해 뇌까지 올라가는 한 쌍의 혈관인 경동맥(carotid)도 '혼수상태로 들어감'이라는 그리스어가 어원이다. 이는 고대 그리스 사람들은 오래전에 뇌졸중의 증상과 뇌졸중이 경동맥과 관계가 있다는 사실을 이미 알고 있었다는 것을 나타내 주는 증거이다.

뇌졸중의 경고신호로는 ① 신체의 한쪽에 갑작스러운 감각 손실, 저리는 느낌 또는 얼굴, 팔, 다리의 근육이 약해지는 느낌이 있거나, ② 갑작스러운 혼돈, 말하거나 이해하는 것이 어렵거나, ③ 갑작스럽게 한쪽 또는 양쪽 눈이 잘 보이지 않거나, ④ 갑작스럽게 걷는 것이 어렵고, 현기증, 균형이나 신체를 조절할 수 없거나, ⑤ 이유를 알 수 없는 갑작스럽고 심한 두통이 있거나, ⑥ 갑작스럽게 구역질이 나고 열이 나거나, ⑦ 의식을 상실하거나 저하되는 경우, 그리고 ⑧ 간질발작을 보이는 경우이다.

뇌졸중은 의학적인 응급상황이므로 뇌졸중 첫 경고신호가 있을 때 119로 즉시 전화해야 한다. 뇌졸중이 일어난 후 처음 3~6시간 안에 응급치료를 받으면 장애를 피하거나 감소시킬 수 있기 때문이다. 응급처치가 이루어진

이후로 수술, 혈전 용해제, 항응고제, 혈소판 제제 및 혈류 개선제 등을 복용함으로써 적극적으로 치료해야 한다.

(2) 중풍의 종류

① 뇌혈전

뇌혈전은 비교적 굵은 혈관인 뇌의 동맥에 동맥경화증이 심해 혈관이 좁아지거나 내벽이 상해진 상태에서 응고된 혈액이 혈관을 막으면서 발생되는 것으로, 혈액공급을 받지 못하게 되는 부위의 조직이 파괴되어 다양한 이상 증상을 일으키는 병이다. 뇌혈전 사망률은 뇌출혈보다는 낮으나 재발률이 높아 가장 중요한 문제가 된다.

② 뇌전색

뇌전색은 뇌혈관 외의 부위에서 생긴 핏덩어리이나, 심장병(심판막증, 심내막염)으로 괴사(壞死)된 조직이 혈류를 따라 흐르다가 뇌동맥에서 혈관을 막기 때문에 발생된다. 신체의 다른 부위에서의 병이 원인이 되어 나타나는 병이므로 근본적인 발생원인을 먼저 규명해야 하며, 다른 병에 비해 젊은 사람에게 비교적 많이 나타나는 것이 특징이다.

③ 뇌출혈

뇌 속의 얇은 동맥이 터져서 나온 피가 뇌실질 속으로 들어가 뇌세포가 기능을 잃음으로써 발생되는 병이다. 뇌의 작은 혈관이 터지는 이유는 주로 고혈압이 원인이 되어 동맥이 약해져서 발생된다.

뇌출혈은 갑자기 발생하므로 돌발적으로 생긴 병으로 생각하기 쉽지만, 오랫동안 고혈압을 앓은 사람이 아니라면 뇌출혈로 진행되는 일이 거의 없다. 이 질환은 흥분이나 정신적 긴장, 격무와 과로 등이 커다란 위험요소이다.

④ 지주막하 출혈

뇌동맥에 발생된 동맥류가 터져서 뇌막의 3개 층 중에서 지주막에 출혈을 일으키는 것을 말하며, 특히 배변 중에 잘 발생하고 정신적 흥분이나 긴장이 발작원인이 되고 사망률이 매우 높은 것이 특징이다.

⑤ 고혈압성 뇌증

뇌압이 갑자기 상승하여 순환장애가 발생하는 것이 원인인 병으로 중증일 때는 의식이 흐려지거나 반신이 마비될 수 있다. 이 질환은 신장의 혈관에 장애를 주어 신부전증을 유발할 수도 있으며, 이로 인해 뇌출혈도 나타날 수 있다.

(3) 뇌졸중의 증상

수없이 많고 다양한 기능을 가지고 있는 사람의 뇌 안에서 혈관이 막히거나 터지게 되면 뇌세포의 일부분이 죽게 되고 그 부위에서 담당하던 기능에 장애가 오게 된다. 이것이 바로 뇌졸중의 증상으로 나타나게 되며, 비교적 쉽게 볼 수 있는 뇌졸중의 증세는 다음과 같다.

① 반신마비(편마비)

우리의 팔과 다리를 움직일 수 있게 하는 운동신경은 대뇌에서 시작하여 내려오다가 뇌간의 아랫부위에서 교차해서 반대쪽 팔, 다리를 지배한다. 따라서 한쪽 뇌에 이상이 생기면 반대쪽에 마비가 오게 되는 것이다. 뇌간 뇌졸중의 경우에는 사지마비가 되는 경우가 많다.

② 반신 감각장애

운동신경과 동일하게 감각신경도 교차하여 올라가기 때문에 손상된 뇌의 반대쪽 신체 부위인 얼굴, 팔, 다리에 감각장애가 생기게 된다. 감각장애는 주로 반신마비와 함께 나타나며, 경우에 따라서 감각만 느끼지 못하는 경우도 있다.

③ 언어장애(실어증)

정신은 명료한데도 말을 갑자기 못하거나, 타인의 말을 이해하지 못하는 등의 증상을 언어장애라고 하며, 90% 이상의 인간은 좌측 대뇌에 언어중추가 있으므로 좌측 뇌기능 장애가 발생하면 언어장애 증세가 우측 반신마비와 함께 나타나게 된다. 뇌졸중이 발생되는 위치에 따라 글을 못 쓰거나 못 읽게 될 수도 있다.

④ 발음장애(구음장애)

목구멍, 입술, 혀 등의 근육이 마비되어 말을 알아듣거나 할 수는 있지만 발음을 정확하게 할 수 없는 경우를 말한다. 삼키는 기능인 연하작용의 장애가 함께 동반되며 일반적으로 팔, 다리의 마비와 더불어 나타난다.

⑤ 시력 및 시야 장애

뇌졸중이 후두엽에서 발생되었을 때는 반대쪽 시야의 한쪽 귀퉁이가 어둡게 느껴지거나 캄캄해지며, 한쪽 눈이 갑자기 안 보이는 증상이 나타난다.

⑥ 복시

뇌졸중이 뇌간에서 나타났을 때를 복시라고 하며, 물체가 뚜렷이 보이지 않거나 두 개로 겹쳐보이는 것이 특징이다. 대개 어지럼증이 함께 나타난다.

⑦ 두통

뇌경색보다 뇌출혈 시에 많이 나타나는 이 질환은 뇌 동맥류의 파열에 의한 거미막하 출혈일 경우에는 갑자기 극심한 두통이 발생하며, 의식을 잃어버릴 수도 있다. 일반적으로 간헐적인 두통 또는 만성적 두통의 경우는 대부분 뇌졸중이 원인이 아니지만, 평상시와 비교하여 두통의 양상과 강도가 달라졌을 경우에는 즉시 의사의 진찰을 받는 것이 좋다.

⑧ 어지럼증

어지럼증은 뇌간, 소뇌에 뇌졸중이 생겼을 때 나타나며 다른 신경학적 증상과 증후를 동반한다. 세상이 빙빙 돌고 메스껍거나 토하는 증세가 다른 신경학적 증후 없이 나타나다가 곧 좋아지게 되는 현상은 뇌졸중보다는 내이에 생긴 질환일 가능성이 높다.

⑨ 의식장애

정도가 심한 뇌졸중이거나 뇌간 뇌졸중의 경우에는 의식장애를 동반하게 된다. 가장 심각한 의식장애 상태인 '혼수상태'에서는 환자에게 아무리 자극을 주어도 깨어나지 못한다.

⑩ 식물인간 상태

심한 뇌졸중으로 인한 혼수상태에서 다행히 생명을 건지더라도 식물인간 상태가 되는 경우가 있는데, 이때는 환자가 잠도 자고 눈도 뜨지만 인식 능력이 없는 상태로 지내게 된다. 혹은 의식이 깨어나 알아볼 수 있으나 심한 언어장애와 사지마비가 후유증으로 남을 수 있다.

⑪ 치매

뇌졸중이 반복적으로 발생하게 될 경우에는 기억력, 판단력 등 지적 능력이 저하되고 동작이 서툴러지며, 대소변도 못 가리게 되는 경우도 있다. 감정조절이 잘 되지 않아서 이유 없이 울거나 웃는 증상이 나타나기도 한다.

(4) 뇌졸중의 위험요소

① 고혈압

수축기 및 확장기 혈압의 정도, 뇌졸중의 유발 정도가 뇌출혈과 뇌경색 발생에 상관이 있으며, 수축기 혈압과 관련성이 특히 높다. 고혈압이 있는 환자의 경우에는 뇌졸중이 정상인에 비해 5배가량 더 많이 발생한다. 고혈압은 뇌경색보다는 뇌출혈에 더욱 중요한 요소가 되므로 뇌출혈이 많은 우리나라 국민에게는 커다란 위험요소라 할 수 있다.

② 심장병

심장판막증, 부정맥, 심방세동, 심근경색증, 울혈성심부전 등의 심장병 환자인 경우는 정상인에 비해 뇌졸중에 발생률이 2배 정도 높다. 심방세동이 있는 노인의 경우에는 심장판막증이 없는 노인보다 뇌졸중이 생길 확률이 5배 정도 높아지며, 뇌졸중 자체가 허혈성 심근경색증 등과 같은 심장병의 중요한 위험요소로 알려져 있다. 상당수의 뇌졸중 환자는 뇌졸중 자체보다는 심장병으로 사망하고 있으며, 특히 뇌졸중이 있는 경우는 심장에 대한 심장질환에 대한 예방과 검사에 관심을 기울여야 한다.

③ 연령

연간 발생되고 있는 뇌졸중의 약 28%는 65세 이하에서 나타나고 있다. 연령이 높을수록 뇌졸중이 생길 확률이 증가되며, 70대는 50대에 비해 발병빈도가 4배 정도 높다.

④ 이전의 뇌졸중 병력

뇌졸중에 걸렸던 사람의 경우에 재발 위험률이 약 10~20배 정도로 높지만 위험요소를 잘 관리하면 재발을 줄일 수 있다.

⑤ 일과성 뇌허혈 발작

일과성 뇌허혈 발작이 있다는 말은 이미 허혈성 뇌졸중이 발병했다는 것을 뜻한다. 일과성 뇌허혈 발작이 있었던 환자는 추후에 일과성 뇌허혈 발작, 완전 뇌졸중 및 심근경색증이 발생할 위험이 높다. 뇌졸중이 발생될 확률은 65~75세의 일반인이 매년 1%라고 한다면, 일과성 뇌허혈 발작이 있었던 사람은 5~8%로 높아진다. 일과성 뇌허혈은 발병 후 1년 이내에 뇌졸중도 생길 확률이 매우 높다는 연구결과가 있다.

⑥ 흡연

연령, 고혈압의 유무 및 기타 심혈관 질환의 유무와는 관계없이 흡연 자체가 뇌졸중의 위험요소가 된다. 특히 흡연은 65세 이하 성인의 뇌졸중 위험요소로 작용하며, 젊은 15~45세 사이의 성인에서 흡연자가 비흡연자에 비해 뇌경색이 1.6배나 더 많이 발생한다고 한다. 흡연한 기간이 길수록 그 위험 정도가 더 높으며 흡연자가 담배를 끊으면 2년 이내에 뇌졸중에 대한 위험도가 감소하고, 5년째는 비흡연자와 같아지는 것으로 밝혀져 있다.

⑦ 당뇨병

당뇨병은 뇌졸중의 주요 위험요소 중의 하나인 고혈압을 직·간접적으로 일으키며, 당뇨병 자체로도 뇌졸중의 위험요소로 작용한다. 당뇨병 환자는 정상인에 비해 뇌졸중의 빈도가 약 2배가량 높다.

⑧ 음주

출혈성 뇌졸중과 지주막하 출혈은 과다한 음주와 높은 연관성이 있다. 소량의 음주가 뇌졸중의 위험도를 줄인다는 보고는 아직 과학적으로 입증된 자료는 아니다.

⑨ 혈청지질 이상

혈청지질에 발생되는 이상은 관상동맥 질환과 연관성이 높게 나타난다. 이 질환은 주로 55세 이하의 사람에게는 뇌졸중의 위험률을 높이지만, 연령이 높은 경우는 관련성이 낮다고 알려져 있다. 콜레스테롤 수치가 높은 경우에도 뇌졸중이 발생할 확률이 높다. 지질이 낮다고 해서 좋은 것만은 아니며, 오히려 콜레스테롤 수치가 매우 낮은 사람에게서는 지주막하 출혈, 뇌출혈과 같은 출혈성 뇌졸중이 발생될 위험이 높다고 알려져 있다.

⑩ 피임약(경구용) 복용

경구용으로 된 피임약을 복용하는 경우에도 뇌졸중 발생 위험도가 4~13배 정도로 증가하는 것으로 나타난다. 특히 흡연과 피임약 복용을 동시에 하는 경우는 위험도가 배로 증가한다.

⑪ 비만

비만인 사람은 혈압이 높아지기 쉽고, 당뇨병과 고지혈증이 발생할 가능성이 상대적으로 높기 때문에 일반인보다 뇌졸중에 걸릴 확률이 높아질 수 있다. 그러나 단지 뚱뚱하다는 이유만으로 뇌졸중에 잘 걸린다는 것에 대해서는 아직 정확하게 알려진 바가 없다. 다만, 고혈압과 당뇨, 고지혈증이 함께 발생하는 경우에는 비만이 간접적 위험요소가 된다고 할 수 있으며, 특히 비만인 중에서도 복부비만인 경우에 뇌졸중에 걸릴 확률이 높다는 연구결과가 있다.

⑫ 짜게 먹는 식습관

짜게 먹는 것은 고혈압과 뇌졸중의 중요한 원인이 된다. 통계적으로 음식을 짜게 먹는 국가일수록 그렇지 않은 국가에 비해 뇌졸중에 의한 사망률이 높게 나타나고 있다.

뇌졸중의 위험요소 중 심장병, 고혈압, 일과성 뇌허혈 발작, 음주, 흡연,

혈청지질 이상, 피임약 복용, 비만 등은 치료와 교정이 가능하므로 이러한 위험요소가 있는지를 알아보고 관련 질환에 대한 생활습관을 교정하거나 치료한다면 뇌졸중과 관련된 사망 및 후유증 등의 발생확률을 줄일 수 있을 것이다.

(5) 중풍의 예방

① 식습관 교정

가. 염분 섭취 제한

사람에게 생리적으로 필요한 1일 염분량은 3g 이하이다. 그러나 우리나라의 일반 가정에서는 하루 15~20g을 섭취하고 있는 것으로 조사되고 있기 때문에 싱겁게 먹을 필요가 있다.

우리가 섭취하는 염분의 56~85%는 가공식품을 통해서이며, 일반적으로 가공식품은 자연식품보다 염분이 훨씬 많이 포함되어 있다. 자연식품 중에서는 과일이나 채소보다 육류에 염분이 더 많이 들어 있으므로 가공식품보다는 자연식품을 먹고, 육류보다는 채소와 과일을 많이 먹는 것이 염분 섭취를 줄일 수 있는 방법이다.

나. 콜레스테롤 섭취 제한

콜레스테롤은 하루에 300mg 이하로 줄이는 것이 좋으며 콜레스테롤이 많은 식품은 달걀노른자, 오징어, 간, 마요네즈, 명란젓, 성게 등이다. 반면 콜레스테롤이 적은 음식은 닭, 돼지, 그리고 소의 살코기 부분이다. 특히 채소와 과일 종류에는 콜레스테롤이 거의 포함되어 있지 않다.

다. 채소 섭취 권장

과일과 채소류를 많이 섭취할수록 염분과 콜레스테롤 섭취를 제한할 수 있고, 변비까지 예방할 수 있으므로 채소와 과일류의 섭취를 권장한다.

② 체중 조절

표준체중[(키－100)×0.9]보다 20% 이상 초과한 경우를 비만이라고 한다. 비만이 뇌졸중의 직접적 원인이 된다는 것은 의학적으로 입증되어 있지 않지만 비만으로 인해 발생되기 쉬운 고혈압, 당뇨 및 고지혈증이 뇌졸중의 직접적 원인이기 때문에 정상적인 체중을 유지하도록 관리하는 것이 좋다.

가. 식이요법

섭취되는 열량보다 소모되는 열량을 늘리기 위해 음식물을 덜 섭취하는 방법이다. 그러나 섭취열량은 줄일지라도 단백질, 비타민, 무기질 등은 공급되어야 하며, 탈수를 예방하기 위해 물은 충분히 섭취해야 하고 염분은 1일 10g 이하로 줄여야 한다.

나. 운동요법

운동을 통해 체지방의 소모를 촉진하기 위해서는 공복으로 새벽과 같은 시간대에 하는 것이 좋다. 힘든 운동을 단시간 하는 것보다는 힘들지 않은 유산소 운동인 걷기와 조깅, 자전거 타기 등의 운동을 장시간 하는 것이 더 효과적이다. 특히 체중이 많이 나갈 경우 운동 시 무릎과 같은 관절에 무리가 갈 수 있으므로 수영과 같이 관절에 중력이 적게 작용하는 운동이 좋다.

다. 행동수정 요법

평소의 생활습관을 잘 관찰하여 비만의 원인이 되는 행동을 고치는 것으로 구체적인 방법은 아래와 같다.

- 식품구입은 미리 계획하고 실시한다.
- 한 번에 먹을 양만큼만 산다.
- 당분과 지방이 많은 식품구입은 지양한다.
- 음식은 주방에만 두고 방이나 책상 또는 차 안에 두지 않는다.

- 조리 시에 기름과 설탕을 적게 사용한다.
- 음식은 먹기 전에 미리 먹을 분량만큼만 작은 그릇에 덜어 사용한다.
- 천천히 음식을 먹는다.
- 독서, 텔레비전 시청 등을 할 때는 음식물을 섭취하지 않도록 한다.
- 불안하거나 우울할 때는 음식을 먹지 않는다.

③ 흡연 금지

흡연은 혈액을 쉽게 응고시키고, 동맥경화의 원인이 되며, 심장을 자극하여 불규칙한 심박동수를 만듦으로써 뇌졸중을 일으키는 중요한 요인이 된다. 또한 뇌경색과 뇌출혈의 원인이 된다.

특히 흡연은 젊은층이 뇌졸중에 걸리는 원인이 되고 있으며, 고혈압과 당뇨 등 위험요소를 가진 환자의 경우에는 뇌혈관 손상을 가속화시키는 원인이 되기 때문에 반드시 금연해야 한다.

④ 음주 금지

음주는 뇌경색과 뇌출혈을 발생시킬 수 있으며, 과도한 양의 술을 한꺼번에 마실 경우는 뇌출혈이 더 잘 발생된다고 알려져 있다. 소주 2/3병을 매일 마시는 사람의 경우 그렇지 않은 사람에 비해 10배나 높게 뇌출혈 위험에 노출되는 것으로 밝혀져 있다.

또한 과다한 음주는 급격한 혈압상승을 시킬 수 있기 때문에 고혈압이 있는 사람일 경우 며칠 동안 계속해서 술을 마시는 습관은 매우 위험하다.

⑤ 규칙적인 운동

운동과 같은 규칙적 신체활동을 지속하면 비만예방, 혈압하강의 효과와 함께 스트레스가 풀리고 뇌졸중도 예방된다는 연구결과들이 보고되고 있다. 과학기술과 문명의 발달로 다양하고 편리한 기기들이 발명되면서 인간의 신체활동은 점점 줄어들고 있기 때문에 충분히 또는 전혀 운동을 하지 못하는 사람들이 증가하면서 규칙적인 운동의 필요성이 높아졌다.

3) 퇴행성 관절염

관절염은 관절을 둘러싼 조직이 퇴화하여 물렁뼈가 얇아지고 계속되는 마찰로 인해 뼈가 자극을 받아 나타나는 질병이다. 100여 가지가 넘는 다양한 원인이 있지만, 연골의 퇴화가 가장 큰 원인이며, 50세 이후부터 진행이 빨라진다. 퇴행성 관절염은 무릎, 엉치뼈, 경추, 요추 부위에 통증을 호소하며, 류마티스성 관절염은 손목과 손가락, 발목, 팔꿈치 등 좌우대칭형의 통증을 호소하는 특징이 있다. 이를 예방하고 증상을 경감하기 위해서는 작은 관절보다 큰 관절을 주로 이용하고 맨손체조와 수영, 걷기 등의 간단한 운동과 자세를 주기적으로 교환하는 것이 좋다. 퇴행성 관절염은 휴식하면 호전되지만 류마티스성 관절염은 휴식을 하면 오히려 악화될 수 있고, 급성 관절염일 경우에는 냉찜질, 만성일 때는 온찜질이 효과적이다. 그리고 일상생활에서 지팡이, 워커, 보행기 등을 사용하여 관절을 보호하고, 병원 또는 의원에서 정확한 진단을 받고 치료해야 한다.

의학적으로 그 발병원인을 살펴보면, 유전적 요소, 혈액순환장애 등의 다양한 원인이 있지만, 인체의 노화가 시작되면서 가장 빈번하고 왕성하게 움직이는 관절이기에 장기간 사용과 노화현상에 따른 것임을 뚜렷하게 알 수 있다.

관절염에 걸리게 되면 관절의 염증과 같은 손상으로 인해 긴장된 근육에 기인한 통증, 관절이 뻣뻣해지는 경직, 우울증과 과로 등에 따른 피로 등 육체적인 고통뿐만 아니라 심리적인 고통도 동반된다.

(1) 종류

실제로는 관절에 염증이 생기지 않는 관절염까지 포함하면 그 종류가 100여 가지가 넘는다. 대표적인 관절염은 류마티스성 관절염과 퇴행성 관절염 두 가지로 나누어 볼 수 있는데 각각 다른 원인에 의해 발병된다.

① 류마티스성 관절염

- 원인 : 아직 정확하게 규명된 원인은 알려지지 않고 있다.
- 증후 : 관절조직 중 활액막이란 곳에 염증이 침투해 일반적으로 붓고 열이 나는 현상이 함께 나타나는 증상이 있다.

또한 염증이 발생한 곳의 통증이나 열감 이에도 근육통과 피로, 강직, 전신열감 등의 증상이 동시에 나오기도 한다.

염증세포가 분열하면서 관절에 침범하고, 조직들을 서서히 파괴시켜 가는 질병으로 수년 동안 지속되면 연골이 깎여나가거나 힘줄이 끊어지면서 관절이 뼈로부터 미끄러져 버릴 수도 있다.

② 퇴행성 관절염

연골의 손상으로 관절의 통증과 운동장애를 동반하는 대표적인 관절염으로서 관절염 중 발생빈도가 가장 높게 나타나며 골관절염이라고 부르기도 한다.

- 원인 : 관절의 외상, 주위 뼈의 질환이나 근육 약화, 관절의 신경손상, 체중과다, 그리고 기타 유전적인 요인 등으로 볼 수 있다.
- 발생관절 : 슬관절과 고관절, 요추, 그 외에 손가락이나 발가락 등에서도 발생할 수 있다. 류마티스성 관절염과는 다르게 손목이나 발목, 팔꿈치 등에는 잘 나타나지 않는다.
- 발생시기 : 주로 50세 이후에 발병이 빈번하여 노인들에게만 발생되는 관절염으로 오해할 수 있지만 유전적 원인이나 외상 등으로 인해 50세 이전에도 발병하는 것을 볼 수 있다.

(2) 원인

관절염은 혈액순환장애 및 유전적 요소 등과 같이 다양한 원인이 있으며, 인체의 노화와 함께 관절 또한 장기간 사용으로 인한 손상이 발생한다.

관절에 침투한 염증을 제거 및 치료하고 손상된 부분을 회복시키는 과정이 잘 이루어지지 않을 때도 발생할 수 있다.

(3) 작용기전

손상을 입은 조직을 치료하거나 염증을 예방하거나 완화 및 제거하는 두 가지 방향에서 이루어진다.

관절의 조직은 다양한 종류의 당분자 고리를 갖는 단백질로 구성되어 있다는 데 특히 주목해야 한다. 당분자 고리와 단백질은 주로 마그네슘을 포함하는 효소의 작용에 의해 결합되기 때문에 손상된 조직을 치료하기 위해서는 세포의 재생과 증식을 유도하는 핵산의 존재가 필수적이다.

다시 말해, 아미노산을 이용해서 필요한 단백질을 합성해 내는 RNA가 다량으로 투입되어야 한다는 것이다. 핵산이 충분히 보충되면 결합조직을 이루는 세포의 분열이 촉진되고 이를 통해 손상된 세포에서 정상세포로의 교체가 활성화되어 결과적으로 통증이 완화되는 것이다. 핵산이 관절과 신경조직의 손상된 세포를 건강한 세포로 교체해 주기 때문이다.

또한 관절의 조직은 주로 단백질로 이루어져 있으므로, 핵산의 보충을 통해 단백질 합성이 증진되면서 손상된 관절조직의 회복은 물론 손상되기 전 예방에도 큰 도움이 될 수 있다. 그리고 관절조직의 빠른 재생은 물론 같은 원리에 의해 골조직의 빠른 재생까지도 유도하는 까닭에 골절회복에도 좋은 효과를 볼 수 있다.

02

PART

고령화사회와 노인문제

Chapter 4

현대사회와 고령화

1. 세계 인구의 고령화 동향

인류의 염원이 오래 사는 것에 있었다는 것을 고려하면 인구고령화의 도래는 당연한 것이다. 인구고령화는 전체 인구 중 노인인구의 비율이 늘어나는 것이다. OECD 통계에 의하면, 65세 이상의 인구가 1990년에는 전체 인구 중 약 12.5%에 이르렀지만, 2010년 이후 급속히 증가하여 2030년에는 약 24.4%에 달할 것으로 전망하였다. 노인인구가 계속 증가하는 이유는 영양상태가 좋아져 자연 수명이 늘어났을 뿐 아니라 제2차 세계대전 이후 출산율이 높아진 데다 경제 발전 및 의료시스템의 발전으로 유아사망률이 크게 줄어들었기 때문이다(우 정, 2010). 이 밖에 건강에 대한 관심의 증가와 교육의 대중화, 환경위생과 주거환경의 개선 등도 중요한 이유로 들 수 있다. 이러한 노인인구의 증가와 인간수명 100세 시대는 인류역사상 전대미문의 일이다.

UN은 65세 이상 인구비율이 7%를 넘어가면 고령화사회(aging society), 14%를 넘으면 고령사회(aged society), 초고령사회(super-aged society)로 분류하였다. 우리나라는 1990년 65세 이상 노인인구가 전체 인구의 5.1%였으나, 2000년 7.2%로 고령화사회에 진입하였고, 2018년에는 노인인구 비율이 14.3%로 고령사회에 진입할 예정이며, 2026년에는 20.8%가 되어 초고령사회가 될 전망이다(통계청, 2010).

고령화사회에 들어선 지 불과 26년 만에 초고령사회로 진입하는 급속한 고령화는 세계에서 유례가 없는 것이다. 〈표 4-1〉에서 보는 바와 같이 서구 제국의 경우 고령화사회에서 초고령사회로 가는 데 최소 77년(독일)에서 최고 154년(프랑스)이 걸렸다.

이웃 나라인 일본의 경우에도 36년이 걸렸다. 초고령사회로 가는 데 기간이 오래 걸릴 경우 이에 대한 정책적 대안을 마련할 수도 있을 뿐 아니라 설령 정책적 실패가 발생할 경우에도 이를 대비할 수 있는 기간이 있다는 점에서 유리한 점이 있다.

〈표 4-1〉 **국가별 인구 고령화 속도**

구 분	도달연도			증가 소요연수	
	7%	14%	20%	7% → 14%	14% → 20%
일 본	1970	1994	2006	24	12
프랑스	1864	1979	2018	115	39
독 일	1932	1972	2009	40	37
영 국	1929	1976	2026	47	50
이탈리아	1927	1988	2006	61	18
미 국	1942	2015	2036	73	21
한 국	2000	2018	2026	18	8

출처 : 박현식 외(2014).

그리고 최고 장수국가는 2018년 기준으로 일본(84.1년)과 스위스(83.7년), 한국(82.7년) 평균 기대수명이 83.3세에 달했다(OECD Health Statistics 2018).

OECD주요국 성별 기대수명 단위 : 년

여자 (OECD평균 83.3)		남자 (OECD평균 77.9)	
87.1	일본	스위스	81.7
86.3	스페인	일본	81
85.7	한국	이탈리아	81
85.6	스위스	노르웨이	80.7
85.6	이탈리아	이스라엘	80.7
85.5	프랑스	스웨덴	80.6
85.4	룩셈부르크	스페인	80.5
84.6	호주	호주	80.4
84.4	필란드	아이슬란드	80.4
84.3	슬로베니아	룩셈부르크	80.1
84.3	포르투갈	뉴질랜드	80
84.2	노르웨이	네덜란드	80
84.2	이스라엘	아일랜드	79.9
84.1	스웨덴	캐나다	79.8
84.1	아이슬란드	한국	79.7
84.1	오스트리아	영국	79.4
84.0	그리스	오스트리아	79.3

|그림 4-1| **2018년 국가별 기대수명**

출처 : 통계청(2018); OECD.

2. 고령사회가 미치는 사회적 영향

고령화사회의 화두는 어떻게 하면 건강하게 장수를 누릴 것인가에 있다. 건강의 지속 가능성 유지가 중요한 것이다. 그것이 보장되지 않을 경우 장수는 축복이 아니라 재앙이고 저주에 가깝다고 할 수 있다. 노인인구가 늘어나면서 우리 사회가 거대한 양로원으로 변할 수도 있기 때문이다. 또한 노인들이 개인적으로 건강수명을 유지한다고 해도 고령화사회에서 대두하는 다음과 같은 과제는 정부에서 정책적·제도적인 장·단기 대책을 마련하여 해결해 나가야 할 것이다.

1) 노인부부가구 및 노인독신가구의 증가

현재 우리 사회는 핵가족제도가 보편화되고 있으며, 노인부부가구 및 노인독신가구가 증가하고 있는 것으로 나타났다. 이처럼 가구구성원 수가 줄어든다는 것은 사실상 가정의 안전성이 그만큼 줄어드는 것을 의미한다.

한국보건사회연구원이 펴낸 「노인의 가족형태 변화에 따른 정책과제 : 1994~2011년의 변화」라는 보고서에 따르면, 혼자서 가구를 형성하는 노인독신가구의 형태는 |그림 4-2|와 같이 나타난다. 이러한 변화는 노인부양인식 등 가족의 가치관 변화와 경제수준 및 건강상태, 양호한 노인증가 등의 영향으로 나타났다고 판단된다.

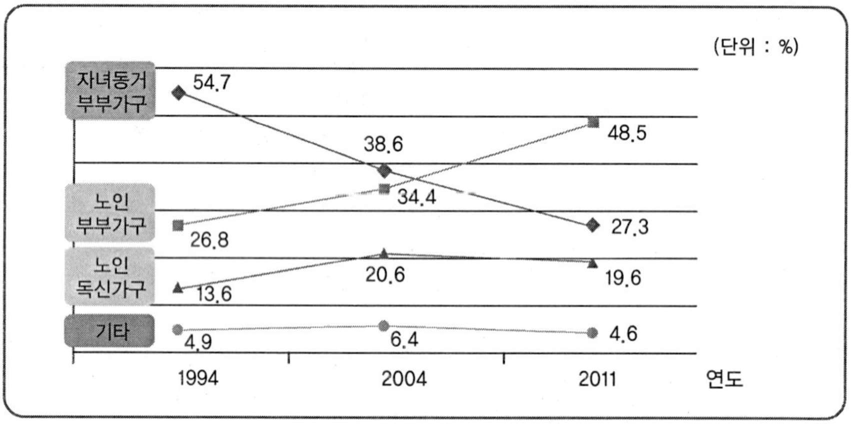

|그림 4-2| **노인가구 형태 변화**

※ 기타는 친구 또는 친지끼리 모여 사는 노인가구, 조손가구 등 포함
출처 : 이윤경(2014).

한편 자녀동거노인은 줄고 노인단독가구는 늘어나는 등 한국 노인이 비록 자녀와 공간적으로 분리되긴 했지만, 같이 살지 않는 자녀와 비교적 친밀한 관계를 맺으며, 자녀와 동거하는 것과 비슷한 수준의 가족관계를 지키는 것으로 파악됐다.

2) 사회적 비용의 증가

노인은 대부분 경제활동을 하지 않기 때문에 사회경제적 부담으로 인식되고 노인의 건강상실은 가족과 사회에 부담으로 작용한다. 그중에서도 치매와 중풍은 환자 본인뿐 아니라 가족 간에 불화를 일으키고 가정을 파괴하는 요인이 될 정도로 가족들이 겪는 고통은 심각하다.

성인노인들은 복부비만, 당뇨병, 고혈압, 심장병, 고지혈증 등 '대사증후군'에 시달리고 있다. 대사증후군은 서서히 삶의 질을 떨어뜨리며 평생을 괴롭히는 질병이어서 '죽음의 5중주'라고도 한다. 이에 따라 우리나라 노인들의 의료비는 〈표 4-2〉에서 보는 바와 같이 매년 계속 증가하여 2010년에는 14조 원을 넘어섰으며 2005년에 비해 3배 이상 증가하였다.

〈표 4-2〉 **노인의료비의 연도별 증가현황**

구 분	2005년	2006년	2007년	2008년	2009년	2010년	연평균 증가율(%)
적용인구(천 명)	47,103	47,392	47,820	48,160	48,614	49,907	0.5
노인인구(천 명)	3,541	3,912	4,387	4,600	4,826	4,979	5.0
비율(%) (노인/ 적용인구)	7.5	8.3	9.2	9.6	9.9	10.2	–
총의료비(억 원)	207,420	248,615	323,892	348,690	393,390	436,281	11.2
노인의료비(억 원)	44,008	60,731	91,189	107,371	124,236	140,583	18.1
비율(%) (노인/ 총의료비)	2.1	2.4	2.8	3.1	3.2	3.2	

출처 : 김진수(2011) 재인용.

그런데 연령대별 의료비를 보면 중년층 이상의 의료비가 전체 의료비의 70% 이상을 차지하는 것으로 |그림 4-3|과 같이 나타났다. 사실 노인들에게 가장 중요한 생활이슈는 건강하고 안전한 생활욕구라고 할 수 있는데,

우리나라의 경우 연금 및 노후보장 의료복지 수준이 아직 열악한 실정이다 보니 노인의료비 때문에 가정이 파괴되는 경우도 있다. 전 국민이 의료보장의 혜택 속에 살아가고 있지만 건강보험료의 환자부담률이 아직 유럽 국가들보다 10% 정도 높은 수준이므로 이를 해결하기 위한 대책의 마련이 시급하다. 또한 노인들도 자기관리를 철저하게 하여 건강할 때 조심하고 건강이 나쁘다고 절망하지 말아야 할 것이다.

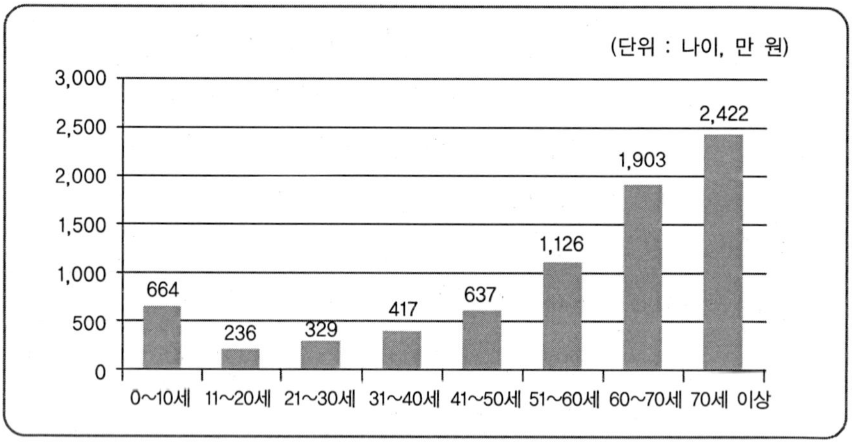

|그림 4-3| **연령대별 의료비**

3) 경제적 비용 증가

인류문화사적으로 '노인을 위한 나라'는 없다. 동서양을 막론하고 노인을 죽음에 이르도록 내버려 두는 풍습은 다양했다. 지금의 카스피 해 연안에 살던 고대 카스피족은 70세가 넘으면 모조리 굶겨 죽여 시체를 벌판에 버렸고, 아메리카 대륙 원주민의 경우 노인들에게 고된 일을 시켜 진이 빠져 죽음에 이르도록 했으며, 북극의 에스키모들은 늙어서 스스로 먹을 것을 못 구하면 무리가 이주할 때 남겨두고 떠났다고 한다. 한편 여진족은 혼자 운신하지 못하는 노부모를 자루에 넣은 뒤 나뭇가지에 걸고 활을 쏘아 한 발로 죽게 하면 효자라는 칭송까지 받았다고 한다. 이 밖에 부모가 늙고 병이

들면 산속 구덩이에 버려두었다가 죽는 것을 기다려 장사 지내는 풍습인 고려장과 유사한 제도들이 일부 나라에 있었다는 것을 보면 고대사회에서는 식량, 땔감 등이 넉넉지 않아서 노인봉양은 자손들에게 경제적인 부담으로 작용했던 것 같다.

이처럼 노인들은 경제력이 없기 때문에 경제력을 담당하고 있는 젊은이들과 갈등을 겪는다. 영국의 인구학자 Paul Wallice는 고령사회의 충격을 지진(earthquake)에 비유하여 Age Quake라고 하면서 베이비붐 세대가 은퇴하는 2020년경 세계경제는 Age Quake로 인해 지각변동을 맞게 되는데, 그 강도가 리히터 규모 9.0에 해당하는 대지진이 될 것이라고 하였다. 또한 투표권을 무기로 부양의무를 강요하는 노인들과 이에 반발하는 젊은이들의 대결이 불가피할 것이라고 전망하였다. UN은 한 국가가 초고령사회에 접어들면 노동력 부족, 노인복지 비용의 증가와 같은 경제적 문제에 부딪히게 된다고 경고하였다. 이런 맥락에서 한편에서는 노인들의 과도한 연명치료를 줄이고 그 돈을 어린아이들의 예방접종 등에 쓰자는 주장도 나왔다(우 정, 2010).

우리나라도 상황은 유사하다. 우리나라는 아직 은퇴준비 후진국에 속하기 때문에 현행 일반사회시스템과 복지시스템만 갖고는 당면한 고령사회의 문제를 해결하는 데 한계가 있다. 더구나 저출산 · 고령화 현상까지 겹치다 보니 노인부양 문제는 심각한 사회문제로 대두되고 있다. 따라서 우리나라도 그동안의 인구보너스(demographic bonus) 시대를 지나 조만간 인구오너스(demographic onus : 생산연령인구 비중이 하락하면서 경제성장이 지체되는 것) 시대에 돌입할 것으로 예견되고 있다. 한편 한국보건사회연구원의 '2011년도 노인실태조사'에 따르면, 일하는 노인(65세 이상) 3,583명 중 무학, 초등학교 졸업 등의 저학력층은 생계비 목적의 경제활동 응답비율이 높은 반면, 전문대 이상의 고학력자의 경우 생계비 목적으로 경제활동에 종사하는 비율은 낮게 나타났다. 또한 저소득층은 생계비 목적의 경제활동 수행비율이 높았지만 고소득층의 경우 용돈, 건강유지, 경력활용 등의 응답비율이 상대적으로 높았다.

4) 노인범죄의 증가

고령사회가 가속화되면서 이에 따른 노인범죄가 급증하고, 특히 살인, 방화, 성폭행 등 강력범죄 비율도 시간이 갈수록 크게 높아져 노인범죄가 점차 흉포해지는 것으로 나타났다. 즉, 과거에는 노인 하면 사회적 약자로서 주로 범죄자들의 피해대상이 됐는데 이제는 가해자로 변해가는 추세가 뚜렷해졌다.

노인범죄에 노인부양비, 실업률 등 다양한 요인이 영향을 미쳤으나, 이 중 노인의 경제활동참가율이 형법범죄, 재산범죄, 강력범죄, 풍속범죄에 부(-)의 영향을 미쳐 노인범죄를 감소시키는 중요한 요인이라고 하였다.

따라서 노인범죄의 예방 차원에서 정부는 노인일자리사업을 확대하는 동시에 재취업 지원체계 및 신기술교육 프로그램 등을 지속적으로 개발하여 제공해야 할 것이다. 또한 은퇴한 노인들로 구성된 '노인경찰대(silver police)' 제도를 운영하여 노인범죄가 많이 일어난 장소를 관리하도록 하는 등 대안을 마련해야 할 것이다.

3. 우리나라의 인구고령화 현황

1) 노인인구의 증가

우리나라는 저출산과 노인 수명의 연장으로 인하여 노인인구가 나날이 급속하게 증가하고 있다. 우리나라의 인구고령화를 급속하게 촉진시킨 요인으로는 기대수명의 증가와 출산율의 급격한 저하를 들 수 있다. 먼저 기대수명과 관련하여 WHO가 발표한 '2013 세계보건통계'에 따르면, 2011년 출생아를 기준으로 한 한국인의 기대수명은 평균 81세(남자 77세, 여자 84세)로 추산됐다. 이는 194개 회원국 전체의 평균 기대수명 70세(남자 68세, 여자 72

세)보다 월등히 높은 것으로, 1990년 조사 당시 기대수명 72세와 비교하면 9살이나 늘어난 것이다.

통계청의 조사에 따르면, 향후 2030년 우리나라의 평균수명은 84.3세, 2050년 87.4세로 늘어날 전망이다(통계청, 2011).

2013년에는 0~14세인 유소년의 인구는 전체 인구비율 14.7%로 1970년 42.5%에 비해 급격하게 감소되었다. 앞으로 생산가능인구인 15~64세 또한 73.1%에서 2050년에는 52.7%로 점점 감소하게 된다. 반면에 65세 노인인구는 12.2%에서 2050년 37.4%로 증가하여 생산인구에 비해 부양해야 할 노인인구가 크게 증가할 것으로 |그림 4-4|와 같이 전망하고 있다.

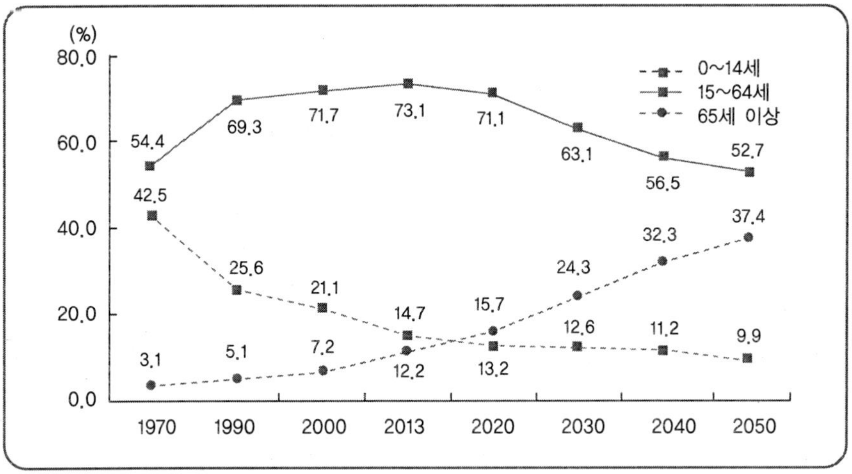

|그림 4-4| **우리나라 노인인구 증가율(사회통계국 통계청 고령인구 추계, 2013)**

UN(2012)은 세계인구 전망에서 노인의 장래인구 고령화율을 비교・분석하였다. 일본이 23.0%로 고령화율이 가장 높았고 독일도 20%가 넘는 것으로 나타났으며, 우리나라는 2012년 고령화율이 주요 선진국 수준보다 낮은 것으로 |그림 4-5|와 같이 나타났다.

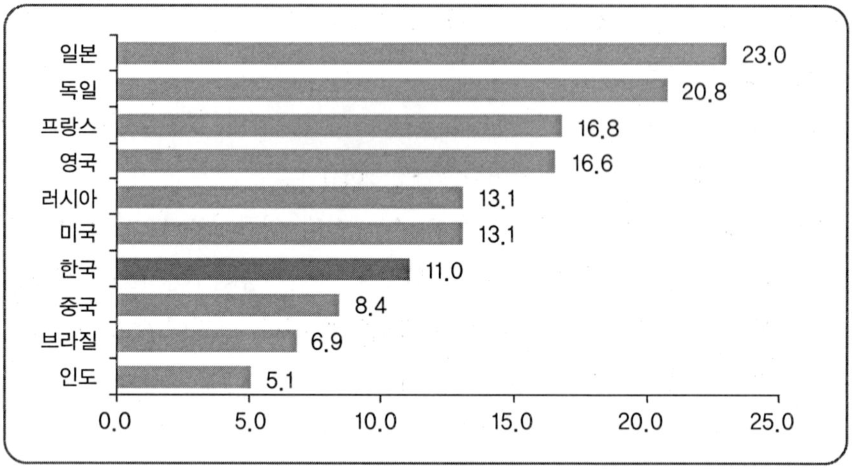

|그림 4-5| **국제 비교 주요 선진국과 BRICs 고령화율 통계청(2012)**

2040년의 고령화율이 2010년 대비 2배 이상 증가하는 나라는 한국 2.9배, 브라질 2.6배, 중국 2.6배, 인도 2.0배로 〈표 4-3〉과 같이 전망된다.

〈표 4-3〉 **국제 노인 장래인구 추계 비교표[2010~2040(UN 2012)]**

(단위 : %)

구 분	한 국	미 국	프랑스	영 국	독 일	일 본	브라질	러시아	인 도	중 국
1990	5.1	12.5	14.1	15.7	15.0	11.9	4.5	10.2	3.9	5.8
2000	7.2	12.4	16.0	15.8	16.3	17.2	5.5	12.4	4.4	6.9
2010	11.0	13.1	16.8	16.6	20.8	23.0	6.9	13.1	5.1	8.4
2020	15.7	16.6	20.3	18.9	23.1	28.6	9.5	14.8	6.3	11.7
2030	24.3	20.1	23.2	21.7	28.2	30.7	13.6	18.1	8.2	16.2
2040	32.3	21.2	25.4	24.0	31.8	34.5	17.6	18.3	10.2	22.1
2010~2040	2.9	1.6	1.5	1.4	1.5	1.5	2.6	1.4	2.0	2.6

Chapter 5

가족과 노인가구의 변화

1. 노년기 가족관계

Levi-Strauss(1966)에 의한 가족의 정의는 가족은 결혼에 의해 출발하여 부부와 그들의 자녀로 구성되지만 여기에 다른 근친자가 포함될 수 있으며, 가족구성원은 법적 유대, 경제적 · 종교적, 그리고 그 외의 다른 권리와 의무, 성적 권리와 금지, 애정 · 존경 · 경의 등 다양한 심리적 정감으로 결합되어 있다고 하였다. 미국사회사업가협회(Miller, 1994)에서는 가족은 스스로가 가족으로 생각하면서 전형적인 가족임무를 수행하는 두 명 이상의 사람들이라고 하였다. 우리나라 건강가정기본법(2003)은 가족은 혼인, 혈연 또는 입양으로 이루어진 사회의 기본 단위라고 하였다.

가족관계는 일반적으로 가족구조 내의 가족성원 상호관계를 말하고 친족관계도 포함한다. 가족관계는 부부, 자녀, 형제라는 하위체계로 이루어지고, 하위체계 간의 모든 가족관계를 포함한다. 가족관계는 비교적 고정되어 있으며 장기적 혹은 영구적으로 지속된다. 가족들이 갖는 각각의 사회적 · 문화적 · 시간적 · 지역적 · 경제적 조건에 따라 가족관계의 성격이 다르며, 가족관계는 가족의 성장과 발전단계에 따라 변화한다. 가족관계는 어떤 다른 인간관계보다도 일찍 시작되고 오랫동안 지속되지만 지나치게 밀접하고 요구적이며 보상적일 수 있으므로 가족관계에 문제가 발생할 수도 있다(사회복지학사전, 2009. 8. 15).

가족관계를 떠나서 인간은 존재할 수 없다. 가족관계란 가족구성원 간의 관계를 의미하는 것으로, 많은 인간관계 중 가족관계는 가장 기본적이고 밀접하며 친밀한 인간관계라 할 수 있다.

가족은 노후의 생활근거이며 가족집단은 노인에게 지배적인 생활의 장이 된다. 평생에 걸쳐 진행되는 가족관계는 노년기에 이르러 구조적으로 재편성의 과정에 이르는데, 사회에서 많은 시간을 보내던 노인들은 은퇴 이후 가정에서 보내는 시간이 많아지지만 성숙한 자녀들이 결혼 등의 이유로 공간적・정서적으로 독립되어 노인의 빈둥지 기간이 시작되며 배우자와의 사별이라는 경험 역시 노년기 가족관계 구조에 큰 변화를 야기한다.

비공식적 관계망 중에서도 현재 노인계층이 '유일한 삶의 안식처'로 규정해 왔던 가족은 노년기의 가장 중요한 사회적 지지망이다.

이효재 등(1979)의 조사연구에서는 자녀와 동거하지 않는 노인에게 '가장 즐거울 때가 언제인가' 하는 질문에 남・녀 응답자가 거의 비슷한 비율로 '가족이나 친척의 방문이 있을 때'라고 대답하여 노인들에게 즐거움을 주는 것은 무엇보다 혈연과의 상호작용임을 보여준다.

이러한 노인들에게 가족구성원들은 경제적・심리적・도구적으로 많은 도움을 줄 수 있는 일차집단이다. 그러므로 노년기의 원만한 가족관계가 노인의 삶의 질과 행복한 노후생활을 결정하는 주요한 변수임은 아무리 강조해도 모자라지 않다. 그러나 과거에 자녀가 결혼 후 부모를 부양하던 전통적 가족구조와 달리 사회문화적 변화로 인해 기혼자녀와 함께 사는 가족의 수가 점점 줄어들고 있다.

그 결과 자녀는 물론 손자녀와 생활하는 시간도 축소될 뿐 아니라 미혼자녀도 교육이나 취업 등의 이유로 부모에게서 공간적으로 독립하는 비율이 늘어나 노인부양 기회가 축소된다.

2. 가족부양과 노인가구의 변화

1) 가족부양

가족부양이란 '가족성원 상호 간에 가족생활을 중심으로 이루어지는 전체적인 협조를 말하며, 경제적인 협조, 가족성원 상호 간의 심리정서적인 지지와 격려, 그리고 물리적인 보호와 양육 등을 의미한다. 전통적인 가족에서 장남은 가족의 기둥으로서 노부모의 부양은 물론 미혼의 형제들을 돌봐야 하는 책임도 지고 있었다. 그러나 현대사회에서 핵가족화로 인한 가족구조의 변화와 독립적인 생활형태, 민주적・독립적・이기적 사고와 가치관의 영향으로 장남의 부모, 형제에 대한 부양의식은 약화되고 있다. 그리고 부양개념에는 공적부조나 노인보호, 아동보호, 장애인보호, 보호시설의 수용 등에 의한 가족부양, 친족부양, 사회적 부양 등이 포함된다'고 사회복지학 사전에서는 말하고 있다.

전통적으로 우리나라는 노인에 대한 봉양과 부양을 생활규범으로 받아들이므로 노인부양에 따르는 경제적・신체적・사회적・심리적 측면의 부담을 가족 내에서 자체적으로 해결하여 왔지만 가족이 노인을 부양하는 것이 아무리 사회적 기대라고 할지라도 지속적인 노인부양의 여건이 허락하지 않았을 때에는 가족에게 하나의 스트레스 요인일 수밖에 없다. 더욱이 개인주의 중심의 서양에서보다 가족주의 중심의 한국문화에서 더 높게 나타난다고 하였다.

산업발전을 통한 근대화 과정에서 농업중심 사회가 노동집약적 공업중심 산업으로 바뀌면서 노부모를 모시는 가정이 점차 줄어들고 노부모와 자식의 별거가 당연한 것이 되면서 노인들은 소외감과 고독감에 시달리게 되었다. 가족관계의 소원함에서 오는 노인들의 소외감이나 외로움은 다른 어떤 요인들로부터 오는 고통보다도 더 심각한 것으로 쉽게 우울증에 빠지며 자살로 생을 마감하는 것을 뉴스로 접하는 시대가 된 것이다.

부양은 어떤 원인들로 발생된 생활적 장애로 인해 일상생활에 지장이 있는 자에게 신변 및 일상생활을 원조하는 행위로 간병, 개호(介護), 돌봄, 수발 등의 용어도 같은 의미로 사용된다.

이러한 부양은 주로 가족에 의하여 이루어지는 것이 보편적인 것으로 알려져 왔는데, 서구 복지국가들이 장기요양보호노인 부양자들에게 관심을 갖게 된 것은 탈시설화와 1970년대 오일쇼크 이후 경기침체로 인한 작은 정부를 구현하는 정책적 변화와 맥을 같이하고 있다. 독일의 경우 노인들을 위한 질병보험급여의 예산이 41%를 차지하고 있고, 영국의 경우에도 85세 이상 노인에 대한 병원 및 재가의료서비스 비용이 연소한 인구집단들이 사용하는 비용의 20배가 넘고 있는 것으로 알려졌다. 이와 같이 노인에 대한 의료서비스와 가정봉사서비스가 차지하는 예산비율이 높기 때문에 노인에 대한 서비스 비용을 감축하는 방안으로 가족의 역량강화와 비공식적 전달에 초점을 모으게 되었다(황성철 · 한혜경, 2004).

노인부양에 대한 이론 중 현대화 이론은 현대화가 노인의 지위를 하락시키며, 현대화의 정도가 높을수록 노인의 지위가 낮아지게 되어 노인부양에 대한 문제가 심각하게 나타나고 노인부양에 대한 사회적 부양이 필요하다는 것이다.

2) 노인가구의 변화

일반적으로 노인가족은 가족원 중에 노인이 포함된 형태로서 노인독신, 노인부부, 노인부부와 미혼자녀, 노인부부와 기혼자녀 및 기타 혈연 또는 비혈연 가족원 등으로 구성된 가족형태로 나타날 수 있다. 과거 3세대 직계가족 구조의 형태에서 핵가족 형태가 주류를 이루는 변화를 거치면서 노인독신가족 및 노인부부가족이 증가하고 있다.

현재 우리 사회는 전통적인 의미의 대가족제도가 사라지고 핵가족제도가 보편화되고 있으며, 이와 함께 한부모가정도 증가하고 있다. 또한 노인들의 경우 노인부부가구 및 노인독신가구가 증가하고 있는 것으로 나타났다. 이처럼 가구구성원 수가 줄어든다는 것은 사실상 가정의 안전성이 그만큼 줄어드는 것을 의미한다.

노인의 거주형태에 있어 큰 변화가 |그림 5-1|과 같이 나타났다. 전체 노인 중 2014년 기준으로 노인독거 23.0%, 노인부부는 44.5%, 자녀동거 28.4%, 기타 4.0%의 분포를 보이고 있어 노인단독가구에서 생활하는 노인이 67.5%에 달하고 있다. 이러한 노인단독가구 비율은 1994년의 45.3%, 2004년의 55.0%에서 급증한 것이다. 이러한 노인단독가구의 비중은 동부지역이 62.9%인 데 비해 읍·면부는 79.1%로 지역별로 매우 큰 차이를 보이고 있다.

자녀와 동거하는 이유와 단독가구로 생활하는 이유가 다양화되고 있다. 단독가구 이유로는 '경제적 능력이 있어서', '개인(부부)생활을 향유하기 위해' 등의 자발적인 이유가 39.7%이며, '자녀의 결혼', '자녀가 타 지역에 거주하고 있어서' 등 상황적 요인에 의한 것이 60.3%이다. 한편 기혼자녀와 동거하는 노인의 경우 주요 이유로는 '기혼자녀와 동거하는 것은 당연하다'는 규범적 이유가 28.4%, '자녀에게 가사지원·손자녀의 양육 등의 도움을 주기 위해서'가 21.7%, '경제적 능력이 부족' 20.9%의 순이다.

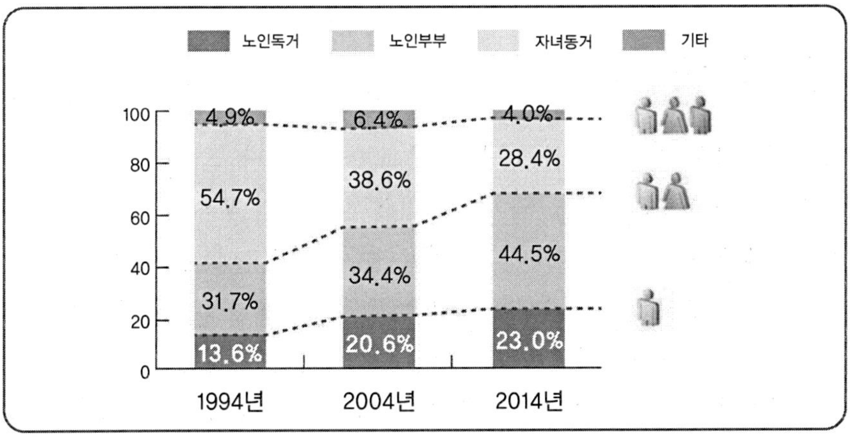

|그림 5-1| **노인가구 형태의 변화**

출처 : 보건복지부(2014). 2014년 노인실태조사.

한편 자녀동거노인은 줄고, 노인단독가구는 늘어나는 등 한국 노인이 비록 자녀와 공간적으로 분리되긴 했지만, 같이 살지 않는 자녀와 비교적 친밀한 관계를 맺으며, 자녀와 동거하는 것과 비슷한 수준의 가족관계를 지키는 것으로 파악됐다. 즉, 2011년 노인가구 형태에 따라 자녀로부터 정서적 지지와 도구적 도움, 수발, 정기적 현금지원 등을 받는 현황을 조사해 보니 자녀의 정서적 지지를 받는 노인독신가구와 노인부부가구는 72.4%와 71.7%로 자녀동거노인(64.8%)보다 다소 높았다. 또한 자녀로부터 시장 보기나 가사 등 도구적 지원을 받는 비율도 노인독신가구가 53.6%로 자녀동거노인(59.2%)과 거의 차이가 없었고, 수발을 받는 비율도 노인독신가구가 59.0%, 노인부부가구가 50.9%로 자녀동거노인 62.3%와 거의 비슷했다. 이밖에 자녀로부터 정기적 현금지원을 받는 비율도 자녀동거노인은 40.8%에 그쳤지만, 노인독신가구는 50.6%였으며, 노인부부가구도 38.4%에 이르는 것으로 나타났다.

3. 노년기의 재혼과 이성교제

1) 노년기의 재혼

재혼의 개념은 결혼한 자가 법률적으로 이혼하거나 또는 사별한 후에 다시 결혼하는 것(remarriage)을 의미하고 있다. 노년기의 재혼은 사별이나 이혼으로 인해 홀로된 노인들이 서로 의지하면서 안정된 생활을 누리기 위해 인생 후반부를 함께할 새로운 동반자를 만나는 것이라고 할 수 있다. 최근에는 일부 노인복지전문가들이나 노인재혼전문상담기관에서는 노년기 재혼을 긍정적인 의미로 표현하기 위해 '재혼'이라는 말 대신 '새혼'이라는 신종어를 사용하기도 한다.

노년기 재혼유형을 살펴보면 다음과 같다. 초혼과는 다르게 가족들의 관계가 복잡하게 연결되어 있는데, 재혼 전 결혼경험 유무에 따라서 세 가지 유형으로 구분할 수 있다.

첫 번째 유형은 남자 재혼 + 여자 초혼의 경우로 과거에는 이런 유형의 재혼이 비교적 많이 이루어졌다.

두 번째 유형은 남자 초혼 + 여자 재혼의 경우이고,

세 번째 유형은 남자 재혼 + 여자 재혼의 경우다. 또는 재혼 전과 후 자녀 유무에 따라서 다음과 같이 여섯 가지 유형으로 구분되기도 한다(최영아, 2002).

유형 ① : 부부 모두 무자녀인 경우

유형 ② : 재혼 후 부부 사이의 출생자녀가 있는 경우

유형 ③ : 부부 한쪽만 재혼 전 자녀가 있는 경우

유형 ④ : 부부 한쪽만 재혼 전 자녀와 재혼 후 출생자녀가 있는 경우

유형 ⑤ : 부부 모두 재혼 전 자녀가 있는 경우

유형 ⑥ : 부부 모두 재혼 전 자녀와 재혼 후 출생자녀가 있는 경우

또 노년기의 결혼은 사실혼인 경우가 많은데 결혼상황에 대한 법적 신고 유무에 따라서 법적으로 인정된 법률혼과 결혼신고를 하지 않은 사실혼으로 구분해 볼 수 있다.

현대에 이르러 우리나라는 생활수준의 전반적인 향상으로 노년기 재혼에 대한 관심이 높아지고 있다. 이에 따라 홀로 사는 노인들에게 있어서 재혼은 잊어버렸던 인간관계의 회복으로 인식되는 경향이 있다(박현순, 2012).

이와 더불어 노인복지에 대해서도 사회적 관심이 높아지면서 노인들이 사회참여를 할 수 있는 다양한 환경이 조성되고 있다. 노인들이 자주 모이는 경로당을 비롯해 사회복지관, 평생교육원, 문화원과 같은 시설들이 증가하고 있으며, 노년층을 겨냥한 다양한 프로그램이 제공되고 있어 노인들의 사회참여를 활성화하는 데 기여하고 있다. 이러한 환경의 변화는 노인들이 재혼을 위해 배우자를 만날 수 있는 기회, 즉 재혼의 접근성을 용이하게 해주는 것들이다.

노인들이 재혼을 희망하는 이유에 관한 연구들을 살펴보면 '외로움을 달래기 위해서'가 가장 많았으며, 이 밖에 '동반자의 필요', '자녀로부터 독립하기 위한 수단', '건강을 보살펴 줄 사람이 필요', '경제적 어려움 해소' 등으로 나타나고 있다.

재혼을 희망하는 이유를 성별로 비교해 보면, 남성노인의 경우 '늙을수록 배우자가 필요해서', '효자가 악처만 못하기 때문에'라고 했고, 반면 여성들의 경우는 스스로 생활을 영위해 나갈 경제적 어려움 때문에 재혼을 권유받는 경향이 있으며, 가치관이 다른 며느리와 살면서 겪게 되는 '며느리 시집살이가 괴로워서', '경제적으로 어려워서' 등이 중요한 이유로 제시되었다. 특히 남성의 경우 과거 부인에게만 의존하던 습관이 몸에 배어 혼자서 자신을 돌보는 일에 익숙하지 못한 경우 부양부담을 많이 느끼는 자녀들이 아버지의 재혼을 권유하는 경향도 있었다. 재혼한 남성노인들의 경우 단독생활의 불편함이나 자녀부부와의 편치 않은 동거, 그리고 고독감 등으로 재혼을 선택하는 경향이 있었으며, 재혼한 여성노인의 경우에는 남성노인에 비해 재혼을 해야 하는 상황이 급박하지는 않으나, 자녀에게 경제적 의존, 자녀부부와의 생활의 불편함, 상대방의 적극적인 구애 등으로 인해 재혼을 하게 되는 것으로 나타났다.

노인의 재혼동기를 조사한 결과들을 살펴보면, 배나래와 박충선(2002)은 50세 이후 재혼한 남녀노인을 대상으로 면접조사를 실시하였는데 재혼의 동기를 경제적·정서적·주변적 요인 중에 경제적 요인을 가장 중요한 요인으로 지적했고, 김주연(2008)은 사별 후 55세 이후에 재혼한 남녀노인 25명을 대상으로 심층면접 방법을 사용한 결과 외로움의 대처방안으로 재혼을 선택함으로써 외로움의 감소와 삶에 만족감을 느끼고 있음을 알 수 있었다.

이를 보면 자녀와의 갈등, 건강에 대한 염려, 경제적 어려움, 고독한 현실로부터 벗어나기 위해서 등 노인 재혼의 주요 요인이 현실적인 이유라는 주장이 더욱 설득력이 있다고 본다(박충선·배나래, 2002). 그러나 박영숙(2002), 김주연(2008)의 연구에서는 노인 재혼의 이유를 외로워서, 주위의 권유로,

사랑이 깊기 때문이라고 보고하고 있어 애정도 노년기 재혼의 중요한 동기가 되고 있음을 시사해 주고 있다.

2) 노년기의 이성교제

배우자와 사별하는 경우 당면하는 또 하나의 어려움은 고독감, 외로움의 문제이다. 노부부가 서로 간에 감정적으로 의존을 많이 해왔을수록 배우자와의 사별 후에 고독감을 더 많이 느끼게 된다.

한국노인의전화에 의하면, 배우자가 없는 남녀노인 중 63.4%가 고독과 외로움에 대한 고통을 호소하였으며, 그중에서 93.3%는 서로의 외로움을 달래줄 이성친구의 소개를 원하고 있었다(한국노인의전화, 1998).

Maslow의 욕구단계 이론 중 세 번째 단계인 소속과 애정의 욕구는 가족, 친지, 동료, 이성, 배우자로부터 애정의 관계를 가지고 그들에게 소속되고 싶다는 욕구로서, 이성친구 혹은 배우자와 애정관계를 형성하고자 하는 것이다. 이는 노인이라고 해서 예외가 될 수 없다. 노년기에 들어서면 사회적 관계망의 축소와 달라진 가치관으로 인한 자녀와의 대화단절 등으로 인하여 이성친구 혹은 배우자와의 관계형성에 대한 욕구가 사회적 활동이 많았던 젊었을 때보다 더 증가할 수도 있다(이지희, 2006).

노후의 심리적 특성 중 하나는 의존성의 증가이다. 노인이 노후에 심리적 지지자를 잃게 되면 외로움과 고독감은 심화될 것이며, 동일한 세대의 노인에 대해 의지하고 싶은 욕구를 갖게 될 것이다(김응갑, 2002). 특히 독신노인인 경우 누군가 자기와 같이 대화를 나누고, 자기에게 관심을 가져주고, 자기의 의존욕구를 충족시켜 줄 대상을 절실히 필요로 하게 된다. 이대상은 동성이 될 수도 있고, 이성이 될 수도 있는데, 이성의 경우를 더욱 요구하고 있다(홍영희, 2002).

최복란(1996)의 홀로된 노인의 이성교제 태도 연구에서 이성교제는 홀로된 노인의 소외감과 고독감을 감소시켜 주는 것으로 나타났는데, 전헌식(2001)

의 홀로된 노인의 성생활 욕구태도와 이성교제에 관한 연구에서는 이성교제를 하고 있지 않은 노인이 이성교제를 하고 있는 노인보다 고독감을 훨씬 자주 느낀다고 하였다.

한국노인의전화 상담사례 분석결과를 보면(1998), 고독과 소외 문제로 상담을 한 경우는 전체의 15.9%인 255건으로 이 중 100건이 이성교제에 대한 상담이었으며, 노인들의 이성교제를 원하는 이유로는 '친구가 그리워서' 49.0%, '노후의 외로움과 고독 때문에' 27.0%, '결혼생활을 유지하고 싶어서' 13.0%, '활기차고 보람된 노후생활을 영위하고 싶어서'가 9.0%로 나타났고, 이성교제를 원하는 노인 중 여성노인은 68.0%, 남성노인 32.0%였으며, 이들 중 73.5%가 직접 전화를 한 것으로 나타나 이성교제에 적극성을 보이고 있는 여성노인이 더 많다는 것으로 해석할 수도 있지만, 전체 노인의 인구비율적으로 홀로된 여성노인이 많다는 것을 감안해서 해석해야 할 것이다.

Chapter **6**

사회문제로서의 노인문제

1. 노인문제의 개념과 정의

노인문제(aging problem)란 노인층에 관련된 일련의 사회문제를 말한다. 경제발전에 따른 생활수준 향상은 평균수명의 연장과 더불어 노인층의 증가를 통해 고령화사회를 촉진하고 있다. 그러나 준비되지 않은 우리 사회의 고령화는 노인의 육체적 노화현상, 정년퇴직, 경제적 수입능력 감퇴 등으로 노인의 사회적 기능을 수행하는 데 많은 지장을 준다. 이에 따라 경제적 고충, 고독감, 무력감 등에 빠지는 노인층이 확대되면서 노인문제는 커다란 사회문제로 대두되었고, 이에 많은 학자가 노인문제를 심각한 사회문제로 인식하게 되었다.

사회문제는 사회적 가치에 비추어 바람직하지 못한 현상(최일섭 · 최성재, 2000; Merton, 1971; Rubington & Weinberg, 1981)이다. 이는 사회에서 일반적으로 받아들이고 지지를 받고 있는 가치기준에 비추어 보았을 때 가치기준에 위배되거나 가치기준을 위협하는 것이라고 볼 수 있다. 예를 들어, 노인이 부양가족 없이 빈곤한 상태에서 의식주를 제대로 해결하지 못한다면 이것은 인간존엄성의 가치 및 경로사상의 가치관에 어긋나는 것이라고 볼 수 있다.

노인인구의 증가는 문제를 가진 노인의 수를 증가시키고, 이로 인한 노인문제의 증가는 심각한 사회문제로 인식되는 가장 큰 조건이 된다. 노인인구의 절대적 수와 그 구성비의 증가는 서구사회에서 노인문제 인식의 출발점이 되는 요인으로 작용하였고, 우리 사회에서도 간과할 수 없는 중요한 의미를 갖는다(최일섭 · 최성재, 2000).

우리나라에서는 일반적으로 노인문제를 빈곤, 병고, 고독, 무위 등의 4고로 표현하고, 때로는 빈곤, 병고, 고독의 3악으로 말하기도 한다.

이경구(2001)는 노인의 경제활동 활성화 방안에 관한 연구에서 노인이 퇴직 후 소득 감소에서 오는 생계비 문제, 노후에 자주 경험하는 만성질환과 심신쇠약으로 인한 건강문제, 은퇴 후 가정과 사회에서의 역할상실 및 지위의 저하, 그리고 나타나는 고독감, 소외감 등은 현대 노인들이 당면하고 있는 공통적인 문제라고 볼 수 있다고 하였다. 노인문제를 기능별로 분류하면 경제적 빈곤문제, 신체적 건강문제, 사회참여 문제, 심리적 고독감 등으로 나눌 수 있다.

고령화사회의 노인인력 활성화 방안에 관한 연구에서 고령화에 따라서 야기되는 인생의 문제는 '상실과 이에 따르는 적응력의 감소'에 있다고 개념화할 수 있는데, 이러한 역기능적인 행동을 보이는 노인을 돕는 치료적 의미가 있는가 하면 이와 같은 증상이 나타나지 않도록 예방적 접근을 할 수도 있는 것이 노인복지라고 하였다.

2. 노인문제 발생요인

첫째, 사회구조가 변했기 때문이다. 즉, 농경사회에서 산업화, 도시화를 거치면서 사회가 산업사회로 변화되면서 사회의 전반적인 구조나 제도가 변하고, 확대가족에서 핵가족으로 변하게 되어 할아버지, 할머니들의 존재가 미비하게 된다. 그러다 보니 노인문제가 발생하는 요인이 된다.

둘째, 수명연장에 의해 노년기가 늘어났기 때문이다.

과학기술이 발달하면서 의학기술도 함께 발달하게 되어 노년기가 길어져 상대적으로 노인인구가 급증하게 되어 문제가 발생한다.

셋째, 가치관의 변화이다. 전통사회에서는 노인에 대한 공경심도 높고 예의도 깍듯했지만, 현대사회에서는 가족이나 사회에서 노인의 위치가 저하되다 보니 그들의 권위마저 떨어지게 된다.

3. 노인우울증

우울증상이란 DSM-5를 기준으로 설명하면 슬프다거나 삶에 흥미가 없다 등의 DSM에 포함된 아홉 가지 증상을 말하고(APA, 1994), 우울증이란 이러한 증상을 겪고 있는 상태라고 정의할 수 있다.

우울장애라는 것은 일상생활이나 직업 등에서 기능상의 장애가 생긴 경우, 즉 우울증으로 인해서 생긴 기능상의 장애를 지칭한다. 이러한 개념을 염두에 두고 노인우울증이란 65세 이상의 노인이 일상생활에 영향을 미칠 정도의 불면증, 무기력증, 식용부진, 고독감 및 심리적 측면에서의 두통, 요통, 위장질환 및 현기증 등의 증상으로 인하여 기능상의 장애를 경험하고 있는 것이라고 정의하고자 한다.

노인들은 노령화에 따른 배우자의 죽음, 경제사정의 악화, 사회로부터의 고립 및 일상생활에 대한 통제의 불능, 신체적 질병 등 여러 가지 스트레스를 경험하면서 우울증이 더욱 심화되는 경향을 보인다. 노인에게서 발생한 우울장애는 사회문화적인 스트레스에 따른 반응성 우울장애로 이해하는 것이 바람직하다. 즉, 노인우울증은 노령화에 따른 심리·신체적 변화와 사회·문화적 환경변화 등에 따른 질환의 하나로 성인우울증과는 달리 증상이 심화되기 전까지는 진단이 어려운 특성을 가지고 있으며, 건강행태 등과 같은 개인적 요소나 가족관계, 사회문화적 지지요인 등에 영향을 받는 노인질환의 하나라고 볼 수 있다.

1) 노인우울증의 증상

현재 우리나라 노인우울증의 임상진단상의 유병률은 1~4% 정도인 것으로 보고되고 있다. 그러나 이는 실제 노인우울증의 유병률이 낮아서 그렇다기보다는 표본의 추출과 연구방법상의 문제 및 노인이 감정을 느끼고 표현하는 차이, 다양한 신체적 증상이나 동반 질환, 우울감을 잘 표현하지 않는 문화적 특성 등이 작용한 것으로 보인다.

일반적으로 알려진 사실은 노인들은 그들이 처한 특수한 상황으로 인하여 다른 연령군에 비해 우울증에 빠질 가능성이 크다는 것이다. 신체적 질병, 배우자와의 사별, 경제사정의 악화, 지나온 세월에 대한 회한, 노화로 인한 고독과 소외감 및 일상생활의 통제불가능 등으로 인하여 우울증이 증가할 수 있는 충분한 조건을 갖추고 있는 것이다. 아울러 노인들에게서 나타나는 기억력 감퇴나 인지장애 등이 노년우울증의 독특한 현상이라고 할 수 있다.

우울증의 증상은 흥미와 즐거움 상실, 기운 없음, 우울한 기분, 만성적 피곤, 활동량 감소 등이 나타난다. 일시적이고 일과적으로 나타나는 우울한 기분은 우울증으로 볼 수 없으며, 최소한 위와 같은 우울증의 상태가 2주간 지속되어야 한다. 즉, 일상생활에 지장을 줄 정도의 지속적 증상이 있어야 우울증으로 진단된다.

우울증에 걸리면 입맛이 떨어지고 불면증이 오거나 자신을 아무런 쓸모없는 하찮은 존재라고 인식하기도 한다. 또한 외부환경이나 사물을 바라보는 시각도 부정적으로 변해서 전화가 오면 나쁜 소식을 알게 될까 봐 깜짝깜짝 놀라고 불안해하곤 한다. 재미나 즐거움도 없고 아무 일에도 관심이 없으며 대인관계를 지속하는 것도 싫어지는데, 심하면 텔레비전이나 신문 등을 보아도 기억하지 못하는 등 집중력이 떨어진다.

2) 노인우울증의 원인

노인우울증은 일반적으로 고령화에 의한 신체적 변화나 여타 다른 질병에 의한 연관성 등을 고려한 개인적 요인과 가족적 요인 및 사회적 요인 등으로 영향요인을 세분하여 살펴볼 수 있다.

(1) 개인적 요인

노인우울증에 영향을 미치는 개인적 요인은 크게 건강행태적 요인과 심리적 요인으로 구분할 수 있는데, 먼저 건강행태적 요인에 대하여 살펴보면 일반적으로 노인우울증의 영향요인으로서의 개인적 건강상태는 매우 중요한 위험인자로 분류되고 있다. 노인우울증이 나타나는 가장 큰 이유는 신체적 노후화에 따른 건강악화인 것으로 나타났다.

건강행태의 종합적인 수준을 파악하기 위한 지표로 운동, 흡연, 비만, 음주, 아침식사, 수면시간, 간식 등 일곱 가지가 주로 활용된다. 이는 노인우울증과 건강행태 간의 인과관계를 규명하기 위하여 활용되는 변수들이며, 각종 연구에서 건강행태적 요인과 노인우울증 간에는 상당한 관련성을 갖고 있는 것으로 보고되었다.

(2) 가족적 요인

자녀와 자녀의 배우자들이 동시에 사회활동을 하고 경제적 생산활동에 참여해야만 살아갈 수 있는 경제적 생산구조로 인해 손자녀를 양육하는 데 도움을 주어야 한다. 그 과정에서 노인들은 자신의 노후생활에 대한 희생으로 사회적 고립이라는 또 다른 좌절을 경험하게 됨으로써 손자녀가 성장한 이후에는 기존 네트워크가 소멸되어 외로운 생활을 하게 된다.

특히 자녀들과 생활하는 경우 대접을 받기보다는 하나의 구성원으로서 역할을 부여받지만 그와 같은 역할에 부합되는 행동을 할 수 있는 행태에 대한 학습이 되어있지 않기 때문에 가족구성원들과의 갈등과 대화단절이라는 극단적인 상황에 직면함으로써 소외되는 것이다.

(3) 사회적 요인

사회적 지위에 따른 건강 불평등은 노인우울증에서도 보고되고 있다. 특히 여성은 낮은 소득, 낮은 인지기능, 사별, 낮은 교육수준, 신체기능장애 및 낮은 사회적 지지가 우울장애와 연관이 있는 것으로 연구되었다. 한편 많은 연구에서 노인우울증과 사회적 지지의 손상은 밀접한 연관성을 가지고 있음이 입증되었다. 사회적 지지란 지지체계의 크기구성, 접촉빈도, 지지에 대한 만족, 감정적·물질적 지지 등을 모두 포함하는 것이다. 사회적 지지의 손상은 우울증의 경과 및 예후에도 밀접한 관련성이 있으며, 여성보다는 남성에게 영향이 더 크게 미친다는 것이 일반적인 인식이다.

3) 노인우울증의 실태

최근 국내에 보고된 노인의 우울증상 정도는 하위집단의 성격에 따라 20%에서 70%대로 매우 큰 차이를 보이고 있다. 이와 같은 차이가 발생하는 가장 큰 원인은 각 연구마다 표본의 특성 조사도구 우울군과 비우울군의 구분기준 등에서 차이가 존재하기 때문이다.

〈표 6-1〉 **한국 노인의 우울증 유병률/ 비율**

연 도	표본 수	표본의 특성	유병률/ 비율
2006	701	요양병원	환자 30% 추정*
2006	579	도시재가노인	37.5%**(남자 : 32.0%/ 여자 : 41.6%)
2007	104	배우자 사별	남녀 59.7%**
2007	678	재가방문 간호대상	73.8%**

2007	154	대도시 복지관 이용자	34.4%*
2007	176	도시재가여성	34.1%**
2007	148	요양병원 환자	30.4%*
2007	150	병원 및 복지관 이용자	병원 : 34.7%, 복지관 : 21.3%
2007	216	수도권 재가노인	51.4%**
2008	964	도시 거주자	22.2%*(남자 : 18.4%/ 여자 23.3%)

주) * 심도 우울(DSM 진단에 부합하는 수준)을 측정
** 경도나 심도 우울을 측정함
출처 : 이선혜 · 고정은(2009).

이와 같은 연구결과를 자세히 살펴보면, 노인우울증을 경험하고 있는 노인들이 병의원에서 발견되는 것보다 그 증상을 인식하지 못하고 방치되어 있는 노인들이 상당수 존재하고 있음을 유추해 볼 수 있을 것이다. 특히 여기에서 제기되고 있는 연구들이 도시노인들을 대상으로 하였다는 점에서 노인인구 비율이 상대적으로 높은 것과, 노인우울증의 사회적 관계와의 깊은 관련성 등을 고려해 본다면 농촌노인들의 우울증에 대한 유병률도 상당한 수준에 이를 것으로 판단된다.

4) 노인우울증의 위험성

외국의 문헌은 물론 국내 연구에서 나타난 자료들을 종합해 보면, 우울증상은 노인인구에 있어서 매우 빈번하게 나타나는 양상이지만, 우울증상의 식별이나 병증의 발견 그리고 진단과 치료노력이 소홀하거나 무의식적으로 간과되어 왔다. 우울증이 심리·정신적 문제로 신체적 문제와 달리 식별이 어렵다는 점도 하나의 원인으로 지적되고 있다.

노인의 우울증이 방치되어 심각한 상황으로 악화되는 가장 큰 이유는 우선 병증을 노화로 인한 신체적·심리적·사회적·경제적 변화에 의한 자연

스러운 현상으로 받아들임으로써 초기의 조기발견과 치유를 어렵게 하기 때문이다.

노인우울증은 정상적인 일상생활을 어렵게 하기도 하며, 특히 노인우울증은 최근 급증하고 있는 65세 이상 노인들의 자살률 증가와 상당한 관련성이 있는 것으로 분석되고 있다.

4. 노인학대

1) 노인학대의 개념

노인학대를 정의하는 기준은 국가와 문화 그리고 연구하는 학자에 따라 조금씩 다르다. 노인학대라는 개념은 1975년 영국의 한 과학잡지에 노인구타(granny battery) 문제가 언급되면서 처음 사용되었으나, 점차 신체적 학대 이외에 다양한 형태의 학대, 즉 심리적·정서적 학대, 착취, 방임 등이 추가적으로 발견됨에 따라 포괄적인 의미를 띠게 되었다. 즉, 노인학대는 단순히 누군가가 의도적으로 노인에게 위해를 가하는 소극적이고 협의적인 개념에서 노인의 인권보호를 전제로 하는 적극적이고 광의의 개념에 이르기까지 매우 다양하다(황진수 외, 2011).

우리나라에서는 노인복지법 제1조의2에서 "노인학대라 함은 노인에 대해 신체적·정신적·정서적·성적 폭력 및 경제적 착취 또는 가혹행위를 하거나 유기 또는 방임을 하는 것을 말한다"고 규정하고 있다. 따라서 노인학대란 노인의 가족이나 타인에 의해서 가정이나 시설 및 사회 등 발생공간을 막론하고 노인들이 본인의 의사와 무관하게 신체적·정신적·정서적·성적 폭력 및 경제적 착취 또는 가혹행위를 당하거나 유기 또는 방임을 당하는 것을 일컫는다. 이런 점에서 노인학대의 가해자는 반드시 동일가구에서 생활하고 있거나 부양의무를 지고 있는 가족이나 친척 등을 의미하는 것이 아니라 노인시설에 종사하는 종사자 및 생활하면서 만나는 모든 사람을 포함한다고 할 수 있다. 특히 방임의 경우 대부분 부양의무자가 가해자가 되겠지만 자기방임의 경우에는 가해자가 노인 본인이 될 수 있다. 한편 노인학대가 이루어지는 장소는 가정, 노인시설 및 사회생활을 하는 일상공간 등이 모두 포함된다.

2) 노인학대의 유형

노인학대의 유형은 학자에 따라 단순하게 신체적 학대, 방임, 착취의 세 가지로 분류하는 경우에서 점차 세분하여 신체적 학대, 성적 학대, 금전적·물질적 학대, 언어적 학대, 심리적 학대, 의도적 방임, 무의도적 방임, 의도적 자기방임, 무의도적 자기방임의 아홉 가지로 분류하는 등 다양하다(황진수 외, 2011).

노인복지법에서는 신체적 학대, 정신적·정서적 학대, 성적 폭력, 경제적 착취, 가혹행위, 유기, 방임의 일곱 가지로 분류하고 있다. 이 중에서 가혹행위란 사전적으로 "상대에게 심한 수치심이나 모욕감, 고통 따위를 주는 모질고 악한 행위"라고 정의되어 있다. 이처럼 가혹행위의 의미는 신체적 학대나 정신적 학대는 물론 성적 폭력이나 경제적 착취 그리고 유기나 방임 모두에서 발견될 수 있는 포괄적인 의미로 따로 유형을 구분하기에는 어려운 면이 있다. 따라서 여기서는 노인복지법에 규정된 내용을 중심으로 노인학대를 신체적 학대, 정서적 학대, 성적 학대(성적 폭력), 경제적 학대(경제적 착취), 방임, 유기의 여섯 가지로 구분하여 살펴보고 대표적인 행위를 제시하려고 한다.

(1) 신체적 학대

물리적 힘이나 도구를 이용하여 노인에게 신체적·정신적 손상, 고통과 장애 등을 유발하는 행위로, 대표적인 행위와 구체적인 사례를 제시하면 다음과 같다.

① 노인을 폭행한다.
② 제한된 공간에 노인을 강제로 가두거나 거주지 출입을 통제한다.
③ 노인의 신체를 강제로 억압한다.
④ 신체적인 위해를 초래할 위험성이 있는 행위로 노인을 위협하거나 협박한다.
⑤ 노인의 생존을 위협하는 행위를 한다.
⑥ 약물을 사용하여 노인의 신체를 통제하거나 저해한다.
⑦ 노인에게 원하지 않거나 수행하기 힘든 노동을 하게 한다.

(2) 정서적 학대

모욕, 위협, 비난 등 노인에게 언어 및 비언어적 행위를 통해 정서적으로 고통을 유발하는 행위로, 대표적인 행위와 구체적인 사례를 제시하면 다음과 같다.

① 노인과의 접촉을 기피한다.
② 노인의 사회관계 유지를 방해한다.
③ 노인을 위협・협박하는 언어적 표현이나 감정을 상하게 하는 행동을 한다.
④ 노인과 관련된 결정사항에 대해 의사결정 과정에서 소외시킨다.

(3) 성적 학대

성적 수치심을 유발하는 행위 및 성폭력(성추행, 성희롱, 강간) 등 노인의 의사에 반해 강제적으로 행하는 모든 성적 행위로, 대표적인 행위와 구체적인 사례를 제시하면 다음과 같다.

① 노인에게 성폭력을 행한다.
② 노인에게 성적 수치심을 주는 표현이나 행동을 한다.

(4) 경제적 학대

노인의 의사에 반해 노인으로부터 재산 또는 권리를 빼앗는 경제적 착취, 노인 재산에 관한 법률권리 위반 등 경제적 권리와 관련된 의사결정에서 통제하는 행위로, 대표적인 행위와 구체적인 사례를 제시하면 다음과 같다.

① 노인의 소득, 임금 또는 재산을 가로채거나 임의로 사용한다.
② 노인의 재산에 대한 법률적 권리를 침해하는 행위를 한다.
③ 노인의 재산 사용 또는 관리에 대한 결정을 통제한다.

(5) 방임

노인을 돌보거나 간섭하지 않고 내버려 두는 행위로, 타인에 의한 경우와 본인에 의한 경우로 나눌 수 있다. 타인에 의한 방임이란 배우자나 가족 등 부양의무자로서의 책임이나 의무를 의도적으로 거부하거나 불이행 또는 포기하여 의식주 및 의료서비스를 적절하게 제공하지 않는 행위이다. 이것은 의도적이냐 비의도적이냐에 따라 적극적인 방임과 소극적인 방임으로 나눌 수 있다. 본인에 의한 자기방임이란 본래 자기가 해야 할 신변의 청결, 건강관리, 가사 등을 하지 않은 결과 심신의 건강에 문제가 생기는 경우로, 역시 본인이 할 수 있는 데도 불구하고 스스로 포기하여 하지 않은 것인지 아니면 체력 등 여러 가지 이유로 그렇게 된 것인지에 따라 적극적 자기방임과 소극적 자기방임으로 나눌 수 있다. 대표적인 행위와 구체적인 사례를 제시하면 다음과 같다.

① 거동이 불편한 노인에게 의・식・주 등 일상생활과 관련된 보호를 제공하지 않는다.
② 경제적 능력이 없는 노인에게 생존을 위한 경제적인 보호를 제공하지 않는다.

③ 의료 관련 욕구가 있는 노인에게 의료적 보호를 제공하지 않는다.
④ 돌봄을 거부하거나 자신을 돌보지 않음으로써 노인의 생명이 위협받도록 한다(자기방임).

(6) 유기

보호자나 부양의무자가 노인을 버리는 행위로, 대표적인 행위와 구체적인 사례를 제시하면 다음과 같다.

① 의존적인 노인을 유기한다.
② 노인과 연락을 두절하거나 왕래를 하지 않는다.
③ 노인을 시설 및 병원에 입소시키고 연락 및 왕래를 두절한다.
④ 인지기능을 상실한 노인(약물중독, 치매, 정신질환, 알코올 중독 등)을 고의적으로 배회 또는 가출하게 한다.
⑤ 노인을 낯선 장소에 버린다.
⑥ 배회하는 상태에서 발견된 노인에 대해 부양의무자가 부양의무 이행을 거부한다.

3) 학대요인

노인학대가 발생하는 요인과 관련하여 중앙노인보호전문기관은 ① 노인과 관련된 요인, ② 부양자와 관련된 요인, ③ 가족상황적 요인, ④ 사회적 요인으로 나누었고, 황진수 외(2011)는 이를 보완하여 ① 가해자 관련 요인, ② 노인 관련 요인, ③ 가해자와 피해자와의 상호작용 요인, ④ 가정환경적 요인, ⑤ 사회・문화적 요인으로 세분하였다.

노인학대는 이들 요인 중 한 가지 요인에 의해 발생한다기보다는 여러 요인이 지속적으로 상호작용하여 발생하며, 또한 각 요인들은 독립적으로 작용하는 것이 아니라 상호 역동적으로 작용하여 영향을 미친다고 할 수 있다.

4) 노인학대 현황 및 특성

보건복지부와 중앙노인보호전문기관이 공동으로 발간한 '2016 노인학대 현황보고서'에 나타난 실태를 보면, 2012년 1년간 노인학대 의심사례 신고는 9,340건이고, 실제 노인학대사례는 3,424건으로 나타났다. 이러한 결과는 2004년 노인학대 신고가 법제화된 이래 2012년을 제외하고 매년 학대사례가 증가하여 왔다. 〈표 6-2〉에서 확인할 수 있는 것처럼 일반사례와 신고건수도 지속적으로 증가하고 있다.

〈표 6-2〉 **연도별 노인학대 신고건수**

(단위 : 건, %)

구 분		2012년	2013년	2014년	2015년	2016년
전체 신고건수	건수	9,340	10,162	10,569	11,905	12,009
	증감율	–	8.8	4.0	12.6	0.9
학대사례	건수	3,424	3,520	3,532	3,818	4,280
	비율	36.7	34.6	33.4	32.1	35.6
	증감율	–	2.8	0.3	8.1	12.1
일반사례	건수	5,916	6,642	7,037	8,087	7,729
	비율	63.3	65.4	66.6	67.9	64.4
	증감율	–	12.3	5.9	14.9	-4.4

출처 : 보건복지부(2016). 2016년 노인학대 현황보고서.

또한 신고자 유형을 보면 〈표 6-3〉에서 보는 바와 같이 2005년에 비해 2012년에 신고의무자의 비율이 3.4배 가까이 증가하였으며, 비신고의무자 중에서도 기관의 비율이 5.4배 가까이 늘었고 이어서 본인, 타인의 순으로 증가하였다. 그러나 친척과 기타(학대자 포함)의 경우에는 감소한 것으로 나타났다. 그 이유로는 본인이 직접 나서서 신고하거나 관련 기관에서 신고하기 때문에 그런 것으로 추정된다. 이러한 결과는 이제 노인학대를 가정적인 문제로만 보지 않고 사회문제로 인식하여 신고한 결과라고 할 수 있다.

〈표 6-3〉 **노인학대 신고자 유형**

(단위 : 명)

구 분	비신고의무자						신고 의무자	총 계
	소 계	본 인	친 족	타 인	기 관	기 타		
2005	1,869	646	729	255	207	32	169	2,038
2012	2,851	825	606	295	1,115	10	573	3,424

출처 : 중앙노인보호전문기관 홈페이지에서 정리.

〈표 6-4〉 **피해노인 현황**

(단위 : 명, %)

구 분		2005	2012
성 별	남	667(32.7)	1,058(30.9)
	여	1,371(67.3)	2,366(69.1)
연 령	65~69세	277(13.6)	443(12.9)
	70~74세	418(20.5)	726(21.2)
	75~79세	416(20.4)	755(22.1)
	80~84세	389(19.1)	701(20.5)
	85~89세	183(9.0)	399(11.7)

출처 : 중앙노인보호전문기관 홈페이지에서 정리.

이와 연계하여 학대행위자의 성별 및 연령별 현황을 보면, 〈표 6-5〉에서 보는 바와 같이 남자의 비율이 늘고 있으며, 연령도 점차 높아져 가고 있다. 이러한 결과는 급속한 고령화 추세에 따라 학대행위자의 연령도 높아졌다는 것을 의미하며, 70세 이상의 학대행위자가 7배 이상 증가한 점에 대해서는 그 원인을 파악하여 특단의 대책을 마련해야 할 것이다.

〈표 6-5〉 학대행위자의 성별 및 연령별 현황

(단위 : 명)

구 분		10~19세	20~29세	30~39세	40~49세	50~59세	60~69세	70세 이상
2005	남	3	27	208	484	375	125	73
	여	4	19	119	286	194	80	34
	계	7	46	327	770	569	205	107
2012	남	24	44	249	645	687	325	512
	여	10	25	104	348	404	203	274
	계	34	69	353	993	1,091	528	786

출처 : 중앙노인보호전문기관 홈페이지에서 정리.

한편 학대행위자와 학대피해노인과의 관계를 보면 〈표 6-6〉에서 보는 바와 같이 아들이 주로 학대하는 것으로 나타났다. 전통적으로 아들선호사상에 의해 부모들이 자식을 낳을 때 딸보다는 아들을 원하지만 막상 학대하는 주된 가해자가 아들이라는 것은 아이러니라고 할 수 있다. 그러나 다행인 것은 2005년과 비교할 때 2012년의 경우 아들의 학대비율이 10% 정도 낮아졌다는 것이다. 하지만 본인이 학대하는 경우가 10배 정도 증가하여 특히 독거노인과 경제생활 수준이 어려운 노인들에 대한 대책이 필요하다고 할 수 있다. 또한 2005년에는 가족 중 주된 학대행위자가 아들, 며느리, 딸, 배우자 순이었는데, 2012년에는 아들, 배우자, 딸, 며느리 순으로 나타났다.

즉, 며느리에 의한 학대가 1/3로 줄어들었고 배우자에 의한 학대가 2배가량 증가하였다. 이는 점차 자식들이 부모를 모시고 사는 경우보다는 부모들이 자식과 따로 사는 경우가 많아지고 있다는 것을 나타낸다. 또한 부부가 함께 살면서 신체적으로 쇠약해지다 보니 老-老학대가 빠르게 증가하고 있다는 것을 나타낸다. 한편 기관에 의한 학대가 2배 이상 증가하였는데, 이는 2008년 노인장기요양보험제도의 시행으로 생활시설이 증가하면서 나타난 현상이라고 할 수 있다. 이 밖에 타인에 의한 학대도 2배가량 증가하여 사회 전반적으로 경로사상이 퇴색하고 있고, 노인을 대하는 입장도 부정적인 것은 아닌지 추정해 볼 수 있다.

〈표 6-6〉 **학대행위자와 학대피해노인과의 관계**

(단위 : 명, %)

구 분	피해노인 본인	친 족							타 인	기 관
		배우자	아 들	며느리	딸	사 위	손자녀	친 척		
2005	23 (1.0)	156 (6.5)	1,237 (51.2)	466 (19.3)	283 (11.7)	25 (1.0)	45 (1.9)	38 (1.6)	75 (3.1)	70 (2.9)
2012	394 (10.2)	494 (12.8)	1,586 (41.2)	248 (6.4)	463 (12.0)	27 (0.7)	69 (1.8)	67 (1.7)	239 (6.2)	267 (6.9)

출처 : 중앙노인보호전문기관 홈페이지에서 정리.

노인학대 사례유형을 보면, 〈표 6-7〉에서 보는 바와 같이 언어·정서적 학대가 가장 많은 것으로 나타났다. 이어서 2005년에는 방임, 신체적 학대, 경제적 학대(재정) 순으로 나타났으나, 2012년에는 신체적 학대, 방임, 경제적 학대(재정) 순으로 나타났다. 이러한 현상 중 특히 물리적인 힘에 의한 폭력적 행위라고 할 수 있는 신체적 학대가 늘어난 것은 부모와 자식 간의 관계도 점점 무력에 의해 관계를 맺어간다는 점에서 심각한 사회문제라고 할 수 있다.

〈표 6-7〉 **노인학대 사례유형(중복 포함)**

(단위 : 명, %)

구 분	신 체	언어·정서	성	재 정	방 임	자기방임	유 기	계
2005	665 (19.1)	1,499 (43.1)	18 (0.5)	425 (12.2)	816 (23.4)	36 (1.0)	22 (0.6)	3,481 (100)
2012	1,326 (23.8)	2,134 (38.3)	63 (1.1)	540 (9.7)	1,042 (18.7)	394 (7.1)	71 (1.3)	5,570 (100)

출처 : 중앙노인보호전문기관 홈페이지에서 정리.

노인학대가 이루어지는 장소를 보면, 〈표 6-8〉에서 보는 바와 같이 가정 내에서 이루어지는 경우가 절대적인 비중을 차지하였다. 이어서 노인장기요양보험제도의 시행에 따라 생활시설이 증가하면서 이들 기관에서 학대가 이루어지는 경우가 수적으로 크게 증가하였으며, 사회복지기관에서 학대가 이루어지는 경우도 15배 이상 증가하였다. 이 밖에 공공장소에서 학대가 이루어지는 경우도 8배 이상 증가하여 사회 곳곳에서 노인학대가 이루어지고 있다는 것을 알 수 있다.

〈표 6-8〉 **노인학대가 이루어지는 장소**

(단위 : 명)

구 분	가정 내	생활시설	병 원	사회복지기관	공공장소	기 타
2005	1,893	46	36	5	10	48
2012	2,909	216	35	83	86	95

출처 : 중앙노인보호전문기관 홈페이지에서 정리.

또한 학대피해노인 가구형태(2012년)를 보면, 〈표 6-9〉에서 보는 바와 같이 노인 혼자 거주하는 노인단독가구가 가장 높게 나타났고, 이어서 노인과 자녀만 동거하는 자녀동거가구, 노부부만 거주하는 노인부부가구, 자녀와 손자녀까지 함께 거주하는 자녀·손자녀 가구, 시설에 거주하거나 거주지가 일정하지 않은 형태인 기타 순으로 나타났다. 이러한 결과를 볼 때 독거노인에 대한 지역사회 및 주변 이웃들의 특별한 관심이 요구된다고 할 수 있다.

〈표 6-9〉 **학대피해노인 가구형태**

(단위 : 명, %)

노인 단독	노인부부	자녀동거	손자녀 동거	자녀·손자녀 동거	기 타	계
1,140 (33.3)	618 (18.0)	909 (26.5)	136 (4.0)	312 (9.1)	309 (9.0)	3,424 (100)

출처 : 보건복지부·중앙노인보호전문기관(2013).

이 밖에 노인학대가 발생하는 빈도(2012년)를 보면, 〈표 6-10〉에서 보는 바와 같이 1주일에 한 번 이상(37.4%)이 가장 많았고, 이어서 매일(25.1%), 1개월에 한 번 이상(21.6%), 일회성(9.3%), 3개월에 한 번 이상(3.6%), 6개월에 한 번 이상(2.9%) 순으로 나타났다. 이러한 결과를 보면 학대를 당하는 노인의 5명 중 3명 이상이 1주일에 한 번 이상은 학대를 당하는 것으로 나타나 노인학대 현상이 심각한 사회문제로 정부 차원의 대책이 시급한 것으로 나타났다.

〈표 6-10〉 **노인학대 발생빈도**

발생빈도	매 일	1주일에 한 번 이상	1개월에 한 번 이상	3개월에 한 번 이상	6개월에 한 번 이상	일회성	계
건 수	859	1,282	740	124	101	318	3,424

출처 : 중앙노인보호전문기관 홈페이지에서 정리.

5) 노인학대 방지를 위한 대책

(1) 정부 차원의 대책

노인학대에 대한 적절한 정책적 대응이 노인의 인권보호와 노인의 삶의 질 향상에 필수적이라는 판단하에 보건복지부는 노인학대를 예방하고 학대

피해노인을 조속히 발견해서 피해지원을 강화하기 위해 다음과 같은 정책을 추진하기로 하였다.

① 노인학대 발굴 지원체계 강화 및 상담원의 역량 제고
② 상담원의 신변안전 강화 및 피해노인 구제 강화
③ 노인요양시설 증가에 따른 시설 내 학대사례 지원 강화
④ 노인일자리 확대 추진
⑤ 노인학대 신고의무자에 대한 노인학대 예방교육 강화

(2) 지역사회 차원의 대책

① 경로사상 제고 및 노인학대 방지와 관련된 체계적인 교육 실시
② 노인복지관의 거점기관화
③ 지역사회 네트워크 강화를 통한 서비스 제공
④ 부모부양자에 대한 지원 프로그램 다양화
⑤ 노인들의 자기관리 강화

5. 노인자살

1) 노인자살의 개념

자살이란 자기의 목숨을 스스로 끊는 것으로 자발성과 의도성이 내포되어 있는 자기파괴적인 행위이다. 자살을 의미하는 'suicide'라는 영어 역시 어원을 살펴보면, '자기'를 의미하는 'sui'와 '죽다'를 의미하는 'denascor(kill)'라는 라틴어가 합쳐진 것으로, 개인이 자유의사에 의해 고의적으로 자기 자신의 생명을 끊는 일체의 행위를 가리킨다(황진수 외, 2011). 따라서 노인자살이란 65세 이상의 자가 자의로 자기의 목숨을 끊는 행위라고 할 수 있다.

염세주의 철학자인 Schopenhauer는 자살에 대한 언급을 많이 하였는데 "자살이란 삶의 끔찍함이 죽음의 끔찍함을 넘어설 때 발생하는 것으로, 자살이란 악몽에서 깨어나는 것"이라고 하여 개인적인 측면을 강조하였다. 이러한 입장에 대해 Durkheim은 자살을 사회적인 시선으로 보아야 한다고 주장하였다. 그는 『자살론』을 통해 자살은 개인적인 요인이라기보다는 사회적인 사실 때문에 발생한다고 하면서 사회통합과 사회규범(사회규제)의 정도를 중심으로 자살을 이기적 자살(egoistic suicide), 이타적 자살(altruistic suicide), 아노미적 자살(anomic suicide), 그리고 숙명론적 자살(fatalistic suicide)의 네 가지로 분류하였다. 먼저 사회통합과 관련하여 사회통합이 약하면 약할수록 집단 또는 사회의 기대보다 개인의 자아를 강하게 주장하며 자살하는 이기적 자살(예 성적 비관 또는 연애 실패로 인한 자살)이 나타나고, 사회통합이 높으면 높을수록 개인이 사회의 요구에 부응하여 자기의 생명을 내놓는 이타적 자살(예 이슬람권의 자살특공대)이 나타난다. 또한 사회규범과 관련하여 빠른 사회변화로 사회규범이 붕괴되거나 가치관의 혼란을 겪는 경우 혹은 급격한 계층이동을 경험하고 거기에 적응하지 못하고 좌절하여 자살하는 아노미적 자살(예 파산한 재벌의 자살)이 나타나고, 이와 반대로 사회규범이 지나치게 개인의 생각과 행동을 억압할 경우 이를 참지 못하고 선택하는 숙명론적 자살(예 탈영병의 자살)이 있다.

한편 이러한 자살 개념의 범주와 관련하여 자살생각, 자살시도, 자살행동이 포함된다고 보는 견해가 있다(황진수 외, 2011). 자살생각(suicide ideation)이란 '죽고 싶다'는 생각을 하는 것에서 죽으려고 계획은 세웠지만 실행에 옮기지 못한 것까지 포함하며, 자살시도(attempted suicide)는 생각이나 계획에 그치지 않고 구체적으로 행동(예 목숨을 끊기 위해 자해행위를 하거나 투신을 하는 경우 혹은 약물을 복용하는 경우 등)에 옮겼으나 사망에 이르지 않은 경우를 말한다. 이에 반해 자살행동(suicide behavior)이란 자살을 시도하여 실제 목숨을 잃은 경우를 말한다. 따라서 엄격하게 정의하면 자살이란 "죽음에까지 이른 자살행동을 의미하는 것"이라고 할 수 있다.

하지만 Carlson & Cantwell(1982)은 자살생각이 심각했던 사람의 42% 정도와 경미했던 사람의 34%가 다시 자살을 시도했으나 자살생각을 전혀 하지 않았던 집단에서는 한 명도 자살시도를 하지 않은 연구결과를 통해 '자살생각' 자체가 자살시도로 연결될 수 있는 중요한 지표라고 하였다(황진수 외, 2011 재인용). 따라서 자살을 연구하는 입장이나 자살방지를 위한 대책을 마련해야 하는 입장에서는 자살생각과 자살시도에 대해서도 관심을 가지고 종합적인 방안을 마련해야 할 것이다.

2) 노인자살의 원인과 특징

(1) 노인자살의 원인

노인자살은 성별, 신체적·정신적 상태, 배우자 유무, 교육수준, 경제적 상태, 가족형태, 직업 유무 등 다양한 요인이 지속적 및 복합적으로 작용하여 발생한다. 이러한 여러 요인 중 노년층에서 두드러지게 나타나는 자살원인은 육체적 질병문제가 가장 큰 것으로 나타났고 이어서 정신적·정신과적 문제를 〈표 6-11〉처럼 들 수 있다. 이에 반해 청소년의 경우에는 정신적·정신과적 문제, 기타, 남녀문제, 가정문제 순으로 나타났다.

이러한 노인의 자살원인을 구체적으로 살펴보면 다음과 같다.

첫째, 노화에 따른 신체적 질환으로 인한 고통을 들 수 있다.

둘째, 치매나 우울증 등 노인들의 정서에 부정적인 영향을 주는 정신질환을 들 수 있다.

셋째, 생활고, 배우자의 사망, 가족해체 및 가족과의 불화, 지지체계 부재 등 사회·환경적 요인을 들 수 있다.

넷째, 유전적·생물학적 관점에 의하면 자살에 취약한 유전적 특징을 들 수 있다. 즉, 인간의 뇌에는 수많은 신경물질이 있는데 그중 '세라토닌(serotonin)'이라는 물질이 평균치보다 낮은 사람이 자살기도를 많이 하는 것으로 연구되어 세라토닌이 자살과 관련 있는 것으로 주장되고 있다(이은희, 2013).

〈표 6-11〉 자살원인별 청소년 · 노인 자살자 수(2010년)

(단위 : 명)

구 분	전 연령	10~20세	61세 이상		
			계	남 자	여 자
소 계	14,779	371	4,945	3,254	1,691
정신적 · 정신과적 문제	4,294	104	1,361	820	541
육체적 질병문제	3,401	19	2,259	1,470	789
경제생활 문제	2,239	20	350	267	83
가정문제	1,149	46	339	239	100
남녀문제	592	47	32	23	9
사별문제	88	4	40	28	12
직장 또는 업무상의 문제	874	6	102	95	7
학대 또는 폭력 문제	158	4	39	30	9
기 타	842	81	241	158	83
미 상	796	40	182	124	58

출처 : 장영식 외(2012) 재인용.

(2) 노인자살의 특징

노인자살은 청소년 및 성인자살과 비교하여 다음과 같은 몇 가지 특징이 있다.

첫째, 노인의 자살은 청소년 및 성인자살에 비해 좀 더 치명적이다. 다른 연령에 비해 노인들은 자살에 대한 충동이나 자살을 기도하는 비율은 낮지만, 사망으로 이어지는 자살시도가 매우 높다.

둘째, 노인의 자살은 예측하기가 어렵다. 과거 자살시도 경험은 향후 자살행동을 예측할 수 있는 강력한 요소 중 하나지만, 노인자살의 경우 과거

자살을 시도했던 경험이 없는 경우가 많고 자살계획을 청소년이나 성인처럼 다른 사람에게 알리는 경우도 드물기 때문에 예측하기가 어렵다.

셋째, 노인의 자살은 여러 가지 요인이 다양하게 작용하여 발생한다. 노인자살은 신체적·정신적 요인, 경제적 요인, 가족관계의 변화나 지위상실 및 사회적·환경적 요인 등 다양한 요인이 복합적으로 작용하여 발생한다.

넷째, 노인의 자살은 덜 비극적이라고 보는 경향이 있다. 노인자살의 경우 숨겨지거나 스스로가 사고사를 가장하는 경우도 있고, 노인이 자살한 경우 '살 만큼 살았다'고 생각하여 덜 비극적이라고 인식하는 경우도 있다. 영화 '그대를 사랑합니다'에서도 주인공이 치매에 걸린 처를 혼자 떠나보낼 수 없어서 화롯불에 불을 붙여 자살을 하고 친구에게 아침에 찾아와 청테이프를 뜯어달라고 편지를 남긴다. 자식들에게는 자살했다는 사실이 알려지지 않도록 하기 위해서이다. 이 경우 주인공의 자살은 '순애보이자 자식에 대한 부모의 마지막 희생이었다'고 회자되어 미화될 수도 있다.

3) 노인자살의 실태

우리나라에서 2001년부터 2011년까지의 인구 10만 명당 주요 사망원인별 사망률을 보면, 뇌혈관질환에 의한 사망률은 감소하였지만 각종 암에 의한 사망률과 자살사망률, 심장질환에 의한 사망률은 증가한 것으로 나타났다.

인구 10만 명당 성별 자살률 변화를 보면, |그림 6-1|에서 보는 바와 같이 남자의 자살사망률이 여자보다 2배 정도 높게 나타났다.

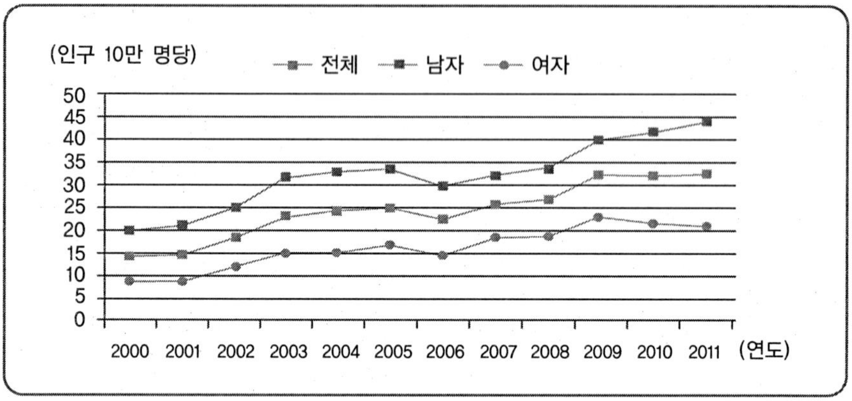

|그림 6-1| **성별 자살률 변화**

출처 : 장영식(2012).

또한 우리나라 전체 자살 중에서 65세 이상의 노인이 차지하는 비율이 꾸준히 증가하고 있다. 이러한 노인의 자살 증가가 문제시되는 이유는 우리나라가 OECD 국가 중에서 노령화 속도가 가장 빠르게 진행되고 있는데, 이러한 추세라면 노인자살의 절대적 수치도 증가할 것으로 예상되기 때문이다(송진영, 2011).

이러한 결과는 〈표 6-12〉에서도 나타난 바와 같이 인구 10만 명당 자살률만 봐도 2011년 65세 이상에서만 50명을 상회하고 있으며, 2000년과 2011년의 자살사망률을 비교할 경우 65세 이상에서 2배 이상 차이가 나며 90세 이상의 경우 3.6배가 증가하여 가장 크게 증가하였다. 또한 2000년과 2011년의 연도별 65세 이상 노인들의 자살률을 비교해 보면 고령자일수록 여자의 경우 25~34세 연령층에서 높아지는 경향을 보이나 이후 연령층에서는 오히려 낮은 자살사망률을 유지하다가 65세 이후 서서히 증가하는 경향을 보이는 반면, 남자는 연령이 높아질수록 서서히 증가하다가 70세 이후 급격히 증가하는 경향을 보여 그 원인파악과 대책마련이 요구된다(장영식, 2012).

〈표 6-12〉 **연도별 · 연령별 자살률**

(단위 : 인구 10만 명당, 명)

구 분	2000년	2002년	2004년	2006년	2008년	2010년	2011년	2011/2000년
10~14세	0.7	0.9	1.2	1.0	1.4	1.9	1.8	2.6
15~19세	6.3	6.0	6.5	6.2	8.0	8.3	8.9	1.4
20~24세	11.0	10.5	12.4	11.9	19.3	18.3	17.7	1.6
25~29세	11.2	14.2	15.3	15.5	25.2	29.3	30.1	2.7
30~34세	13.4	16.8	17.9	15.0	22.5	29.7	30.4	2.3
35~39세	16.8	20.5	23.3	18.6	26.6	29.4	30.6	1.8
40~44세	18.7	20.9	27.7	22.3	26.4	31.4	32.7	1.7
45~49세	18.9	24.6	31.4	27.4	30.4	36.8	35.3	1.9
50~54세	19.8	27.3	36.2	32.0	31.4	38.6	40.6	2.1
55~59세	24.6	29.1	40.1	35.1	35.0	42.2	41.9	1.7
60~64세	25.5	34.9	46.0	41.0	40.2	46.3	46.9	1.8
65~69세	25.9	36.0	58.2	53.5	54.5	60.0	54.0	2.1
70~74세	34.4	52.5	74.7	68.0	66.8	76.1	76.5	2.2
75~79세	45.5	71.9	92.6	83.4	80.3	94.7	96.1	2.1
80~84세	51.7	94.4	126.5	112.3	109.0	112.2	110.1	2.1
85~89세	55.1	101.2	133.1	112.3	124.5	144.9	126.8	2.3
90세 이상	35.4	94.1	97.8	116.0	103.9	129.7	129.1	3.6

출처 : 장영식(2012).

한편 전국 16개 시 · 도의 65세 이상 노인자살률을 보면 〈표 6-13〉에서 보는 바와 같이 2000년에는 인천광역시와 강원도 및 대전광역시 순으로 인구 10만 명당 50명을 넘었으나, 2003년에는 강원도, 울산광역시, 인천광역시 순으로 2배인 100명을 넘는 수준으로 증가하였다. 이후 2006년에 전체적으로 약간 줄어들었다가 2009년부터 다시 증가하기 시작하였으며 2011년 말

충청남도가 127.1명으로 가장 높고 강원도(106.5명), 충청북도(99.8명), 경기도(90.5명) 순으로 높게 나타났다.

〈표 6-13〉 **전국 시·도별 65세 이상 노인자살률**

(단위 : 인구 10만 명당, 명)

시도별	2000	2003	2006	2009	2011
서울특별시	25.4	60.6	54.4	63.3	64.4
부산광역시	40.0	64.6	67.9	66.3	67.1
대구광역시	30.4	61.0	61.8	67.8	67.9
인천광역시	59.6	103.4	78.1	90.1	82.1
광주광역시	22.5	41.3	38.0	57.7	65.1
대전광역시	50.2	84.9	81.7	78.8	75.9
울산광역시	36.7	110.3	62.1	67.0	61.6
경기도	44.5	96.1	84.8	85.7	90.5
강원도	50.4	111.8	102.3	101.6	106.5
충청북도	34.7	74.4	94.0	117.2	99.8
충청남도	39.1	65.3	88.9	124.4	127.1
전라북도	27.8	66.5	66.6	91.3	83.9
전라남도	16.5	40.8	42.7	53.1	69.4
경상북도	38.7	63.2	74.0	73.9	71.6
경상남도	38.3	73.3	90.1	75.8	71.1
제주도	18.9	46.7	43.7	50.4	76.7

출처 : 통계청 통계연보(2012).

이 밖에 OECD 국가 중에서 우리나라 노인 자살사망률이 가장 높은 것으로 나타났다. 2000년대를 전후로 나누어 비교하면 다른 국가들은 감소 또는 매우 낮은 증가율을 보인 반면, 우리나라는 다른 국가에 비해 증가폭이 매우 큰 것으로 〈표 6-14〉처럼 나타났다. 이에 따라 2000년대 후반에 들어서면서 우리나라는 세계 제일의 노인자살률을 기록하고 있다. 즉, 65세 이상의 인구와 관련하여 2000년대 초반 우리나라보다 자살률이 높은 나라는 슬로베니아가 유일했으나, 2000년대 후반에는 비율이 낮아져 우리나라와 현격한 차이를 보였다.

〈표 6-14〉 OECD 국가의 청소년 및 노인인구의 자살률 비교

(단위 : 인구 10만 명당, 명)

국 가	15~19세		20~24세		65~69세		70~74세	
	A	B	A	B	A	B	A	B
한 국	6.5	8.2	11.6	17.4	40.4	58.1	48.8	68.8
호 주	8.4	5.9	14.8	9.6	11.4	7.2	12.2	10.6
오스트리아	10.8	7.5	14.0	10.9	29.6	23.5	37.2	24.6
벨기에	8.9	6.8	15.1	11.8	21.7	23.5	25.4	22.7
캐나다	10.1	8.6	13.7	12.2	10.6	10.6	10.8	10.2
칠 레	8.4	11.0	15.1	16.1	13.5	14.8	14.5	13.6
체 코	6.3	5.9	12.1	10.1	18.5	16.0	22.1	17.0
덴마크	5.1	3.2	9.0	7.0	16.8	18.9	21.6	26.9
에스토니아	13.4	11.1	24.3	16.6	27.0	22.1	28.9	24.5
필란드	12.3	11.5	26.1	24.3	22.7	21.5	23.0	20.8
프랑스	5.1	4.4	10.5	9.1	23.3	21.8	26.4	24.5
독 일	5.6	4.4	9.3	7.6	18.0	16.6	21.0	18.3
헝가리	7.1	6.5	12.9	9.4	36.8	35.0	45.9	35.9
아이슬란드	13.0	7.0	23.7	13.5	10.5	16.3	18.0	11.5
아일랜드	–	12.5	–	16.9	–	11.0	–	9.0
이스라엘	5.8	4.2	8.1	7.9	9.2	6.4	9.7	8.5
이탈리아	2.6	2.2	4.9	4.1	9.9	8.8	11.6	10.1
일 본	6.6	7.7	15.5	19.8	32.4	29.7	29.0	28.4
룩셈부르크	8.9	7.2	13.8	10.7	29.1	15.6	30.6	16.6
멕시코	5.2	5.7	6.8	7.2	5.5	5.3	5.3	6.2

네델란드	3.7	3.8	6.9	6.9	10.4	10.4	10.9	10.8
노르웨이	11.2	8.4	16.7	15.5	13.5	10.4	13.9	13.5
폴란드	8.6	9.3	14.2	13.0	18.1	19.9	16.5	16.8
포르투갈	2.5	2.2	5.2	4.3	18.6	15.3	22.4	21.2
슬로바키아	4.4	4.1	9.7	8.2	16.5	14.7	17.6	12.4
슬로베니아	9.5	7.5	19.2	13.6	46.8	39.6	52.1	34.7
스페인	2.6	1.9	5.8	4.4	12.6	10.5	14.5	12.8
스웨덴	6.4	7.4	12.1	13.0	17.6	17.7	18.9	16.9
스위스	8.3	7.9	15.5	13.8	23.9	26.8	31.8	31.0
영 국	3.3	3.2	7.8	6.9	6.2	6.0	6.1	5.5
미 국	7.7	7.3	12.2	12.4	11.9	12.7	13.8	13.0

주 : A－2000년, 2001년, 2002년, 2003년, 2004년 자살률의 평균
B－2005년, 2006년, 2007년, 2008년, 2009년, 2010년 자살률의 평균
출처 : 장영식(2012) 재인용.

4) 노인자살 방지에 대한 대책

우리나라의 자살률 증가추세는 1990년대 중반 이후 본격화되었다. 1997년 소위 IMF사태라고 불리는 외환위기 이후 생활고를 비관하여 자살하는 '생계형 자살'이 급증하였고, 세계적으로도 자살률은 여자보다 남자에게서 더 높게 나타나는데, 우리나라는 특히 남자로서 고등학교 학력, 무직, 유배우자인 경우 자살자 수가 많았다(노용환 외, 2013).

Maltsberger(1991)는 자살의 위험 정도를 내포하는 개입대상에 따라 1차적 예방, 2차적 예방, 3차적 예방으로 나누었다. 이 중 자살을 심각하게 고려하거나 자살을 시도한 적이 있는 고위험 노인을 대상으로 자살행위를 차단하거나 재발을 방지하려는 예방전략인 3차적 예방에 우선적으로 진력해야 한다.

정부는 우선적으로 위험대상군을 분류하여 대상별로 적합한 자살예방관

리시스템을 개발하여 운영해야 한다. 즉, 국민에 대한 자살예방을 위한 노력을 정부가 기울이되, 특히 고령층에 대한 자살원인과 특성을 잘 파악하여 이에 적합한 사업을 추진해야 한다. 따라서 노인의 자살예방을 위한 표적집단을 설정함에 있어서 주관적·경제적 수준이 낮거나 혼자 살고 있는 노인 그리고 배우자나 자녀가 아닌 사람과 동거하고 있는 노인들의 경우 일차적으로 자살생각을 평가하고 이에 대한 개입을 해야 한다. 또한 혼자 사는 노인일 경우에도 신체적 및 정신적 건강수준에 따라, 또 문제해결 정도 및 고독감이나 사회적 지지의 정도에 따라 자살생각의 정도가 달라지므로, 이들이 신체건강과 정신건강을 증진시키고, 문제해결능력을 향상시키며, 사회적 지지를 강화시켜 갈 수 있도록 지역사회에서 자살예방 프로그램을 제공해야 할 것이다(김기태 외, 2011).

특히 4~8월 중에 자살이 많이 발생하는 특성을 감안하여 계절에 따른 예방대책도 마련해야 한다(장영식 외, 2012).

6. 노인범죄

1) 노인범죄의 개념

범죄의 개념은 사회적 관점에서 볼 때의 실질적 범죄개념, 그리고 법률적 관점에서의 형식적 범죄개념으로 구분할 수 있다. 형식적 범죄개념은 형벌법규에 의하여 범죄에 대한 형벌을 부과하는 행위를 말하며, 이러한 행위는 구성요건에 해당하고 위법해야 하며 책임 있는 행위를 지칭한다. 형식적 범죄개념은 죄형법정주의에 의한 형법의 보장적 기능의 기준이 되는 범죄개념과 형법해석이다. 형식적 범죄개념에 의하면 법률에서 정하고 있는 범죄의 틀에 들어가는 행위가 있으면 범죄가 된다. 실질적 범죄개념이란 법질서가 어떤 행위를 형벌에 의하여 처벌할 수 있는지, 즉 범죄의 실질적 요건을 밝히는 것을 말한다.

따라서 "사회의 공생 · 공존 · 공영조건을 확보하기 위하여 국가 공권력으로 보호하여야 할 생활재를 침해하거나 위태롭게 하는 행위"를 실질적 범죄개념이라 한다. 범죄의 개념은 실질적 · 형식적 범죄개념의 양면에서 검토되어야 한다. 이러한 의미에서 노인범죄 역시 실질적 의미의 노인범죄와 형식적 의미의 노인범죄를 검토하고 정의하여야 한다. 노인범죄는 말 그대로 노인이 저지른 범죄, 즉 노인에 의해 행하여진 범죄를 통칭한다. 따라서 노인을 정의하는 연령적 기준이 노인범죄를 정의하는 데 있어서 매우 중요한 요소가 될 수 있다. 형식적 의미의 노인범죄라 함은 노인이 행한 범죄를 의미하며 실질적 의미의 노인범죄는 노인의 기준을 연령기준에 적용하여 61세 이상의 노인이 행하는 범죄를 의미한다.

2) 노인범죄의 원인

노인범죄는 인구의 고령화로 인한 노인인구의 비중이 증가하게 되는 현상으로 평균수명의 연장이 주된 원인이 된다. 그렇기 때문에 노인인구의 비율이 사회 전체에서 증가하고 있는 것과 밀접한 관련이 있다고 볼 수 있다. 노인인구의 증가 자체만으로 사회의 문제가 될 수 없겠지만, 급속하게 증가하는 노인인구에 맞춰 노인들에게 필요한 사회시설과 대책을 국가와 사회에서 마련해 주지 못하기 때문에 노인범죄가 발생하고 있다.

노인범죄는 사회 내에서의 역할상실 및 새로운 역할의 부재와 은퇴로 인한 경제적 곤란 등으로 인해 사회적 고립 등이 심화되면서 노인들의 변화된 삶이 범죄에 영향을 미치고 있는 것이다. 노인범죄의 주된 원인으로 노인의 재취업 기회가 턱없이 부족하고, 은퇴에 따른 고정수입의 감소와 노후준비의 미흡으로 인한 경제적 빈곤, 사회적 고독감 등의 여러 요인들로 인해 발생한다.

3) 노인범죄의 특성

사람은 발달단계에 따라 범죄의 특징이 조금 다르게 나타난다. 사람들이 갱년기가 지나면서 육체적·심리적으로 많은 변화가 일어나는 것처럼, 노인범죄도 노인 특유의 특성과 밀접한 관계를 가지고 있다.

인생의 전성기를 지나서 노인이 되어가는 자신을 보면서 사회적 지위나 능력이 이전과 같지 않다고 하는 사실을 자각하게 되고, 어떻게든지 이를 극복하고 타개하기 위해 고민하게 된다. 이러한 이유로 다른 연령층에 비해 아직은 낮지만 풍속범, 단순절도, 장물죄, 모욕죄, 방화 등의 노인범죄가 나타나고 있다.

노인범죄의 빈도가 다른 연령층에 비해 낮은 이유는 범죄를 유도하는 친구의 감소, 경쟁적인 목표설정과 열망보다는 남은 여생을 조화롭고 평화롭게 지내고 싶다는 방향으로 관심이 변화되기 때문이다. 또한 범죄행위에서 검거확률에 비해 기대되는 보상이 적다는 생각이 증가하여 범죄의 유혹에서 단념하게 된다고 보는 것이 통례이다.

범죄를 한 노인의 57% 정도는 초범이 아니었고, 이들의 최초 범죄가 가장 많은 시기는 41~50세인 것으로 조사되었다. 즉, 노인은 연령이 증가함에 따라 심리적·사회적·신체적·경제적 측면은 물론이고 범죄에 있어서도 젊은이에 비해 불리해진다는 것을 알 수 있다.

Exner는 노인범죄를 기억력 감퇴, 시력과 청력 등의 신체기능 저하와 같은 노화현상의 특징들로 인해 '약자로서의 범죄'라 규정하고 있다. 여성범죄, 아동범죄와 더불어 노인범죄의 특징은 법의 엄격성으로부터 특별히 보호되어 상대적으로 처벌이 경미하다는 것이다.

체계적인 범죄를 하는 직업적인 범죄자와 달리 노인범죄는 대인관계 기술 부족 또는 우발적이거나 순간적인 충동감에 의한 범죄가 많다. 노인범죄는 노인세대의 심리적·신체적·경제적·사회적 특성 등을 중심으로 접근하고 있으며, 이와 같은 특성으로 인해 발생되는 노인문제의 증가와 대책 부족으로 인해 노인범죄는 증가하고 있는 실정이다.

4) 노인범죄의 현황

(1) 노인범죄의 일반적 현황

우리나라의 전체 범죄 대비 노인범죄 발생현황인 〈표 6-15〉를 살펴보면, 전체 범죄자가 2,297,030명이었던 2002년도에 비해 2003년도에는 2,296,945명으로 다소 감소하였다가, 2008년도에는 2,472,897명으로 다시 증가하였다. 전체 범죄자 수는 이렇게 조금씩 변화의 차이가 있지만, 노인범죄자는 꾸준히 증가함을 알 수 있다.

노인범죄와 그 비율은 앞으로 지속적으로 증가할 것으로 예측되고 있는데, 이러한 관점의 원인은 전체 인구 중에 노인인구 비율이 계속 높아지는 것이라고 볼 수도 있다. 그러나 전체 범죄에서의 노인범죄 비율이 꾸준히 증가하고 있는 통계를 볼 때, 노인인구 증가에 따른 당연한 결과로만 받아들이기에는 어려운 점이 있다.

〈표 6-15〉에서 나타나는 것과 같이 지난 10년 동안 전체 범죄는 증감이 반복되고 있는 반면, 61세 이상 범죄율이 2002년 2.5%에서 2012년의 6.6%까지 꾸준하게 높아지고 있어 노인범죄율의 증가는 앞으로도 계속될 것으로 추측된다.

〈표 6-15〉 **노인범죄의 현황**

(단위 : 명, %)

범죄연도	전체 범죄	노인범죄	점유율
2002	2,297,030	57,527	2.5
2003	2,296,945	59,759	2.6
2004	2,284,095	66,943	2.9

2005	1,965,571	74,770	3.8
2006	1,932,729	82,323	4.2
2007	1,989,862	84,028	4.2
2008	2,472,897	111,074	4.5
2009	2,519,237	125,961	5.0
2010	1,954,331	115,170	5.9
2011	1,907,641	121,776	6.3
2012	2,117,737	140,179	6.6

출처 : 대검찰청(2003~2013). 범죄백서 재정리.

(2) 노인범죄의 연령별 현황

해마다 증가하고 있는 노인범죄는 사회적 관심을 불러일으키는 사회문제로 대두되고 있다. 지난 10년간 범죄자료를 통해 10세 간격으로 각 연령층의 범죄발생률을 비교하였다.

〈표 6-16〉에서 보는 바와 같이 전체 범죄에서 가장 높은 비율을 차지하고 있는 연령층이 41~50세로 나타나고 있다.

지난 10년간 51~60세층과 61세 이상 층이 꾸준히 증가하고 있으며, 이외의 연령층은 감소하거나 증감이 반복되고 있다. 특히 61세 이상 연령층의 범죄가 차지하고 있는 비율은 6~7%에 불과하지만 수와 비율이 증가추세를 보이고 있다. 그러므로 노인범죄는 앞으로도 계속적으로 증가될 것으로 추측해 볼 수 있다.

〈표 6-16〉 **연령별 현황**

(단위 : 명, %)

구 분	19세 이하	20~30세	31~40세	41~50세	51~60세	61세 이상
2002	115,423 (5)	500,623 (21)	616,969 (26)	540,556 (23)	181,110 (7.8)	57,527 (2.5)
2003	96,085 (4.1)	471,085 (20)	594,117 (25)	556,081 (24)	185,122 (8)	59,759 (2.6)
2004	72,770 (3.1)	445,369 (19.4)	593,478 (25.9)	597,211 (26.1)	206,016 (9)	66,943 (2.9)
2005	67,478 (3.4)	341,954 (17.3)	491,969 (25)	529,670 (26.9)	196,881 (10)	74,770 (3.8)
2006	69,211 (3.5)	316,718 (16.3)	460,643 (23.8)	513,821 (26.5)	212,343 (10.9)	82,323 (4.2)
2007	88,104 (4.4)	337,689 (16.9)	461,599 (23.1)	524,810 (26.8)	227,688 (11.4)	84,028 (4.2)
2008	134,992 (5.4)	433,722 (17.5)	562,355 (22.7)	640,388 (25.8)	297,403 (12)	111,074 (4.5)
2009	132,451 (5.2)	435,371 (17.2)	552,332 (21.9)	636,552 (25.2)	323,178 (12.8)	126,508 (5)
2010	108,346 (5.5)	333,521 (17)	427,570 (21.8)	538,511 (27.5)	310,293 (15.8)	115,170 (5.9)
2011	102,441 (5.3)	299,843 (15.7)	402,534 (21.1)	521,221 (27.3)	347,294 (18.2)	121,776 (6.3)
2012	128,564 (6)	323,316 (15.2)	417,412 (19.7)	547,475 (25.8)	399,936 (18.8)	140,179 (6.6)

출처 : 대검찰청(2003~2013). 범죄백서 재정리.

5) 노인범죄에 관한 문제점과 개선방안

(1) 노인의 용어 및 노인 범위의 재정립

① '노인'의 명칭을 '고령자'로 변경

연령은 그 사람의 범죄성에 중요한 의미를 갖게 되는데, 연령과 범죄와의 관계는 이미 19세기에 Quetelet에 의하여 관심의 대상이 되었고, 그 후에도 Wagner, Mayer, Roesner 등에 의하여 그 상관관계가 지적되어 왔다.

일반적으로 일정한 연령단계까지는 연령 자체가 인격의 발달단계를 나타낼 뿐만 아니라 그 사람을 둘러싸고 있는 환경도 나타나게 되어, 이러한 조건들이 각 연령계층의 범죄성을 특징짓는다고 보고 있다. Hirschi와 Gottfredson은 "나이가 모든 면에서 범죄와 관련된다. 범죄에 대한 나이의 영향은 범죄에 대한 다른 어떤 인구학적인 상관관계에도 구애받지 않는다"라고 주장하고 있다.

우리나라에서는 노인, 고령자, 노령자 등 많은 명칭을 가지고 있지만 아직까지 명확하게 사용하고 있는 명칭이 없다. 일본에서 발간한 범죄백서의 특집으로 나온 『고령범죄자의 실태와 처우』라는 책을 보아도 노인이라는 명칭보다 고령화라는 명칭을 사용하고 있다. 우리나라도 고령화사회로서 노인의 늙은 사람이라는 인식보다 고령자의 나이가 많은 사람으로 인식이 바뀌어야 한다고 생각된다. 이러한 인식의 전환을 위해 노인의 명칭을 고령자의 명칭으로 변경하여야 할 것이다.

② 노인의 연령에 관한 재정립

노인의 개념이 명확하지 않지만 현재 우리나라에서 시행되고 있는 것으로 65세 이상인 자는 경로우대, 경로연금, 지하철 무임승차 등으로 혜택을 보고 있다. 아직까지 명확하지 않는 노인의 연령에 대해 재정립을 할 경우에 이러한 근거를 포함하여 65세로 보아야 할 것이다.

정부에서는 노인에 대한 개념을 연령과 특성을 고려하여 명확하게 재정립하고, 이를 각종 법규에 삽입하여 적절한 노인범죄정책을 펼 수 있도록 해야 할 것이다.

(2) 노인범죄의 예방을 위한 제도의 마련

① 노인범죄의 예방 프로그램 도입

노인을 사회의 청년층과 장년층으로부터 분리하는 강제적 행위가 될 수밖에 없다. 노인의 사회봉사활동은 노인범죄의 예방을 위해서 아주 중요한 요소이다. 노인범죄의 사회적 원인이 주로 노인들의 사회적 역할 상실로 인해 나타나는 것이기 때문에 이에 대한 대응적 차원에서 노인들에게 새로운 역할부여가 필요하다.

미국 캘리포니아주 클레어몬트시 경찰의 노인지원 프로그램은 65세 이상 노인에게 일반병원 방문, 치료, 수술, 구급차 이용, 치과, 안과, 안경, 양로병원 단기입소, 처방약 등을 무료로 지원하고 있다. 또한 통신, 교육, 기술 등 범죄방지를 위하여 은퇴한 노인들에게 최상의 서비스를 제공한다. 또한 지역 내 비은퇴자들에 대해서도 일정 수준의 서비스를 유지하고, 최상의 서비스 제공을 위하여 지역과 카운티 · 주 · 연방 차원의 기금을 확보하는 것을 목표로 하고 있다.

이처럼 우리나라도 은퇴한 노인들의 범죄를 예방하기 위해서는 국가에서 은퇴한 노인들에게 양로원 단기입소, 병원비, 처방약 등을 무료로 지원해야 할 것이며, 교육, 기술 등을 통해 재능기부를 함으로써 국가에서 일정한 소득을 보장해 주어야 한다. 또한 재능기부와 자원봉사활동을 함으로써 노인의 삶에 활력과 자활능력을 증가시킬 수 있는 프로그램을 도입하고, 이러한 프로그램을 도입하기 위해 국가나 지방자치단체 차원에서 기금을 확보해야 할 것으로 사료된다.

② 노인범죄의 예방을 위한 전문가 양성

노인범죄의 증가율은 앞서 설명한 바와 같이 19세 이하 청소년들의 범죄율을 훨씬 앞지르고 있으며, 그럼에도 불구하고 노인범죄 예방을 위한 적극적인 홍보 및 활동에 참여할 전문가들은 찾아볼 수가 없다. 반면 근래 학교문제 등 아동·청소년과 관련된 정부지원 및 사회적 관심은 엄청나게 집중되어 많은 개선을 이루었다. 그러나 청소년에 관련된 범죄는 갈수록 감소추세에 있는 반면 고령화로 인한 노인인구 증가와 더불어 노인범죄는 증가하고 있다.

노인범죄 예방전문가는 노인범죄를 예방할 수 있도록 노인과 상담을 해줌으로써 노인의 고민해결 등을 돕는 노인관련전문가·노인상담전문가를 양성해야 한다. 즉, 노인범죄 예방전문가를 양성하기 위해 교육기관 및 프로그램 개발이 절실하다. 이를 위해 정부는 노인범죄와 관련된 조직구성 및 인력·예산의 지원을 통해 노인들이 범죄를 저지르는 원인을 명확하게 분석하여 재범을 방지할 수 있는 교육 프로그램을 개발해야 할 것이다.

03

PART

노인복지정책

Chapter 7

노인복지정책의 기초

1. 노인복지의 개념과 목적

1) 노인복지의 개념

노인복지란 노인이 인간다운 생활을 영위하면서 가족 및 지역사회에 적응하고 통합되도록 필요한 자원을 제공하는 공적 및 사적 차원의 조직적인 제반활동이다(장인협 · 최재성, 2002).

노인의 심신건강 유지와 생활안정을 위하여 필요한 노인생활을 전면 보장하는 복지서비스로서, 인간다운 생활을 할 수 있도록 사회복지의 제반과 복지서비스를 제공하고 실천하는 사회적 활동이다. 어떤 경우에든 노인복지는 독립된 인간으로서 노인의 기본 욕구 충족과 문화생활 유지를 국가나 사회가 보장한다는 것이다.

노인의 욕구는 Maslow의 욕구유형에 따라 분류되지만 노년기에는 이 다섯 가지 욕구가 더욱 결핍되기 쉬운 상황에 처하게 된다. 노인이 경제활동에서 은퇴하게 되므로 소득이 단절되고 이에 따른 생리적 욕구나 안전의 욕구가 결핍되기 쉬우며, 노쇠현상으로 질병에 걸리기 쉽다. 사랑의 욕구는 일선에서의 은퇴와 자녀의 출가, 친구들의 죽음, 고독과 고립이 밀려오는 인생의 황혼기의 어려움을 얻게 된다. 노인에게 사랑의 욕구만큼 충족되어야 하는 욕구가 또 있을까 싶다. 자아존경과 자아실현 요구도 결핍되기 쉬운 욕구이다(현외성, 2012).

2) 노인복지의 목적

대한민국 정부는 모든 국민은 인간다운 생활을 할 권리를 지니며, 국가는 노인의 복지향상을 위한 정책을 실시할 의무를 지닌다고 헌법 제34조로 규정하고 있으며, 노인복지법 제2조에서는 노인복지의 기본 이념으로 노인의 자아실현과 안정된 생활을 위한 욕구의 충족과 사회통합의 유지를 언급하고 있다.

노인의 안정된 생활유지는 노인복지의 첫 번째 목적으로서 사회복지의 개념에서 본다면 국민적 최저수준 이상 또는 최적의 경제생활 수준을 보장하는 것을 의미한다. 두 번째 목적은 자아실현의 욕구충족으로 Maslow는 이 욕구가 생리적·안전·소속과 애정·자존감의 욕구와 같이 인간의 생존에 필수적인 기본 욕구보다 높은 수준의 욕구로서 성장욕구에 해당한다고 말하고 있다. 마지막으로 세 번째는 사회통합의 유지이다. 사회통합은 가족과 이웃, 조직, 집단, 지역사회와 국가에 이르기까지 본인이 속한 사회체계에서 심리·사회적으로 유대감을 가지고 적응하는 것을 말한다.

따라서 노인복지는 사회적으로 소외되고 있는 노인에 대한 편견을 완화하고 사회의 주요 구성원으로서의 역할과 지위를 부여하여 노인들이 일생동안 쌓아온 경험과 지혜를 바탕으로 사회활동에 참여함과 더불어 사회와 국가의 발전에 참여할 수 있는 기회를 제공할 수 있어야 한다.

2. 노인복지의 제도적 기반

1) 한국의 고대사 노인복지 역사

(1) 삼국시대(57~918년)

① 사회복지 역사

삼국시대에는 국가의 배려에 의해 구제활동이 이루어진 것이 특징이다. 대표적인 구제사업제도로는 진대법과 창제제도가 있다. 삼국시대의 한반도

환경은 고구려, 신라, 백제의 삼국이 상호 침략・투쟁의 연속이었으며, 토지는 국가 귀족의 소유였고, 일반 백성은 농업과 어업을 위주로 하였다. 왕족, 귀족이 정치・경제의 지배자였고, 구제사업은 삼국이 통일을 위한 영농의 노동력과 병력 증강을 위한 정책의 일환이었다. 그 구제사업제도는 다음과 같다.

가. 진대법

춘궁기(3~4월)에 관곡을 평민에게 가구 수에 따라 필요한 양을 대여하였다가 추수기 10월에 납입하게 하는 제도이다.

나. 관곡의 진급

정부에서 관곡을 비축하였다가 각종 재해 시 배급하여 구제하는 것으로서 삼국시대에 자주 실시되었던 제도이다.

다. 사궁구휼(四窮救恤)

홀아비, 과부, 고아, 노인 등을 구제하는 제도로서 군주들이 친히 방문하여 위로하였다.

라. 조조감면

재해 정도와 피해에 따라 조세를 감면하는 제도이다.

마. 종자 및 식량급여

농경사회에서 필요한 씨 종자를 배분하여 구빈, 빈민의 구제를 시도하였다.

바. 왕의 책기

각종의 재난에 대한 왕 자신의 부덕으로 근신하는 것이다.

② 노인복지 역사

삼국시대 우리나라 초기 노인복지는 군왕의 인심혜정(人心惠政)의 일환으로 이루어졌다. 삼국사기에 의하면, 신라 유리왕 5년(서기 28년) 11월에 왕이 국내를 순행하다가 한 노인이 얼어 죽은 형편에 이른 것을 보고 "나의 죄로다"라고 말하고 옷과 음식을 제공한 후 전국에 병든 사람이나 노인 등 생활곤궁자를 위문하여 먹을 것을 주어 생활하도록 했다. 백제 다루왕 11년에 왕이 친히 나서서 고령자와 빈곤자를 불러 곡식을 하사하고 효성이 지극한 자녀에게 벼슬을 주는 등 경로효친의 미풍양속을 장려한 기록이 있다(김성순, 1990).

삼국시대 왕들의 은사 베풂은 백성들로 하여금 보고 따르도록 하는 경로정신 함양에 있었으며, 고려시대 국경일에 궁전에서 양로연(養老宴)을 베풀었으며, 고령자를 위문하는 것은 유교적 경로사상의 영향이라고도 평가한다.

유교문화권에서는 경로효친사상이 매우 강조되었다. 특히 공자는 '효경'에서 부모에게 효도하는 것이 백행의 근본이며, 하늘과 땅에 이르는 모든 도덕적 질서의 근본이라고 했다. 이러한 유교문화의 영향으로 우리나라에서는 이미 삼국시대부터 효와 경로가 강조되었다. 따라서 국가적 차원에서의 노인복지에 대한 제도적 개입은 매우 빈약했으며, 국왕의 노인보호에 대한 책임의식 정도에 따라 당대의 노인문제 해결의 정도가 결정되었다고 볼 수 있다(이혜원, 1999 : 133).

(2) 고려시대(918~1392년)

① 사회복지 역사

고려시대는 불교의 자비정신이 구제사업 발전에 크게 기여하였고, 진휼제도로는 창제가 대표적인 구빈기관으로 흑창, 의창, 상평창 등이 있었다. 의창은 평상시 관곡을 비축하여 비상시를 대비한 제도로서 고구려의 진대법과 같은 제도이다.

동서대비원과 혜민국을 두어 빈민한 자에게 약품과 의복을 주고 치료를 해주었다. 특히 훈련을 받은 승려들이 자선사업으로서 사업을 수행하였다. 또한 고려 태조는 인재등용과 민심수습에 노력하였으며, 토지는 관유에서 민간에게 분배하여 세금을 납부하게 했다. 불교가 도입되어 자비사상을 뿌리내려 불도들에 의해 구빈, 시료(고아보호와 양로사업) 등이 성행하였다[자(慈)는 백성에게 낙(樂)을 주는 것을 말하며 비(悲)는 백성의 고생을 더는 것을 말한다].

가. 구제사업제도(진휼제도)

- 은면지제(恩免之制) : 부역자에게 조세감면
- 재면지제(災免之制) : 천재지변 때 형벌감면
- 환과고독진대제(鰥寡孤獨賑貸制) : 고아, 과부에게 양곡을 주고 세금면제
- 수한질려진대제(水旱疾癘賑貸制) : 이재국민에게 의원과 약을 비치하여 행려자에게 숙식을 제공
- 납속보관제(納粟補官制) : 흉년, 재해 시에 백성을 목적으로 금전을 상납받고 관직을 주는 것

나. 상설구빈기관

- 흑창 : 평상시에 관곡을 비축하였다가 비상시에 지급하는 제도
- 제위보 : 빈민과 이재민의 구호사업 및 구제기관으로 일종의 관립재단법인
- 의창 : 태종 때에 흑창을 고종 5년에 의창으로 고치고 규모를 확대함
- 상평창 : 물가조절 기능과 구빈 두 가지 기능
- 혜민국 : 국립의료기관으로 서민을 위한 의료기관

다. 급여의 방법

- 진대 : 흑창, 의창, 상평창, 유내창들과 같이 흉년 또는 춘궁기에 곡식을 대여하고 풍년 또는 추수기에 무이자로 원곡을 상환받는다.

- 진급 : 빌린 원곡을 갚지 못한 빈민들에게 식량 이외의 소금, 의류 등 생필품을 무료 지급, 장제비 및 종자(곡식)의 지급도 했다.
- 견면(감) : 천재지변이나 국난 등으로 백성이 빈궁할 때 조세를 감면 또는 연장해 주었다.
- 시식 : 흉년 또는 춘궁기에 빈민, 행려자 등을 위하여 죽이나 채소 등을 급식했다.
- 기타 : 긴급 구빈정책 및 사면 등이 있었다.

② 노인복지 역사

고려시대의 노인복지의 사업의 영향은 불교의 자비사상이 온 국민의 의식구조에 뿌리내려 행려자(行旅者) 보호 및 구호사업은 서양의 종교적 자선사업과 흡사했다. 양로사업 중 성종 10년 10월에 80세 이상 고령자를 극진히 모시라는 왕명을 내렸으며, 충렬왕 34년(1308년) 11월에는 70세 이상 노인의 자손이 죄를 지어 형벌을 받을 경우 자손에게 벌을 주는 것을 일시 중지하거나 면제하여 노친을 봉양하게 하였다(현재의 사회봉사명령제도의 선제로 사료됨). 만약 노인을 보호할 자손이 없을 경우 동서대비원(東西大悲院 : 지금의 양로원과 비슷)에 수용, 보호하였다.

현종 5년 1월 백성의 나이 70세 이상자에게 모두 정위급(正位級), 우왕(禑王), 13년 중추절에 노령자에게 육품(六品)을 하사하도록 했다(원창영, 1979). 그리고 현종 11년에 관원으로서 병든 부모가 있을 경우 20일간 휴가를 주었고, 70세 이상인 부모가 질병이 있을 때 200일간 휴가를 주어 간호하게 했다(고려사 제7책). 특히 태조 11년 5월 나이 80세 이상 노인에게 노인봉사자인 시정(侍丁)을 봉사하도록 하는 제도를 실시, 문종 35년에 부모가 70~80세 경우 시정 1인, 90세 이상 시정 2인, 100세에는 5인으로 한다고 했다(한창영, 1979).

이것은 현재 우리나라와 일본에서 실시하는 가정봉사원(homehelper)제도로 고려시대에 이미 있었음을 알 수 있다.

(3) 조선시대(1392~1783년)

① 사회복지 역사

조선은 건국 초부터 불교를 배척하고 유교를 도입하며 유교의 정치이념인 왕도정치를 실시하여 국가 행정의 새로운 이념을 확립하고, 특정 계층이 소유한 세습적 장원과 사전을 몰수하여 신흥 양반이나 백성에게 분할하며 이윤을 꾀하면서 농업 위주의 중앙집권적 봉건국가를 확립하였다.

구제사업의 모든 핵심은 왕의 책임으로 국민의 생존권을 왕명으로 다스리는 제도를 택하였다. 태조 7년(1398년) 경상도 관찰사가 요구한 국가 양곡을 거절하였다가 왕의 명령으로 관곡을 풀어 구제하는 내용이 이조실록에 기록되어 있다.

가. 구제사업제도(비황제도)

관곡으로 빈민구제를 조직화·체계화하여 창제 운영

나. 신평

경국대전을 기본법으로 경제와 농업 발달에 기여함으로써 인조(1636) 때 진휼청으로 병합됨

다. 의창과 사창

곡물을 평상시 대부하고 추수 때 1~2할의 이자를 받아 그 이자로 빈민을 돕는 방법. 1484년 숙종 때 100호 단위로 하며 시민 공동으로 창고를 설립하고 공동책임하에 운영하도록 함과 어사가 지도·감독함

라. 구황제도의 노인보호사업

- 국가 경사 시나 지방 순회 시 왕이 걸식자들과 노인들에게 향연 실시

- 기로소 : 태조 3년에 설립된 정2품 이상의 70세 이상 노인들의 놀이장소이자 일종의 경로당
- 양로법 제정 : 세종 8년에 양로원의 제도화
- 치사제도 : 문종 2년 때의 제도로 나이 많은 벼슬자가 사양하고 물러나는 것. 오늘날의 해고를 위한 정년제와는 의미가 다르며 경로의미가 있음
- 인보상조 : 계, 향약, 통, 방, 오가통 등을 통해 상호협력 실시

마. 의료제도

- 전의감, 혜민서, 동서대비원, 제생원 등 다양하게 의료사업과 구빈사업 병행 실시. 의료구제 외에도 무속 등의 민속적 요법을 다양하게 전개
- 지방 각지에서 심약, 의학교육, 한증욕, 침구술도 제도화

바. 자휼전칙(1783년)

조선 후기 대표적인 아동복지 관련 법령으로 정조 7년에 유기아, 행걸아이를 구제하였다. 특히 정약용의 목민심서에 의하면, 연령과 친척 및 재산 등을 감안하여 부양할 친척이 없고 노령이거나 재산이 없으면 지방수령들이 도와주는 제도가 있었다.

② 노인복지 역사

태조 이성계는 왕정으로 경로사상을 전파해 기노소(耆老所)를 설치(태조 3년)하고 진제소(賑濟所)를 설치(태조 4년)하였다. 한편 기노직(耆老職)이라는 관직을 두어 60세가 넘은 선비에게만 과거를 보이던 과거제도로서 21대 영조 32년(1756년) 대왕대비 70세 생신날 기념으로 60세 이상의 신하와 종친 등에게 과거를 실시하였고, 양로사업은 세종대왕 때 입법을 하명하여 양로연(養老宴)이 세종 8년에 제도로서 정착하여 이조 말까지 유지되었다. 한편 문종

2년에 정립된 치사제도는 나이가 많아서 벼슬을 사양하고 물러나는 오늘날의 퇴직제도, 정년제도인데 해고를 위한 제도라기보다는 늙어서 쉬라는 경로의 뜻이 강한 것으로 당상관(堂上官)으로 치사할 경우 매월 고기와 술을 예조에서 보급했으며, 신라 문무왕 4년부터 국가의 중대한 정사를 담당하는 70세 이상된 자가 치사를 못할 경우 정1품관에게는 괴장을 하사하기도 했다(법제처, 1978).

(4) 일제강점기(1905~1945년)

① 사회복지 역사

근대적 사회복지사업이 도입되어 고아의 시설수용사업, 탁아사업, 의료사업, 빈민구제사업, 양로사업, 인보사업, 숙박구호사업, 직업소개사업 등이 실시되었다. 역사적 배경으로는 1910년 일본과 조선과의 을사조약에 의해 일본의 식민지화가 시작되어 왕 중심의 민생구휼정책은 막을 내리고 조선총독부에 의해 실시된 구제사업은 일본 천왕의 인정을 강조하였다. 식민지 국민들의 불만을 희석시키는 목적으로 일본 자본주의의 목적 달성과 반일행동을 억제시키려는 정치적 목적에 의하여 교화구제사업을 실시하고 조선총독부는 기미독립운동 2년 후인 1921년 7월에 내무국에 사회과를 독립시켜 사회복지사업의 지도, 통제를 담당하게 하였다.

을사조약(1905년)으로부터 40년 만인 1945년 8월 15일 해방되었고, 1945년 9월에 38선 이남의 남한은 미군정의 지배하에 놓이게 되며 남과 북이 분단되어 현재에 이르고 있다.

가. 일제하의 복지제도

일제하의 복지제도를 연도별로 살펴보면 대략 다음과 같다.

- 1921년 4월에 조선사회사업연구회 창설
- 1929년 재단법인 조선사회사업협회 개칭

- 1944년 3월 1일 조선구호령 공포, 65세 이상 노인과 13세 이하 유아의 생활부조
- 1922년 9월에 1주일 동안 사회사업 긴급회 개최
- 1933년 8월에 10일간 사회사업 일본 조선사회사업 개요

제1차 대전으로 말미암아 빈곤은 반드시 개인의 책임이 아니라 사회적·경제적 변동에 의하여 필연적으로 발생되는 것이 많으며, 개인의 힘으로는 도저히 어쩔 수가 없다는 사실이 일반적으로 인식되기에 이르렀다. 일본은 이러한 사회정세하에서 1929년에 구호법(救護法)을 제정·공포하고 1932년 이 법의 실시를 보게 되었다. 우리나라에서는 이로부터 12년이 지난 해방 직전인 1944년에서야 이 법령을 거의 그대로 가져다가 조선구호령을 만들어서 공포·실시하였다.

이 법령의 주요 골자는 65세 이상의 심신쇠약의 노령자, 13세 이하의 유아와 임산부, 폐질과 질병, 불구, 기타 신체 또는 정신의 장애에 의해서 노동할 수 없는 경우에 생활부조, 의료조산 및 생업부조에 대해 구호한다는 것이다.

그리고 "구호는 구호를 받는 자의 거택에서 이를 행한다"라고 하여 거택구호가 원칙으로 되어 있었으나, 거택구호가 불가능하거나 또는 그것이 부적당하다고 인정되는 경우에는 구호시설에 수용하거나, 수용을 위탁하거나 또는 사인(私人)의 가정에 그 수용을 위탁할 수 있게 되어 있다. 구호비용은 국가가 2분의 1 이내, 도에서 4분의 1을 부담하도록 규정하고 있었다. 이 구호법은 해방 후 1961년에 생활보호법(生活保護法)이 제정되기까지 우리나라의 공적부조사업을 맡아온 기본법이었다는 점에 그 역사적 의의가 있는 것이다.

한일합방 이후 이와 같은 구호업무를 관장하는 행정기관으로서는 조선총독부 내무국 지방과에서 취급하여 오다가 1921년에 내무국에 사회과가 신설되었고, 그 후 1932년에는 일반행정 정리에 따라 사회과를 학무국으로 이관하였다. 당시 사회과에 소속된 산하 유관기관으로서는 조선총독부 제

생원(濟生院), 조선총독부 나요양소(癩療養所), 조선총독부 직업소개소, 조선총독부 감화원, 조선총독부 의원 등이 있었다. 그리고 각 지방에는 도(道) 내무국 지방계에서 진휼구호(賑恤救護)에 관한 업무를 관장하다가 1921년 도(道) 내무국에 사회과를 신설하였다.

나. 인보관사업

1937년 중일전쟁이 시작되자 인보 상부상조와 국민 자각을 향상시킨다는 명목으로 1938년부터 4년에 걸쳐 서부인보관, 용강인보관, 성동인보관, 영등포인보관을 차례로 개설하고, 요보호자들에 대한 보호, 구제, 직업알선 등의 케이스워크(case work) 업무를 담당하게 하여 1940년도 1년간의 취급 건수만 1만 6,417건에 달했다고 한다. 이러한 사회복지사업의 발달은 곧 전국적으로 파급되어 1936년경까지 전국의 각종 사회복지사업기관은 도합 287개소에 달했다. 이들 기관의 현황은 각 연도별로 약간의 차이는 있지만 각 분야에 걸쳐 매우 광범위하게 사회사업이 실시되었던 것으로 볼 수 있을 것이다. 그리고 사회사업단체로서는 재단법인 조선사회사업협회가 결정되어 총독부 사회과에 사무소를 두고 각 지방에 지부를 두었는데, 처음에는 조선사회사업연구회로 출발(1921년 4월 1일)하여 1928년 12월 31일 동협회로 개편되었다. 그 외에도 1916년에 프랑스인이 설립한 샤르타렐재단과 1921년에 세운 한진달재단과 같은 사회사업단체가 있어서 방빈(防貧), 구빈(救貧), 교화(敎化)에 관한 제반업무를 수행하였다.

다. 아동복지시설

1888년 고종 25년 3월에 불란서교회에 의하여 지금의 명동천주교 육아원(고아원)이 창설된 것이 시발이다. 그 후 고종 32년 1895년 3월에 인천에 천주교 낙도육아원, 광무 10년(1906) 3월에 이심화(李芯和)의 경성고아원 설립이 세 번째이다.

라. 장애인복지시설

장애인복지를 위한 맹인사업 시작은 미국의 감리교 여선교사 Sherwood에 의해 1894년 평양식 점자 창안 보급을 시작으로, 1903년에 남자 맹학교 · 1909년에 농아부를 설치하여 맹인학교로 발전되었다.

마. 노인복지시설

노인복지시설은 1888년 천주교 조선교구 제7대 교구장 박규삼(白圭三) 주교가 성바오로수도회 총장에게 40명의 노인을 보호하여 수녀를 파송해 달라고 한 것이 시초이다.

바. 부녀복지시설

부녀복지시설은 1919년 평양에 온 선교사 Hunter Wells 박사의 부인 Lula Wells에 의해 4년제 보통학교 루라웰즈 학원을 세운 것이 시작이다.

② 노인복지사업

노인복지사업은 조선총독부에 의해 이루어졌다. 1916년 빈민구조 규정에 의하여 60세 이상 노인들에게 진휼자금을 주었으며, 1927년에는 조선귀족보호시설로서 재단법인 창복회를 설립, 당시 250만 원 기금에 이자로서 조선귀족을 구제하였다. 이같은 구제사업은 민심완화 무마책이라고 역사학자들은 평가하고 있다.

1936년 당시 전국에 9개의 양로시설이 있었으며 이러한 시설은 대부분 종교단체에 의한 비영리로 운영되었고 이러한 사회복지에 관련된 업무는 조선총독부의 사회과(1921년 창설)에서 관장해 왔다(박태룡, 1975).

1944년 조선구호령 내용 중에는 65세 이상 노약자에게 생활부조, 의료부조 등 노인복지에 대한 제도적 노력이 있었고, 그 후 이 규정에 의하여 극빈자와 무의탁 노인을 구호해 주기도 했다.

2) 현대 노인복지 역사

(1) 대한민국 정부 수립 후의 사회복지

대한민국 정부 수립(1948년) 시기를 본 서에서는 현대 초기 사회복지시대로 명명한다. 우리나라는 1945년 8월 15일 연합국에 의해 일본이 항복함으로써 일본으로부터 해방되어 1945년 9월 38선이 생겼다. 남한은 3년간 미군정하에 과도정부로 있던 중 1948년 5월 10일 총선에 의해 198명의 국회의원이 선출되고, 1948년 5월 11일 최초로 국회가 개최되어 7월 17일 헌법이 공포되었고, 1948년 8월 15일 자유민주주의 정치를 기본 질서로 한 대한민국 정부가 수립되고 초대 이승만 대통령이 탄생하게 되었다.

정부 수립 2년 후인 1950년 6·25전쟁이 발생하여 1953년 7월 27일 휴전 당시에는 전국에 390여만 명의 피난민과 450여만 명의 이재민 그리고 1백만 명의 전시사상자를 낳게 하는 비참한 참화를 초래하는 한편 440개소에 달하는 시설에 수용된 어린이도 5만 3,964명에 이르렀다. 1957년 2월 27일에 가서야 후생시설 설치기준을 제정하고 모든 시설의 설비 충실 강화를 기하였다. 6·25전쟁의 피난민과 고아들을 위해 자유진영 10여 개국의 종교, 아동, 의료, 문화, 구호 등의 외국 민간구호단체의 활동이 원활하게 이루어졌다. 1959년 4월에 구호협의위원회의 조직을 강화하였다. 1950년 6·25전쟁은 국가경제를 파탄으로 몰았고 정부는 극심한 재정난에 정부의 고위인사는 부정부패의 표적이었다. 이승만 정권이 네 번째 당선되어 장기집권을 시도하자 1960년 4·19 학생의거가 발생되었고, 12년간의 이승만 정권은 막을 내리고 장면 정권이 계승했으나, 9개월 만에 제2공화국도 막을 내리고 제3공화국(1962~1971년)이 출범하였다. 그 당시 상황을 보면 국민소득 1인당 87달러로 빈곤상태가 악순환되는 시기였다.

(2) 제3 · 4공화국의 사회복지

1961년 5 · 16 군사정부가 입성하게 되면서 민심안정과 절대빈곤 해소의 혁명공약으로 하여 국가통합 개발정책인 제1차 경제개발 5개년계획(1962~1966년)을 수립하기 시작하여 18년간 우리나라 경제개발에 기여하는 한편 사회적 욕구에 따른 우리나라 사회복지제도의 체계 확립이 필요하게 됨에 따라 사회보장 관계법률이 공포되기 시작하였다.

박정희 행정부의 제4공화국 후반(1972~1979년)에는 경제개발 5개년계획의 명칭이 경제사회개발 5개년계획으로 바뀌어서 1979년 10월 26일 18년의 장기집권이 끝난다.

1961년 생활보호법은 1981년 노인복지법 제정 전에 노인복지사업에 직접 관련된 법으로 2000년 10월 국민기초생활 보장법이 제정되면서 막을 내리게 된다.

(3) 제5공화국의 사회복지

1981년부터 1988년 2월 25일까지 7년간의 전두환(제5공화국) 정부는 「영세민 대도시 집중 억제 대책 강구」와 빈곤해소를 위한 종합적 대책을 수립해 가면서 다음 네 가지 국정지표를 추진하였다. ① 아동복지법(1981년), ② 복지사회 건설, ③ 정의사회의 구현, ④ 교육개혁과 문화 창달, 그리고 우리나라 공적부조 및 사회복지서비스 제도를 확충 · 정립하는 것이다.

개정된 법은 아동복지법(1981년), 생활보호법(1982년), 사회복지사업법(1983년), 제정된 법으로는 사회복지사업기금법(1980년), 심신장애인복지법(1981년), 노인복지법(1981년), 국민연금(1986년)이 있다. 이 시기에 선진 복지국가에서 '복지국가위기론'이 대두되어 제5공화국 후반부터 한국형 복지모형론이 등장하게 되었다.

1987년부터는 사회복지 전문요원을 채용하기 시작하는(2006년 1만여 명으로 확대) 한편 사회복지사업법 개정(1983년)으로 '사회복지사' 제도와 명칭을 사용하기 시작하여 사회복지사의 사회적 인정이 강조되었으며, 1987년도 복지시책 방향으로 ① 국가발전 수준의 복지시책, ② 서구적 복지병폐의 예방, ③ 자립정신에 입각한 복지시책 전개가 있었다. 제6차 경제사회 5개년(1987~1991년)계획에서는 인간복지 자원 최대 동원과 가족 및 지역사회의 복지기능 조장을 강조했다.

1980년 9월 제5공화국이 출범하면서 5대 국정지표의 하나로서 '복지사회의 건설'을 내세웠다. 이러한 정치이념 속에 1981년 6월 5일 노인복지법(법률 제3453호)이 제정·공포되었으며, 이로써 노인복지제도의 발전을 위한 법적 기반이 마련되었다.

(4) 제6공화국의 사회복지

제6차 5개년계획(1987~1991년) 기간에는 1987년 12월 노태우 대통령이 당선되고, 다음 해인 1988년 2월 25일 노태우 정권이 제6공화국으로 출범하였다. 제6공화국부터 민주화 시대가 열리면서 보통 사람들이 인간적인 대접을 받을 수 있는 사회·경제발전 지향, 지역격차 해소, 지배자들에 대한 국회 청문회와 1989년 지방자치법의 입법화와 지방의회가 성립되어 지방자치제에 맞도록 법령과 운영지침을 개정·제정하는 데 기여하였다.

특히 사회복지사업법 개정(1983년)으로 '사회복지 전문요원' 증원과 사회복지사무소를 설치할 수 있도록 규정한 것은 사회복지서비스제도의 커다란 정책전환이라고 평가할 수 있다. 한편 사회복지관사업이 전국적으로 확대 실시될 수 있도록 예산을 조치하고, 1988년과 1989년에 전국민 의료보험을 실시하였으며, 사회가 급속화되면서 유괴, 납치, 인신매매의 각종 범죄 등 사회문제가 증가되어 '범죄와의 전쟁'을 시도하기도 하였다.

기타 노인복지법 개정(1989년), 장애인복지법 개정(1989년), 국민연금 실시(1988년), 최저임금제도 도입(1988년), 1987년에 도입된 사회복지 전문요원의 배치를 확대하여 1992년에는 2천여 명이 배치되었다. 1992년 12월에 노태우 제6공화국이 막을 내리고 김영삼 정권이 문민정부를 출범시키게 됨으로써 30여 년간의 군사정권이 막을 내리게 되었다.

그러나 제정된 노인복지법의 주요 내용이 명시적으로는 일반노인 전체를 대상으로 하면서도 대부분 '할 수 있다', '노력해야 한다' 등의 규정을 통해 실제로는 여전히 요보호노인을 대상으로 하고 있다는 점이 확인된다.

(5) 문민정부의 사회복지

1993년부터 1998년 2월까지 제14대 김영삼 정부에서의 사회복지 이념과 실천일지를 살펴보고 복지제도의 변화와 복지사업의 동향을 평가・고찰해 보기로 한다.

제7차 5개년계획(1992~1996년)이 1990년대에 들어서면서 우리나라를 둘러싼 세계가 탈냉전체제로 지구촌의 변화와 함께 1993년 2월 25일 김영삼 정권인 문민정부 시대가 출범하였다.

문민정부의 복지추진 과정을 살펴보면 다음과 같다.

① 삶의 질 향상을 위한 국민복지 기본 구상 발표
② 국민복지추진위원회 운영
③ 장애인 복지대책위원회 설치운영
④ 사회보장심의위원회 설치운영
⑤ 국민연금제도 개선 기획단의 설치운영

(6) 국민의 정부와 참여정부의 사회복지

제7차 5개년계획(1992~1996년)이 1990년대에 들어서면서 우리나라는 둘러싼 세계가 탈냉전체제로 지구촌의 변화와 함께 1997년 말 우리나라는 IMF 체제에 들어감에 따라 국가적 위기를 맞게 되었다. 이러한 가운데 1998년에 김대중 국민정부가 출범하고 제1차 사회보장발전계획(1999~2003)을 수립하였다. 동 계획에서는 경제위기를 맞이하여 1차 안전망인 4대 사회보험과

2차 안전망인 공적부조, 3차 안전망인 긴급구호로 구성된 사회안전망을 갖춘 복지국가 건설을 시도하였고, 2003년 2월 25일 참여정부가 출범하였다. 이제 국민의 정부에 대한 사회복지 분야 평가와 새로 출범한 참여정부에 대한 사회복지 과제와 전망에 관하여 적극 참여하고 연구개진해 나가야 할 시기이다.

(7) 참여정부의 노인복지 동향

정부 전체 예산의 비율은 2000년도 0.32%에서 2006년 0.42% 증가로 계속 증가해야 되나, 노인복지계가 요구하는 1% 이상에는 아직 못 미치고 있다.

2003년 12월 노인복지법이 부분 개정되어 부양의무자 규정은 강화하였고, 노인학대 예방 및 사후치료에 대한 조항이 신설되었다. 사회복지공동모금회에 의해 2003년 5월 "1588-9222"의 노인학대상담전화가 개통, 운영되고 있다. 서울을 비롯 전국 11개 지역 노인학대상담센터는 전국 단일번호를 사용한다.

2004년 1월에는 노후소득보장 대책을 위한 사회안전망 구축을 위한 위원회를 구성하고, 2005년 4월에 저출산고령사회기본법이 제정되었고, 2006년도에는 노인일자리 8만 개 제공을 위한 예산과 계획을 발표하였다. 이는 일반노인을 위한 소득보장방안 마련이다.

2006년 2월 7일 노인복지정책의 변혁을 실천하는 제도로서 노인수발보험법을 국무회의가 인정하고, 2007년 4월 27일 '노인장기요양보험법'을 제정, 2008년 7월 1일부터 시행되었다. 이는 장기요양보장(long-term care)에 대한 수요를 충족하는 데 많은 기여를 할 것으로 노인 당사자와 가족 그리고 국가경제인력 증가에 기여되는 노인복지제도로 참여정부의 지방분권화정책, 사회복지사무소의 전달체계 개편 추진과 함께 커다란 업적이라 할 수 있다. 또한 저소득층 노인의 소득보장을 위한 기초노령연금제도 도입과 노인학대상담전화를 개통하였다.

고령자고용촉진법은 2008년 3월 21일 법률 제8962호 「고용상 연령차별 금지 및 고령자고용촉진에 관한 법률」로 바뀌었으며, 2009년 3월 22일 시행되었다.

노인일자리전담기관의 설치·운영의 법은 2011년 4월 7일 개정되어 법인 또는 단체에 위탁할 수 있도록 신설하였으며, 위탁에 관한 필요사항은 대통령령으로 정한다고 개정되었다.

2013년 6월 4일 노인일자리지원기관의 시설 및 인력에 관한 기준 등을 보건복지부령으로 정한다고 신설하였으며, 2014년 7월 1일 노인장기요양보험의 등급체계가 변경되었다.

3. 노인복지의 행정체계

1) 공공 노인복지행정조직

(1) 중앙정부의 노인복지행정조직

중앙정부의 노인복지행정조직 주무부처인 보건복지부 조직 가운데 사회복지행정조직을 중심으로 노인복지 업무와 직접 관련이 있는 것은 저출산·고령사회위원회이다. 저출산·고령사회위원회는 그 사한에 가족정책관과 노인정책관을 두고 있는데, 이 중 노인정책관이 노인복지 업무를 담당한다. 세부 담당부서로는 노인정책과, 노인지원과, 요양보험제도과, 요양보험운영과가 있다.

(2) 지방정부의 노인복지행정조직

① 광역자치단체의 노인복지행정조직

- 특별시 : 서울특별시에는 복지여성국에 사회과, 여성정책과, 보육지원과, 노인복지과, 장애인복지과, 위생과, 보건과가 있다. 노인 관련 문제는 주로 노인복지과에서 관장한다.

- 광역시 및 도 : 노인복지를 위한 행정기구로는 사회복지여성국이 있는데 사회복지과, 여성복지과, 보건위생과가 설치되어 있다. 사회복지과의 노인복지담당이 주로 노인복지사업 관련 업무를 관장한다.

② 기초자치단체의 노인복지행정조직

기초자치단체에서는 노인복지회관과 각종 노인복지기관 및 시설을 설치 운영하고 있다.

③ 읍, 면, 동의 노인복지행정조직

동의 사회복지행정체세는 계제를 따로 실시하지 않고 사회복지 담당을 두며 일반 사회복지행정 및 노인복지 관련 업무를 관장한다.

④ 보조기관

사회복지서비스 관련법에는 시・군・구에 아동복지지도원, 장애인복지지도원, 노인복지상담원, 모자복지상담원 등을 설치하도록 하였으나, 현재에는 아동복지지도원만 설치되어 있다. 읍・면・동 단위에는 복지위원제도를 두고 있다.

⑤ 사회복지사무소

읍・면・동사무소와 시・군・구청에서 담당한 공공부조대상자, 노인, 장애인 등 지역주민을 위한 사회복지서비스 업무들을 보건소의 보건, 의료업무와 통합하여 서비스를 제공하기 위한 것이다.

2) 민간 노인복지행정조직

(1) 노인복지입소시설

입소노인의 생존권을 시설 안에서 생활하는 동안 보장해 주어야 하는 중요한 서비스 활동을 말하며 시설의 설치기준과 운영기준이 노인복지법에 규정되어 있다.

(2) 노인복지이용시설

통상기관으로 칭하는 노인복지이용시설은 대상 노인이 지역사회 내 일반 가정에 살고 있으면서 지역적인 차원에서 다양한 노인복지서비스를 제공받는 성격을 지닌다. 노인여가복지시설과 재가노인복지시설이 있다.

(3) 노인복지행정의 개선과제

① 중앙정부의 노인복지행정 업무의 통합
② 노인복지서비스 전달체계의 확립
③ 중앙정부와 지방정부 간 노인복지행정의 효율적 업무 배분
④ 효과적인 노인복지행정 기능 배분을 위한 지방재원 확보
⑤ 사회복지사무소의 확충

4. 노인복지 재정

1) 조세방식

국가의 책임을 전제로 제공되는 급여의 경우 조세방식에 의해 운용된다.

공공부조는 생활이 어려운 국민에게 국가가 최저한의 생활을 보장해 주는 일종의 구빈사업으로 지구촌의 거의 모든 나라가 실시한다.

2) 사회보험 방식

국가나 공익단체가 보험운영 주체가 되어 노동자가 일정 기간 이상 일을 하면서 고용주 및 국가가 공동부담하거나 고용주와의 공동부담으로 납입한 보험료에 따라 일정 연령에 도달했을 때 정기적으로 지급하거나 지급사유 발생 시마다 지급하는 제도이다.

(1) 사회보험 재정의 운영방식

① 부과방식

공적연금의 재원조달 방식의 하나로서 많은 유럽 선진국가는 제2차 세계대전부터 전후에 걸쳐 종래의 적립방식에서 부과방식으로 이행했다. 적립방식은 인플레이션이나 화폐가치의 변동과 저하에 약한 반면, 부과방식은 슬라이드 방식의 도입이 쉽기 때문이다. 이것은 단기간(가령 1년간)의 연금수급자에게 지불되는 급여비를 그 기간 내의 보험료 등으로 지불하는 방식이며, 근로자, 사용자, 국가에서 어느 정도를 부과하느냐 하는 것이 내용으로 되어 적립금은 보유하지 않는다.

② 적립방식

공적연금의 재원조달 방식의 하나로 장래 지급될 노령연금의 연금원가가 그 제도에 가입하고 있는 사이에 보험료 등에 의해 적립되도록 계획하는 방식이다. 적립방식의 장점은 보험료(율)가 낮아 서서히 인상하는 것이며, 단점은 인플레이션 화폐가치의 변동에 약하다는 것이다.

③ 사회보험 방식의 특징

가. 자신의 기여로 이루어진 관리이므로 수치심을 가질 필요가 없다.

나. 소득의 일정률 납입으로 소득 이전에 의한 소득재분배 효과가 가장 크다.

다. 국가 입장에서 비용을 가장 적게 들이고 가장 효과적으로 소득보장을 할 수 있다.

라. 노동수입이 있는 자에게만 적용되고 자영업자는 임의적용이므로 적용에 한계가 있다.

마. 시작 초기에 저소득층, 비근로층이 제외되어 소득보장의 의의가 약화되기 쉽다.

(2) 민간자원 동원방식

① 비정부적 민간자원에 의해 비용을 충당해 가는 재정확보 방법이다.

② 민간위탁 방식과 순수 민간자원 방식이다.

③ 민간위탁 방식 : 민간 사회복지조직에 위탁하여 운영하거나 일부 프로그램에 대해 재정을 지원하는 방식이다.

④ 순수 민간자원 방식 : 지역주민과 일반시민에 의해 확보된 재원들로, 후원금품, 기부금품, 자원봉사활동 등 대표적인 예로 공동모금회가 있다.

⑤ 민간자원의 종류 : 물질자원으로서의 물품과 현금, 인적자원으로서의 자원봉사활동이다.

(3) 데모그란트(Demogrant) 방식

① 노인의 경제적 수준이나 부양자의 유무에 관계없이 정부가 65세 이상의 모든 국민에게 일정액의 연금을 지급하며 영국과 호주에서 실시한다.

② 한국은 국가공무원에게 노인부양수당을 지급하는 것이 이에 해당한다.

③ 영국, 폴란드의 무료 의료서비스 역시 60세 또는 65세 이상의 노인 전체가 일정한 범위 내에서 무료로 진료를 받는다.

④ 데모그란트는 모든 노인에게 보편적으로 적용되므로 국민으로서 복지권 확보, 세대 간의 소득재분배, 사회통합 면에서 효과적인 프로그램이다.

(4) 현행 노인장기요양보험법 시행령에 의한 노인복지재원

① 공공재원

가. 부담금

상담입소 등의 조치, 건강진단, 노인복지시설의 설치·운영 등에 소요되는 비용은 대통령이 정하는 바에 의하여 복지실시기관인 국가 및 지방자치단체 또는 사회복지사업 기금에서 부담하는 것으로 규정되어 있다.

ⓐ 국가와 지방자치단체가 비용을 부담할 경우

- 서울특별시의 경우에는 그 총액의 10분의 5 이하는 국가가, 10분의 5 이상을 서울특별시가 부담한다.
- 광역시·도의 경우에는 그 총액의 10분의 8 이상을 국가가, 10분의 2 이하를 해당 직할시가 부담한다.
- 시·군·구의 경우에는 그 총액의 10분의 8 이상을 국가가, 10분의 1 이상을 해당 시·군·구를 관찰하는 시·도가, 그리고 10분의 1 이하를 해당 시·군·구가 부담한다. 그러나 1994년 12월에 지방재정법 시행령이 개정됨에 따라 지방자치단체의 부담비율도 일부 개정되었다.

ⓑ 2014년 노인복지예산(안) 평가에서 노인 관련 기관 지원, 노인요양시설 확충, 장사시설 확충은 각각 64.7%, 35.6%, 34.2% 감소하였다.

나. 보조금

원칙적으로 정부의 재정부담은 국고부담과 지방부담으로 구분되어 있으며, 이것은 다시 행정사무 배분 관행에 따라 지방자치법, 지방재정법, 사회복지 관계법 등의 규정에 의해서 구체화되고 있다.

ⓐ 지방자치법 중 지방자치단체는 그 고유한 사무의 수행에 있어 필요한 경비와 위임된 사무에 관하여 필요한 경비를 지출할 의무를 가지고 있다.

ⓑ 다만, 국가사무나 지방자치단체 사무를 위임할 경우에만 이를 위임한 국가나 지방자치단체에서 그 경비를 부담하도록 규정되어 있다.

ⓒ 지방재정법 중 사무의 집행에 필요한 제반경비 부담

- 전액을 지방자치단체가 부담하는 경비로서 지방자치단체의 고유한 사무경비가 해당된다.
- 국가와 지방자치단체의 양자가 부담하는 경비로서, 국가와 지방자치단체 상호 간의 이해관계하에서 원활한 운영을 위하여 국가에서 부담하지 않으면 안 될 경비이다.
- 국가가 전액 부담하는 경비로서, 국가가 스스로 행해야 할 사무를 지방자치단체나 기관에 위임하여 수행하는 경우에 소요되는 경비이다.

ⓓ 우리나라 노인복지 비용부담의 체계

- 서울 : 노인복지시설에의 입소조치에 따른 비용부담과 노인복지시설의 설치비용에 대한 비용부담은 중앙과 특별시가 50%씩 부담한다.
- 서울 이외의 지역 : 중앙이 80%, 광역자치단체 및 기초자치단체가 10%씩을 부담한다.

② 민간자원

가. 현재 각 국가에 대한 사회복지의 재정규모와 부담비용 등을 일률적으로 말할 수는 없으나, 일반적인 경향을 살펴보면 중앙정부의 부담이 줄어드는 대신, 지방자치단체나 민간주체의 비용부담이 상대적으로 증가하고 있는 추세이다.

나. 노인복지사업의 비용의 수납

- 양로시설, 실비양로시설, 노인요양시설, 실비노인요양시설, 노인전문요양시설, 실비노인주택 등을 설치한 자는 보건복지부장관이 고시하는 비용수납 한도액의 범위 내에서 그 시설의 입소자나 이용자들로부터 그에 소요되는 비용을 수납할 수 있다.
- 유료양로시설, 유료노인요양시설, 유료노인전문요양시설, 그리고 유료노인복지주택 등을 설치하는 자는 시·도지사가 승인하는 범위 내에서 그 시설의 입소자로부터 그에 소요되는 비용을 수납할 수 있다.
- 노인여가복지시설이나 재가노인복지시설 등을 설치한 자는 시장, 군수, 구청장이 승인하는 범위 내에서 그 시설의 이용자로부터 그에 소요되는 비용을 수납할 수 있다.

다. 앞으로의 전망

실버산업의 발전 등 노인복지서비스 공급체계가 유료시설이나 이용시설체계로 강화되고 확대된 경우에는 비용수납에 의해 구성되는 민간재원들은 훨씬 증가될 것으로 전망이다.

라. 재정상의 문제점

법률상 운영비의 5%를 법인 수입에 의해서 조달하도록 되어 있지만 대개의 시설들이 그 부족분을 입소자의 조치비 등에서 충당하고 있는 실정이다.

③ 제3섹터

가. 공공부문을 제1섹터, 민간부문을 제2섹터라고 규정하고, 중앙정부 및 지방자치단체와 민간의 공동 출자에 의한 사업조직을 제3섹터라고 규정한다.

나. 의미

광의의 의미로서 공동 출자의 형태로만 한정하지 않고 공공부문과 민간부문이 어떠한 곳에도 속하지 않는 중간적인 성격을 지닌 조직 또한 이윤을 추구하지 않는 공익적인 단체이다.

다. 형식

민법법인으로는 재단법인, 사단법인, 복지법인 등이 있고, 상법법인으로는 주식회사와 유한회사 등이 있다.

라. 형태

복지공사(재단법인 혹은 임의단체 등), 사회복지협의회 위탁사업, 사회복지사업단 등이 있다.

마. 공통점

- 지방자치단체로부터의 위탁업무(주로 재가복지서비스) 및 독자의 여러 가지 서비스들이 대부분 유료(계약에 의한 매매)로 공급된다.
- 공급방법 또한 거의 대부분이 지역주민의 신청과 회원제를 병용한다.

바. 범위와 한계점

- 공익성 및 공공성의 원칙이 강조된다.
- 보안성의 원칙, 즉 사기업과의 경쟁 및 독과점 금지를 강조한다.
- 독립채산제의 원칙이 노인복지정책의 기초이다.

Chapter 8

노인복지 관련법

1. 노인복지법

노인복지제도나 노인복지활동 등에 관한 내용과 형태를 규정하고 있는 법률을 의미한다.

1981년 6월 5일 법률 제3453호로 확정 및 공포되었으며, 동법 시행령은 1982년 2월 17일 대통령령 제10731호로, 동법 시행규칙은 동년 9월 20일에 보건사회부령 제714호로 공포되어 노인복지법이 완성되었고, 그 후 변화하는 시대적 상황에 대응하기 위해 1989년부터 2008년까지 수차례에 걸쳐 개정되었다.

1) 노인복지법의 목적(제1조)

노인의 질환을 사전예방 또는 조기발견하고 질환상태에 따른 적절한 치료·요양으로 심신의 건강을 유지하고, 노후의 생활안정을 위하여 필요한 조치를 강구함으로써 노인의 보건복지 증진에 기여함을 목적으로 한다.

2) 기본 이념(제2조)

- 노인은 후손의 양육과 국가 및 사회의 발전에 기여하여 온 자로서 존경받으며 건전하고 안정된 생활을 보장받는다.

- 노인은 그 능력에 따라 적당한 일에 종사하고 사회적 활동에 참여할 기회를 보장받는다.
- 노인은 노령에 따르는 심신의 변화를 자각하여 항상 심신의 건강을 유지하고 그 지식과 경험을 활용하여 사회의 발전에 기여하도록 노력하여야 한다.

3) 노인복지의 주체

국가 및 지방자치단체

- 노인의 보건 및 복지 증진의 책임이 있으며 이를 위한 시책을 강구하여 추진해야 한다.
- 노인의 일상생활에 관련되는 사업을 경영하는 자는 그 사업을 경영함에 있어 노인의 보건복지가 증진되도록 노력해야 한다.
- 노인복지사업자에게 노인복지 증진을 위한 노력의무를 부과함으로써 노인복지 증진을 도모해야 한다.

4) 보건복지 조치

- 노인의 사회참여 지원
- 지역봉사지도원 위촉
- 생업지원
- 경로우대
- 건강진단
- 상담 및 입소 등의 조치
- 노인재활요양사업

5) 노인복지시설의 종류

- 노인주거복지시설 : 양로시설, 실비양로시설, 유료양로시설, 실비노인복지주택, 유료노인복지주택
- 노인의료복지시설 : 노인요양시설, 유료노인요양시설, 실비노인요양시설, 유료노인전문요양시설, 노인전문요양시설, 노인전문병원
- 노인여가복지시설 : 경로당, 노인복지회관, 노인교실, 노인휴양소
- 재가노인복지시설 : 가정봉사파견시설, 주간보호시설, 단기보호시설
- 노인보호전문기관 : 노인학대 예방 홍보, 노인학대 조사 및 학대행위자에 대한 교육

2. 고령자고용촉진법

1) 사회복지사업법

사회복지사업법에 관한 기본적 사항을 규정하여 사회복지를 필요로 하는 사람의 인간다운 생활을 할 권리를 보장하고 사회복지의 전문성을 높이며, 사회복지사업의 공정·투명·적정을 기함으로써 사회복지의 증진에 이바지함을 목적으로 한다.

사회복지서비스 분야의 일반법, 공공사회복지 전달체계와 사회복지전담공무원에 대한 규정, 민간 사회복지사업의 주체인 사회복지 법인과 시설에 대한 규정, 사회복지사 제도 등을 규정, 아동·노인·장애인·여성 등 사회적 약자를 보호하기 위한 각종 사회복지서비스 내용과 방향을 제시한다.

2) 국민기초생활 보장법

국민기초생활 보장법은 생활이 어려운 자에게 필요한 급여를 지급하여 최저생활을 보장하고 자활조성을 목적으로 한다.

공공부조법으로서 헌법에 규정되어 있는 국민의 생존권 보장을 위한 구체적이면서 최후에 보루로 기능하는 법이다.

수급자는 기본적으로 최저생계비 이하의 저소득 국민으로 부양의무자가 없거나 부양의무자가 있어도 부양능력이 없거나 부양을 받을 수 없는 가구면서 소득과 재산이 일정 기준 이하인 자가 대상이다.

3) 연금법

(1) 국민연금법

국민의 노령, 폐질 또는 사망에 대하여 연금급여를 실시함으로써 국민의 생활안정과 복지증진에 기여함을 목적으로 하는 법률이다. 국민연금사업은 보건복지부장관이 관장한다. 국민연금의 급여수준 및 연금보험료는 국민연금 재정의 장기적인 균형이 유지되도록 조정되어야 한다. 보건복지부에 국민연금에 관한 사항을 심의할 국민연금심의위원회를 둔다. 국내에 거주하고 있는 18세 이상 60세 미만의 국민은 공무원, 군인 및 사립학교 교직원을 제외하고 국민연금의 가입대상이 된다.

(2) 특수직역 관련 연금법

특수직역 관련 연금법은 사회보험의 성격과 재해로 인한 물적 피해를 보호하는 재해보상의 성격을 띠고 있는데 국민연금에 비해서 급여의 산정기초가 수급자에게 유리하게 되어있으며 급여종류도 다양하다.

- 공무원연금법(1960년 제정) : 공무원의 퇴직 또는 사망과 공무로 인한 부상, 질병에 대하여 적절한 급여를 실시함으로써 공무원 및 유족의 생활안정과 복지향상에 기여함을 목적으로 한다.
- 사립학교교직원연금법(1973년 제정) : 사립학교 교원 및 사무직원의 퇴직, 사망 및 직무상의 질병, 부상에 대하여 적절한 급여제도를 확립함

으로써 교직원 및 그 유족의 경제적 생활안정과 복지향상에 기여함을 목적으로 한다.

- 군인연금법(1963년 제정) : 군인이 성실히 복무하고 퇴직, 심신의 장애로 퇴직 또는 사망한 때, 공무상의 질병, 부상으로 요양하는 때에 본인이나 그 유족에게 적절한 급여를 지급함으로써 본인 및 그 유족의 생활안정과 복지향상에 기여함을 목적으로 한다.

4) 국민건강보험법

국민의 질병・부상에 대한 예방・진단・치료・재활과 출산・사망 및 건강증진에 대하여 보험급여를 실시함으로써 국민보건을 향상시키고 사회보장을 증진하기 위함을 목적으로 하는 법률이다(법률 제5854호, 1999. 2. 8., 제정). 국민건강보험은 의료보호대상자를 제외한 대한민국에 거주하는 모든 국민을 지역가입자와 직장가입자로 하고 그 가족 등을 피부양자로 하여 적용된다.

5) 의료급여법

의료급여는 의료보험의 혜택을 받지 못하는 저소득층 국민을 위한 공공부조로서의 의료서비스 제도이다.

이 법은 생활유지능력이 없거나 생활이 어려운 자에게 의료보호를 실시함으로써 국민보건의 향상과 사회복지의 증진에 이바지함을 목적으로 한다.

6) 장애인・노인・임산부 등의 편의증진 보장에 관한 법률

장애인・노인・임산부 등이 생활을 영위함에 있어 안전하고 편리하게 시설 및 설비를 이용하고 정보에 접근하도록 보장함으로써 이들의 사회활동 참여와 복지증진에 이바지함을 목적으로 한다(국가 및 지방자치단체의 의무). 국가 및 지방자치단체는 장애인 등이 생활을 영위함에 있어 안전하고 편리하게 시설 및 설비를 이용하고 정보에 접근할 수 있도록 각종 시책을 마련하여야 한다.

7) 저출산 · 고령사회기본법의 정의와 목적

① "인구의 고령화"라 함은 전체 인구에서 노인의 인구비율이 증가하는 현상을 말한다.
② "저출산 · 고령사회정책"이라 함은 저출산 및 인구의 고령화에 따른 변화에 대응하기 위하여 수립 · 시행하는 정책을 말한다.

이 법은 저출산 및 인구의 고령화에 따른 변화에 대응하는 저출산 · 고령사회정책의 기본 방향과 그 수립 및 추진체계에 관한 사항을 규정함으로써 국가의 경쟁력을 높이고 국민의 삶의 질 향상과 국가의 지속적인 발전에 이바지함을 목적으로 한다.

3. 노인장기요양보험법

이 법에서 사용하는 용어의 정의는 다음과 같다.

① "노인 등"이란 65세 이상의 노인 또는 65세 미만의 자로서 치매 · 뇌혈관성 질환 등 대통령령으로 정하는 노인성 질병을 가진 자를 말한다.
② "장기요양급여"란 제15조 제2항에 따라 6개월 이상 동안 혼자서 일상생활을 수행하기 어렵다고 인정되는 자에게 신체활동 · 가사활동의 지원 또는 간병 등의 서비스나 이에 갈음하여 지급하는 현금 등을 말한다.

③ "장기요양사업"이란 장기요양보험료, 국가 및 지방자치단체의 부담금 등을 재원으로 하여 노인 등에게 장기요양급여를 제공하는 사업을 말한다.

④ "장기요양기관"이란 제31조에 따라 지정을 받은 기관으로서 장기요양급여를 제공하는 기관을 말한다.

⑤ "장기요양요원"이란 장기요양기관에 소속되어 노인 등의 신체활동 또는 가사활동 지원 등의 업무를 수행하는 자를 말한다.

이 법은 고령이나 노인성 질병 등의 사유로 일상생활을 혼자서 수행하기 어려운 노인 등에게 제공하는 신체활동 또는 가사활동 지원 등의 장기요양급여에 관한 사항을 규정하여 노후의 건강증진 및 생활안정을 도모하고, 그 가족의 부담을 덜어줌으로써 국민의 삶의 질을 향상하도록 함을 목적으로 한다.

Chapter 9

노인복지의 정책

1. 노인복지정책의 개념

1) 노인복지정책의 개념

노인복지정책의 개념은 "다수의 노인이 가지고 있는 사회적 욕구나 문제 중 정부가 사회적 문제로 인식·선택하며 문제해결을 위한 대책을 수립하고 실천하기로 결정한 것"이다. 노인복지정책의 개념에 관한 이해를 돕기 위해 학자들의 정책의 개념과 특성에 관하여 살펴보고자 한다.

Titmuss(1974)는 정책이란 "특정 목적을 달성하기 위하여 필요한 행동에 관한 원칙, 지침, 일정한 계획 혹은 조직화된 노력"이라고 정의하였고, Gilbert와 Specht(1974)는 "공·사(公·私)의 기관에서 행동의 방향이나 계획의 기반이 되는 제반 결정과 선택"이라고 하였으며, Dinitto와 Dye(1983)는 "정부가 하기로 또는 하지 않기로 결정한 모든 것"을 정책이라고 정의하였다.

정정길(1999)은 "바람직한 사회상태를 이룩하려는 정책목표와 이를 달성하기 위하여 필요한 수단에 대하여 정부기관이 공식적으로 결정한 기본 방침"이라고 정의하고 있다.

Shenfield(1957)는 노인복지정책이란 "노인문제에 대한 사회적 대책"으로 직업대책, 연금제도, 주택대책, 의료대책, 재가노인을 위한 서비스 및 수용보호 등 5개 항을 위한 사회적 정책"을 강조하였으며, 오까무라(村, 1997)는 노인의 일상생활에 필요한 조건과 노인의 개별욕구에 의한 사회적 서비스의 두 가지 요소로 구체적 내용을 일곱 가지로 열거하고 있다.

① 경제적 안정 : 노령연금, 공적부조, 노인수당, 기타 대부
② 직업적 안정 : 정년제도, 퇴직자 재고용, 직업훈련 알선, 노인복지공장
③ 의료(위생, 간호, 영양) : 노인건강 진단, 급식, 재활치료, 가정봉사원 제도, 시설의 보급
④ 주택 및 가족생활 보장 : 이야기서비스, 전화, 가족생활 상담, 가정 개별지도 서비스
⑤ 사회협동의 기회 : 노인우호방문, 노인클럽 돕기, 특수노인집단 지도
⑥ 교육의 기회 : 노인대학, 노인사회교실, 노인교양, 노인도서관, 노인교육 상담
⑦ 문화 및 여가선용의 기회 제공 : 노인 레크리에이션, 노인스포츠센터, 노인여가 지원, 노인재활 지도

2) 노인복지정책의 구성과 범위

(1) 정책의 일반적 구성요소

일반적으로 정부의 활동이 정책이라고 불리기 위해서는 아래와 같이 다섯 가지 이상의 구성요소가 갖추어져야 한다.

① 노인복지정책의 목적과 이념에서는 첫째, 건강한 노후생활 보장, 둘째, 생산적인 노후생활 보장, 셋째, 노인과 사회의 통합을 기본 이념으로 추구해야 한다.
② 목표달성을 위한 수단으로는 첫째, 법령과 규칙, 둘째, 인적・물적 자원을 확보해야 한다.

③ 정책의 주체와 대상 결정에서는 주로 정부가 주체가 되며, 또는 정부가 위임한 공공기관이 될 수 있다. 대상은 성별, 연령별, 지역별, 생활능력별 제한과 노인 모두를 대상으로 하는가에 따라 구체적 대상이 있어야 한다.

④ 비용에서는 직접비용과 간접비용이 포함되며, 수입은 조세수입과 후원금이 있으며, 국고와 지방비 등 구분이 명확해야 한다.

⑤ 평가는 정책의 효과 측정과 함께 정책의 유지·보완·종결의 판단결정 자료이며, 새로운 정책개발의 자료가 된다.

(2) 노인복지정책의 서비스 가치의 선택

정책을 프로그램이나 서비스로 전환하기 위해 Gilbert와 Specht(1974)는 네 가지 가치의 선택을 구분하고 있다.

첫째, 배분 : 급여나 서비스를 받을 수 있는 자격요건

둘째, 급여 : 급여대상에게 현금, 현물 중 어떤 것을 제공하는 것 등

셋째, 전달 : 공공부조는 중앙집권, 사회적 서비스는 지방분권 또는 민간참여 등

넷째, 재정 : 필요한 재원조달 방법으로 ① 수급자 부담, ② 민간모금, ③ 사회보험, ④ 조세 등이 있으며, 두 개 이상의 방법을 동시에 활용할 수도 있다. 일반적으로 공공부조는 조세, 연금보험은 사회보험료, 사회적 서비스는 조세, 수급자 부담금과 민간 모금액이라는 재정원천을 동시에 활용하기도 한다.

3) 노인복지정책의 형성과정

노인복지정책의 형성과정을 보면, 사회복지 형성에 관련된 절차에 따라 형성되는 것이 일반적인 원칙이다. 이는 국가적인 차원, 지역사회적인 차원 또는 사회복지기관이나 노인복지기관 및 단체 차원에서 형성될 수도 있고, 공적 또는 사적인 차원에서도 형성될 수 있다. Gilbert와 Specht는 사회복지

정책 형성과정을 ① 문제의 확인, ② 문제의 분석, ③ 홍보, ④ 정책목표 개발, ⑤ 공중의 지지, ⑥ 정책 프로그램 설계, ⑦ 수행, ⑧ 평가 및 사정 등 8단계로 구분하고 이에 필요한 전문자의 역할을 제시하고 있다.

한편 8단계를 참고하여 5단계로 정리하면 아래와 같다.

① 사회적 욕구·문제 발생 : 사회적 문제 중 한정된 몇 가지 욕구나 문제가 사회적으로 이슈화된 내용
② 정책의제 선택 : 어떤 문제부터 다루어져야 하는가의 선택
③ 정책결정 : 두 개 이상의 대안에서 최적의 대안 결정
④ 정책집행 : 정책의 구체화와 집행의 두 가지 의미를 지니며 효과적 결과를 위한 서비스 프로그램의 개발과 인적·물적 자원의 동원과 실천화 및 조직화를 모두 포함
⑤ 정책평가 : 정책의 확대·변경·수정 또는 종결을 결정하고 새로운 정책 개발에 필요한 기초자료를 활용하게 됨

4) 정책집행에 영향을 미치는 요인

① 정책의 유형
② 사업계획의 성격 : 계획의 명확성, 일관성, 소망성이 중요하다.
③ 집행주체 : 조직과 재원 관련 기관과의 관계/ 집행담당자
④ 정책대상 집단 : 대상 집단의 대응형태/ 집행주체의 협상전략
⑤ 환경적 요인 : 경제적·정치적 여건의 변화/ 대중매체의 관심과 여론의 반응/ 정책결정기관의 지지
⑥ 정책평가의 종류
- 형성적 평가(formative evaluation)
- 총괄적 평가(summative evaluation)
- 정책효과성 평가

2. 노인소득보장정책

1) 노인소득보장제도의 이해

노인소득보장이란 노인빈곤에 대한 사회적 대책으로, 노인들이 빈곤상태에서 벗어날 수 있도록 국가나 사회가 최소한의 정기적 소득을 확보해 주는 것이라 할 수 있다.

현금급여 여부에 따라서 직접적 소득보장제도와 간접적 소득보장제도로 구분된다.

〈표 9-1〉 **노인의 소득보장제도**

직접적 소득보장제도		간접적 소득보장제도	
방 법	프로그램	방 법	프로그램
사회보험(빈곤으로 떨어지지 않도록, social insurance)	공무원 연금(1960) 군인연금(1963) 사립학교교직원연금(1975) 국민연금(1998)	비용 할인	공영시설 이용요금 할인(1980) 버스승차권 지금(1990)
공공부조(이미 발생한 빈곤 문제를 해결, public assistance)	생활보호(1961) 국민기초생활 보장법(2000) 노령수당(1991) ⇒ 경로연금(1997) 노인결연사업(1989)	취업 증진	노인능력은행(1981) 노인공동작업장(1986) 고령자취업알선센터(1992)
사회수당(social allowance or demogrant)	노부모 봉양수당(1986) : 공무에 한함	생업 지원	매점설치우선지원(1989) 전매품 판매인 우선지원(1989)
개인연금	퇴직금(1953), 개인연금신탁	세제 혜택	상속세 · 소득세 공제(1986)

(1) 노인소득보장체계

노후의 소득보장체제는 다음과 같이 3층 구조로 활용하고 있다.

- 1층부 ▶ 공공부조 : 국민기초생활 보장제도, 저소득 노인대상, 자산조사 전제, 선별적 프로그램
- 2층부 ▶ 공적연금 : 국민연금, 특수직연금(공무원, 사학교원, 군인)
- 3층부 ▶ 개인연금
- 부가적 소득보장제도 : 경로연금제도

<table>
<tr><td rowspan="2">구 분</td><td colspan="3">일반 소득계층</td><td colspan="2">저소득층</td></tr>
<tr><td>공무원, 군인,
사학교원</td><td>피용자</td><td>자영자</td><td>차상위
저소득층</td><td>빈곤선
이하 계층</td></tr>
<tr><td>3층</td><td colspan="5">개인연금(약 324만 명)</td></tr>
<tr><td>2층</td><td>공무원, 군인, 사학교원(약 130만 명)
*공무원연금 국고지원
2005 : 7천억 원
2010 : 2조 2천억 원</td><td>퇴직금 &
기업연금
(약 589만 명)</td><td></td><td rowspan="2"></td><td rowspan="2"></td></tr>
<tr><td></td><td></td><td colspan="2">국민연금 2007(1,826만 명)</td></tr>
<tr><td colspan="4">최저빈곤선</td><td colspan="2">경로연금(약 62만 명)</td></tr>
<tr><td>1층</td><td></td><td></td><td></td><td>납부예외자
(약 430만 명)</td><td>기초생활 보장제도
(약 137만 명)</td></tr>
</table>

|그림 9-1| **현행 노후소득보상제도의 구성**

(2) 노인의 경제적 생활실태

■ 2004년도 한국보건사회연구원 '노인생활실태 및 복지요구조사' 결과

- 주요 소득원 – 친인척으로부터의 보조금(76.9%)

비동거자녀 66.3%, 동거자녀 23.4%, 기타 친인척 1.2%

- 경제활동을 통하여 근로 및 사업 소득을 얻고 있는 노인(27.8%)

■ 노인의 소득수준 분포

- 노인의 월평균 용돈 : 133,000원(100,000원 미만 : 동부 41.7%, 읍면부 51.3%)
- 노후생활 준비 : 준비함 28.3%
- 노인의 취업이유 : 경제적 이유 69.9% ⇒ 공적연금제도의 미비가 직접적 원인

〈표 9-2〉 **노인의 소득분포(2004년 한국보호사회연구원)**

구 분	계	20만 원 미만	20~40 만 원	40~60 만 원	60~80 만 원	80~100 만 원	100만 원 이상	평균소득
전 체	100	33.3	32.0	12.1	6.8	3.6	12.3	48.6
동 부	100	32.4	32.0	11.8	6.4	2.9	14.5	52.9
읍면부	100	35.1	32.0	12.7	7.6	5.0	7.7	39.7

2) 직접적 소득보장제도

(1) 국민연금

■ 우리나라에서 시행되고 있는 공적연금제도

- 전 국민을 대상으로 하는 국민연금이 있다.
- 특수직 연금 : 공무원연금, 군인연금, 사립학교교직원연금이 있다.
  각 연금제도에는 노령연금, 유족연금, 장애연금과 같은 급여종류가 있다.
- 국민연금은 1988년 도입에 따라서 노인들에게는 별로 도움이 되지 않는다.

■ 공적연금제도

노령, 폐질, 퇴직, 사망 등과 같이 사회적 위험에 처해 소득의 중단 또는 상실의 위험이 있는 경우에 당사자나 유족에게 국가 또는 법률에 의한 특수법인이 운영주체가 되어 경제적으로 안정된 생활을 보장할 수 있도록 연금형태로 급여를 제공하는 것을 말한다.

〈표 9-3〉 **국민연금 가입자의 종류별 가입요건**

종 별	종 류	가입요건
사업장 가입자	당연적용 사업자 가입자	• 상시근로자 1인 이상 사업장에 종사하는 18~60세 미만 근로자 & 사용자(의무가입) • 1개월 이상 고용되는 임시·일용직 근로자 & 월 80시간 이상 근무하는 시간제 근로자
	특례적용 사업장 가입자	• 국민연금 가입 사업장에 종사하는 18세 미만의 근로자로서 사용자의 동의를 얻어 가입한 자
	외국인 사업장 가입자	• 18~60세 미만으로서 국민연금 적용 사업장에 종사하는 외국인 또는 외국에 거주하는 국민(교포 등)으로 국내에 체류하면서 국민연금 적용 사업장에 종사하는 자
지역 가입자	당연적용 지역 가입자	• 18~60세 미만으로서 사업장 가입자가 아닌 자
	특례적용 지역 가입자	• 지역가입자의 요건을 갖춘 자로서 60~65세인 자
	외국인 지역 가입자	• 18~60세 미만으로서 국내에 거주하는 외국인
	–	• 사업장 가입자 & 지역가입자 이외의 18~60세 미만의 자 – 본인의 신청에 의해 가입(가입기간 20년 미만인 자가 60세에 달하여 20년을 채우기 위해 연장가입)
임의계속 가입자	사업장 임의계속 가입자	• 사업장에 종사하는 60~65세 미만으로 연장가입을 신청한 자
	지역 임의계속 가입자	• 60세에 달한 지역 가입자로 65세 미만까지 연장가입을 신청한 자
	기타 임의계속 가입자	• 60세에 달한 임의가입자로서 65세 미만까지 연장가입을 신청한 자

〈표 9-4〉 65세 이상 노인의 공적연금 수급자(2012. 12)

연금종류	합 계	노령연금	장애연금	유족연금	연금수급률
합 계	378,743	340,950	2,023	35,770	10.0
국민연금	283,179	257,339	1,626	24,214	7.5
공무원연금	63,023	57,439	387	5,197	1.7
사학연금	7,421	7,061	2	358	0.2
군인연금	25,120	19,111	8	6,001	0.7

① 급여의 종류

■ 연금급여액 = 기본 연금액 + 가급연금액

- 기본 연금액 : 사업장 가입자 및 지역 가입자의 평균소득을 기초하여 산출되는 '균등부분(소득수준, 연금보험료 부담액과 무관하게 균등하게 정액으로 결정, 소득 재분배 기능)'과 가입자 개인의 가입기간 동안의 소득수준에 의해 산출되는 '소득비례부분(노령연금, 장애연금, 유족연금의 산정기초)'으로 구성
- 가급연금액 : 수급자가 권리를 취득할 당시 가입자(유족연금은 가입자이었던 자)에 의해 생계를 유지하고 있던 자에 따라 지급하는 일종의 가족수당 성격의 급여(생계유지에 관한 대상자별 인정기준 - 대통령령에 의해 결정)

* 국민연금의 재정부담 : 사회보험

- 근로자 : 근로자 + 사용자
- 자영업자/ 농어민 : 본인이 전액 부담(국고 일부 지원)

② 연금 산출 및 재원부담

- 국민연금 급여액
- 기본 노령연금(2008년부터 지급), 현재 특례노령연금, 감액노령연금, 조기노령연금, 유족연금, 장애연금 지급

- 노령연금의 소득대체율(40년 가입 평균소득자) : 70% → 60%(1998년)
  → 55%(2004~2007년) → 50%(2008년)
- 연금수급자 증가로 연기금 수지적자 발생(2036년)
  기금고갈 예상(2047년)

■ 장애연금 : 가입자가 질병 또는 부상(장애 1~4급)

■ 유족연금 : 수급권자가 사망한 경우 유족에게 지급
(배우자 - 자녀 - 부모 - 손자녀 - 조부모 순으로 지급)

■ 반환일시금 : 가입기간 10년 미만으로 60세에 달한 때, 해외이주 국적 상실 등에 따라 지급

■ 사망일시금 : 가입자 사망

■ 분할연금 : 혼인기간 5년 이상인 자의 이혼 등

(2) 국민기초생활 보장제도(2014년)

국민기초생활 보장제도란 국민의 최저생활을 보장해 주는 사회보장제도로 스스로 생활유지능력이 없는 사람들에게 국가나 지방자치단체가 생활에 필요한 돈을 지급하여 이들의 최저생활을 보장하고 자활을 조성하는 것을 목적으로 하는 제도로 지난 1961년부터 시행되었던 생활보호제도(생활보호법)를 폐지하고 국민기초생활 보장법에 근거하여 2000년 10월부터 시행된 것이다.

〈표 9-5〉 **생활보호법과 국민기초생활 보장법 주요 내용 비교**

구 분	생활보호법	국민기초생활 보장법
법적 용어	• 국가에 의한 보호적 성격 – 보호대상자, 보호기관 등	• 저소득층의 권리적 성격 – 수급권자, 보장기관, 생계급여 등
대상자 구분	• 인구학적 기준에 의한 대상자 구분 – 거택보호자 : 18세 미만 아동 65세 이상 노인 등 근로무능력자 – 자활보호자 : 인구학적으로 경제활동 가능한 근로능력자	• 대상자 구분 폐지 – 근로능력이 있는 조건부생계급여 대상자는 구분 ※ 연령기준 외에 신체·정신적 능력과 부양, 간병, 양육 등 가구여건 감안
대상자 선정 기순	• 보건복지부장관이 정하는 소득과 재산기준 이하인 자 ※ 1999년 소득 : 23만 원(인/ 월) 재산 : 2,900만 원(가구)	• 소득인정액이 최저생계비 이하인자(2003년부터 실시) ※ 소득인정액 = 개별가구의 소득평가액 + 재산의 소득환산액
급여 수준	• 생계보호 – 거택보호자에게만 지급 • 의료보호 – 거택보호 : 의료비 전액지원 – 자활보호 : 의료비의 80% • 교육보호 : 중·고등학생 자녀 학비 전액지원 • 장제보호, 해산보호	• 생계급여 – 모든 대상자에게 지급하되 근로능력자는 자활사업과 연계하는 조건부로 지급 • 주거급여 신설 – 임대료, 유지수선비 등 주거안정을 위한 수급품 • 긴급급여 신설 – 긴급필요 시에 우선 급여를 실시 • 의료, 교육, 해산, 장제급여 등은 현행과 동일
자활 지원 계획	• 신설	• 근로능력자 가구별 자활지원계획 수립 – 근로능력, 가구 특성, 자활욕구 등을 토대로 자활방향 제시 – 자활에 필요한 서비스를 체계적으로 제공하여 수급권자의 궁극적인 자활을 촉진

① 2014년에 변경된 기초생활 보장제도

가. 수급신청 시 민원인의 서류 미비 시라도 일단 접수

기존에는 수급자가구와 부양의무자가구의 서류가 완벽히 구비되지 않으

면 접수할 수 없었다. 2014년에는 수급권 신청 시 '금융정보 등 제공동의서'를 제출하지 않았더라도 공적 자료를 통한 조사가 가능한 부분은 조사하고(소득 및 재산) '부양의무자가 있어도 부양을 받을 수 없는 경우'에 해당하는지 조사 및 확인하도록 하였다.

나. 가구원의 기준

30세 미만의 미혼자녀가 주거를 달리하면서 최저생계비 이상의 소득활동을 하는 경우 생계를 달리하는 것으로 보장기관이 판단하면 수급자가구에서 분리 가능하다.

다. 별도가구의 기준을 구체적으로 명시

별도 가구 특례란 가구 전체로는 수급자 선정기준을 초과하나 가구를 분리 신청하면 기준을 충족하여 수급자로 선정될 수 있는 가구원을 말한다.

ⓐ 조손가구의 손자녀를 자립지원 별도가구 특례로 적용하는 경우 가구원에서 제외되는 손자녀는 부양의무자로 처리하지 않는다(예 조부모와 손자인 가구가 손자의 소득이 3인가구 최저생계비 132만 원을 넘어서 수급자가 될 수 없는 경우에 손자를 별도가구로 본다. 별도로 사는 손자와 조부모는 부양의무자 관계가 아니므로 손자를 부양의무자로 처리하지 않는다는 의미이다).

ⓑ 형제의 집에 중증장애인 동생 2인이 전입하는 경우 1가구 2인으로 보장한다. 결혼한 형제의 집은 물론 미혼의 형제끼리 사는 경우에도 보장한다.

ⓒ 취업자녀를 별도가구로 인정하는 경우 기존에는 취업자녀를 제외한 나머지 가구원이 모두 근로무능력자이어야만 하였으나, 2014년에는 가구원 중 만성 또는 희귀난치성 질환자 및 중증질환자(암환자 및 중증화상환자) 등으로 6개월 이상 치료요양 재활을 요하는 자가 있는 경우에도 인정한다. 인정기간은 고등학교나 대학교 졸업시점부터 3년간이다. 취업시점이 아님에 유의해야 한다.

ⓓ 취업자녀를 자립지원 별도가구 특례로 적용하는 경우 한 가구에 복수의 취업자녀를 인정하고 부양의무자 판정은 각각의 취업자녀 개개인별로 판단한다.

라. 부양의무자 기준

ⓐ 수급자의 자녀가 사망 시 사망한 자녀의 배우자는 수급자의 부양의무자이다(단, 사망한 자녀의 배우자가 재혼하면 부양의무자가 아님).

ⓑ 시부모와 친정부모가 동시에 수급신청하고 아들가구가 부양능력이 있음에 해당하는 경우 시부모를 부양하는 것을 전제로 친정부모의 부양의무는 없는 것으로 보았으나, 2014년에는 친부모를 부양하고도 능력이 있으면 양쪽을 부양해야 한다[예 4인가구인 아들네가 600만 원을 버는 경우 친부모는 수급자가 될 수 없다. 여기에 장인·장모도 어려워 수급신청을 했다면 이전에는 친부모를 부양하는 것으로 보아 장인장모는 수급자가 되어 현금급여 전액을 받을 수 있었으나, 2014년에는 4인가구 부양의무자의 생계비와 친부모 2인가구의 부양비를 뺀 나머지에서 장인·장모의 부양비를 산정한다는 의미이다. 아들네 소득 600만 원-(4인가구 아들네 생계비 212만 원 + 친부모님 부양비 102만 원)=286만 원/ 286만 원 중 장인·장모의 부양비 15%인 43만 원 부담].

ⓒ 부모가 이혼하였을 경우에는 부양능력이 있음에 해당하는 자녀는 양쪽을 모두 부양해야 한다. 자녀가구의 소득에서 부 또는 모의 최저생계비를 차감하고도 부양능력 있음에 해당하면 모두 부양해야 한다.

ⓓ 부양의무자가 해외이주 상태는 아니나 1년 이상 장기체류로 부양받지 못하는 것을 시장·군수·구청장이 확인한 경우에는 부양받지 못하는 것으로 인정한다.

마. 특례수급자

정부, 기업, 재단 등에서 실시하는 직업교육 목적의 해외인턴 대학졸업 필수과목인 해외실습에 참여한 수급자의 소득 중 해외체류 정부지원금이나 항공료와 체재비(월 140만 원 한도) 등은 소득산정에서 제외한다.

바. 조사

수급자나 부양의무자 가구의 소득, 재산 및 인적 변동사항은 '변동발생월'을 기준으로 적용하는 것이 원칙이다. 다만, 발생월의 정보확인이 곤란한 경우에는 확인월을 기준으로 한다. 변동사항의 처리방법은 부정수급과 동일하게 한다.

사. 근로능력 판정

ⓐ 한겨레고등학교(북한이탈주민 자녀)에 재학 중인 20세 이상 재학생은 근로 곤란자로 판단한다.

ⓑ 희귀난치성 질환자와 암환자는 등록일로부터 5년간이다.

ⓒ 중증화상환자는 등록일로부터 1년이고 이후 6개월 연장할 수 있다.

아. 소득

ⓐ 국민연금에 가입한 수급자는 본인부담금 연금보험료의 50%를 지출비용으로 인정한다(고지서로 확인).

ⓑ 수급자가구의 사이버 대학생이나 학점은행제 대학생도 근로소득공제를 적용한다. 30만 원을 기본 공제하고 나머지 금액에 대해 30%를 소득공제한다.

ⓒ 농업인의 소득은 농산물 소득정보의 단가를 참조하여 작황상황과 시장가격 재료비 등을 고려하여 경작면적에 작물별 단가를 곱하여 농업소득으로 산정한다.

ⓓ 3회 이상의 사적이전소득 반영은 조사시점으로부터 지난 1년간 총 지원된 사적이전소득을 1/12로 나누어 수급자 소득으로 반영한다.

ⓔ 본인의 집이 아닌 타인의 집에 무료로 거주하는 경우에 공제하는 최저주거비와 임차료 비율이 인상되었다. 2013년 생계비 중 최저주거비 비율은 15.840%에서 2014년 17.820%로 인상되고, 임차료 비율은 2013

년 11.929%에서 2014년 13.930%로 인상되었다.

ⓕ 입대예정자와 전역예정자는 입대 전 3개월과 제대 후 3개월 동안 추정소득을 부과하지 않았으나, 2014년부터는 입대 전 1개월과 전역 후 2개월만 추정소득을 부과하지 않는다.

ⓖ 보장기관이 질병 등으로 근로능력이 미약하다고 확인한 수급자는 15일 미만의 추정소득을 적용한다(추정소득은 1일 41,680원의 최저임금을 월 15일 이상 산정한다).

자. 재산

ⓐ 사유가 발생하면 청구와 상관없이 정기적으로 지급되는 연금성보험(개인연금, 유족연금)은 월평균 수령액으로 계산하여 소득으로 반영하나 사유가 발생할 때마다 청구하여 지급되는 보장성보험 성격(교통사고보험, 민간건강보험)의 수령액은 일시금에 해당하기에 재산으로 반영한다.

ⓑ 재산을 처분하여 사용하였을 경우 학원비, 등록금, 학습지비 등 교육을 위해 사용했을 경우 증빙서류를 구비하면 인정한다.

ⓒ 군복무, 해외체류, 교도소 수감, 보장시설 입소, 가출, 행방불명, 사망 후 미상속 등의 사유로 보장가구에 속하지 아니한 자 명의의 재산을 사용하는 경우 동 재산은 수급자의 재산에 포함한다.

차. 부양의무자

ⓐ 부양받지 못한다고 주장하는 경우 수급자의 소명서와 사실조사복명서 및 조사된 공적 자료내용을 근거로 보장 여부를 결정한다.

ⓑ 부양의무자가 부양비 징수를 거부하는 경우에는 체납체분 절차와 동일하게 처리한다.

ⓒ 소득인정액이 최저생계비의 50% 이하인 가구가 부양을 받지 못하고 있음을 확인한 경우에는 수급자를 보호한다(취약계층 우선보호).

ⓓ 통화이력 내역서는 2013년 8월부터 제출자료에서 삭제되었다. 그러나 계속 요구하는 공무원이 있다.

ⓔ 부양의무자의 직계비속에 손자녀를 포함하고 30세 이상인 직계비속은 근로능력이 없거나 대학생인 경우에만 가구원에 포함한다.

ⓕ 부양의무자가구의 교육비 표준공제는 2013년 초등학생 105천 원, 중학생 141천 원, 고등학생 210천 원에서, 2014년에 초등학생 111천 원, 중학생 149천 원, 고등학생 222천 원으로 조금씩 인상되었다.

ⓖ 부양의무자 가구의 월세공제(소득공제 확대)는 부양의무자가 다른 주거용 건물이 없는 경우 주민등록이 되어 있고, 월 20만원 이내의 월세금을 계좌이체한 경우에는 실제 소득에서 공제한다.

ⓗ 부양의무자가 농민인 경우 쌀소득 보전금, 대출이자의 1/2, 동산 재산가액 중 500만 원, 자녀 보육시설이용료 15만 원 이내를 소득과 재산에서 공제한다.

카. 급여의 지급

ⓐ 급여 중 생계급여와 주거급여의 비율이 조정되었다. 2013년에는 생계급여 80.652%, 주거급여 19.348%이었지만, 2014년에는 생계급여 77.968%, 주거급여 22.032%로 주거급여의 비중이 전년도보다 더 커졌다.

ⓑ 자가가구 수급자의 현금급여에서 공제하는 현물급여액이 조정되었다. 2013년에는 1인가구 27천 원, 2인가구 46천 원, 3인가구 60천 원, 4인가구 73천 원, 5인가구 87천 원에서, 2014년에는 1인가구 28천 원, 2인가구 48천 원, 3인가구 63천 원, 4인가구 77천 원, 5인가구 92천 원으로 약간 증액 공제되었다. 자가에서 사는 경우에 현금급여를 그만큼 적게 받는다는 뜻이다.

ⓒ 교육급여가 조정되었다. 2013년에는 교과서대 125,900원, 부교재비 37,500원, 학용품비 51,000원이었는데, 2014년에는 교과서대 129,500원, 부교

재비 38,700원, 학용품비 52,600원으로 다소 증액되었다.

ⓓ 해산급여가 50만 원에서 60만 원으로 인상되었다. 쌍둥이 출산 시 120만 원이 지급된다.

타. 수급자 관리

소득재산 가구원의 변동사항이 발생된 경우 변동사항이 확인된 그달에 적용함에서 변동발생 시점을 기준으로 적용함을 원칙으로 한다. 변동사항에 대한 소득반영은 사유발생 그달부터 반영하고 보장비용 징수는 사유발생 그 다음 달 급여분부터 반영하여 징수 처리한다.

② 기초생활 보장 급여체계 전환건

2014년 10월부터 기초생활 보장제도가 현행 최저생계비 기준에서 중위소득을 기준으로 하는 맞춤형 개별급여로 전환되었다.

사회보장위원회의 회의결과 생계급여는 중위소득 30%, 의료급여는 중위소득 40%, 주거급여는 중위소득 43%, 교육급여는 중위소득 50%로 그 기준을 바꾸었다.

2014년 기초생활급여 관련 예산은 2013년 3조 3,108억 원에서 739억 원(2.2%) 증액된 3조 3,847억 원이다. 이는 최저생계비 인상률 5.5%보다 한참 낮은 수치다. 정부는 수급자가 늘어날 것이라고 하나 예산의 증액 없이 수급자를 늘리겠다는 것은 수급자 개개인의 급여를 줄이겠다는 말과 다름 없다(2014년 기준 생계급여자 128만 명, 주거급여자 115만 명, 의료급여자 156만 명).

〈표 9-6〉 **기초생활보장 급여체계 전환**

<table>
<tr><th colspan="2">현 행</th><th rowspan="2">급 여</th><th colspan="2">개편 후</th></tr>
<tr><th>선정기준</th><th>급여수준</th><th>선정기준</th><th>최저보장수준</th></tr>
<tr><td rowspan="4">최저생계비</td><td rowspan="2">최저생계비의 80%
수준의 현금급여
(현물급여 제외)</td><td>생계
(복지부)</td><td rowspan="2">중위소득
30% 수준</td><td rowspan="2">중위소득
30% 수준</td></tr>
<tr><td>주거
(국토교통부)</td></tr>
<tr><td>필수 의료서비스의
낮은 본인부담률</td><td>의료
(건강보험공단)</td><td>중위소득
43% 수준</td><td>지역별
기준 임대료</td></tr>
<tr><td>수업료 교과서대 등</td><td>교육
(교육부)</td><td>중위소득
40% 수준</td><td>현행과 동일</td></tr>
</table>

(3) 기초연금

기초연금법이 2014년 5월 20일 제정되었고, 7월 1일부터 시행됨에 따라 기초노령연금제도가 기초연금제도로 바뀌게 되었다.

새로 시행되는 기초연금제도의 도입배경은 OECD 국가 최고수준의 심각한 노인빈곤문제, 국민연금제도의 미성숙에 따른 노후 소득보장의 한계, 노인인구의 증가 및 청장년층의 부양부담 등 장기재정의 지속 가능성을 고려한 제도적 장치를 마련하기 위함이다.

기초연금제도의 도입은 국민연금과 함께 다층노후소득보장체계를 구축하고 소득이 불안정한 노인에게 기초연금을 지급하여 안정적이고 장기적인 소득기반을 제공함으로써 노인의 생활안정을 지원하고 복지를 증진하는 데 목적을 두고 있다.

기초연금의 수급대상은 만 65세 이상 전체 노인인구 중 소득하위 70%까지로서 소득인정액이 단독가구 87만 원 이하, 부부가구 139만 2천 원 이하의 선정기준액을 충족하여야 하며, 공무원·군인연금 등 직역연금 수급자 및 배우자는 원칙적으로 제외대상이다.

분명한 사실은 기초연금제도의 시행과 더불어 개인별 기초연금 월급여액이 가구유형과 소득인정액에 따라 감액하여 지급하게 되므로 최하 2만 원에서 최고 20만 원까지 차등 지급된다는 것이다.

이에 따라 2014년 7월 기준 추계에 의하면, 우리나라 전체 노인 639만 명 중 447만 명이 기초연금을 수급받을 것으로 예상하고 있으며, 그중 91%인 407만 명은 20만 원, 9%인 41만 명은 20만 원 미만을 수급받을 것으로 예상하고 있다.

기초연금 신규신청은 7월 1일부터 국민연금공단지사나 읍·면·동으로 하면 되고, 기존 기초노령연금수급자는 기초연금수급자로 전환되므로 추가로 신청할 필요는 없다.

3) 간접적 소득보장정책

(1) 경로우대제도

① 공영 경로우대제도

가. 철도 : 통근열차 - 운임의 50% 할인
무궁화호, 새마을호, KTX - 운임의 30% 할인
(새마을호, KTX는 토, 일, 공휴일 제외)

나. 수도권전철, 도시철도, 능원, 고궁, 국공립박물관, 국공립 공원 및 국공립 미술관(1999. 8. 7.부터)과 국공립 국악원 : 입장료 또는 운임 100% 할인

② 민영 경로우대제도

가. 국내 여객선 : 운임 20% 할인

나. 국내 항공기 : 운임 10% 할인(성수기, 일부 노선 제외)

※ 경로우대를 받고자 하는 자는 주민등록증 및 기타 연령을 확인할 수 있는 신분증(여권, 운전면허증 등)을 당해 시설의 관리자에게 제시

③ 주택자금 할증 지원

본인 또는 배우자와 직계존속(남 60세, 여 55세 이상)과 1년 이상 동거하고 있는 세대주로서 개인주택의 신축, 구입 및 개량 시 1,000만 원, 임대 시 500만 원 할증

④ 국민연금 실버론

보건복지부는 2014년도 제3차 국민연금기금운용위원회를 개최해 '2015년도 국민연금기금 운용계획(안)', '노후긴급자금 대부사업 성과평가 및 향후 추진계획(안)' 등을 의결했다.

국민연금 실버론은 만 60세 이상 연금수급자에게 의료비, 배우자 장제비, 전・월세자금, 재해복구비 용도의 긴급 생활안정자금을 빌려주는 사업으로, 지난 3년간 2만 명에게 800억 원을 대부했다.

보건복지부에 따르면, 사업의 성과평가 결과, 민간금융시장에서 소득・신용도 등이 낮아 대부가 어려운 고령의 연금수급자에게 대출기회를 확대해 긴급자금 수요 해소를 통한 노후생활 안정에 기여한 것으로 나타났다.

⑤ 각종 세제혜택

가. 상속세 공제

나. 소득세 공제

ⓐ 부양가족공제

ⓑ 경로우대공제

다. 양도소득세 면제

라. 생계형 저축 비과세

⑥ 부모봉양자에 대한 주택분양 우선권 및 임대주택 우선 공급

가. 노부모 부양자에 대한 특별공급

나. 임대주택 우선 공급

(2) 고용증진 생업지원제도

① 의의

현행 노인복지법 제25조(생업지원)와 1992년 실시된 고령자고용촉진법에 의해 노인취업알선센터, 고령자인재은행, 노인공동작업장 등을 통해서 노인취업을 알선하고 있으며, 특히 300인 이상의 사업장에 대해서는 55세 이상인 자를 3% 이상 고용하도록 권장하고 있다.

② 2014년도 노인일자리사업 정책방향

가. 보다 많은 노인에게 오랜 기간 일자리를 제공

ⓐ **사업량 확대** : 240천 개(2013년, 추가경정예산 포함) → 310천 개(2014년), 70천 개 증

- 지방자치단체 경상보조
  - 사회공헌형(공공분야) : 212천 개(2013년) → 248천 개(2013년), 36천 개 증
  - 시장진입형(민간분야) : 22천 개(2013년) → 25.6천 개(2014년), 3.6천 개 증
- 민간경상보조
  - 시장자립형(민간분야) : 6천 개(2013년) → 6.4천 개(2014년), 400개 증
  - 재능활용형 : 30천 개(2014년)

ⓑ **연중 참여(12개월)할 수 있는 일자리 확대**

연중 일자리 25천 개 추진(2013년 3천 개), 사업대상 다양화

나. 사회공헌형 일자리 내실화 도모

ⓐ 세부사업 직무표준을 통해 직무활동 및 교육의 구체화

- 세부사업별 직무표준을 통해 질적 개선노력 지속
- 직무표준 기반 참여자 직무교육체계 확립을 통한 수행기관 교육지원
- 세부사업별 직무교육 매뉴얼 보급을 통한 현장적용 강화

ⓑ 참여노인의 직무능력 향상을 위한 교육 프로그램 도입
- 광역단위 노인취업교육센터를 운영, 노노케어 등 교육필요 분야 선정 및 교육기관 지정 · 운영(2014년 상반기)
- 참여노인 선택소양교육을 6개로 확대하여 참여자 교육내용 다양화

ⓒ 수행기관 종사자에 대한 교육서비스 강화
- 기초 지방자치단체 공무원(2014년 신설), 수행기관 전담인력, 실무자 등 종사자 대상 교육기회 및 내용 확대로 노인일자리 내실화 지원

다. 지역사회 맞춤형 노인일자리 개발 지원

ⓐ 지역사회의 안전 · 돌봄 등 사회공헌 활동기회를 부여하는 양질의 공공일자리 확충
- 초등학교 급식도우미사업, 초등학교 CCTV상시관제사업, 지역아동센터 연계지원 사업 등 지속적인 사업 확대
- 경증치매노인활동보조사업, 지역사회보건증진사업(보건소치매검진보조), 노인 자살예방사업 등 보급 및 확대 추진

ⓑ 지역사회 맞춤형 일자리 개발이 활성화되도록 지방자치단체의 자율적 운영폭 확대
- 시 · 도별 지역특화사업 발굴 장려 및 사업량 배정에 반영

라. 노인일자리사업 관리 효율화

ⓐ 신청자 정보조회 및 평가방식 변경으로 부적정 참여방지

ⓑ 사업계획 조기심사 및 심사 적정성 강화
- 사업계획 심사의 조기완료를 통해 원활한 사업 착수 지원
- 사업계획 심사 모니터링을 통한 심사 적정성 강화

ⓒ 노인일자리 상시관리체계 강화

- 참여자 자격의 지속적 관리를 통해 사업의 내실화 도모
- 참여자 선발기준표 등록, 참여자 교육현황 등록, 수요처 및 서비스 대상 입력 등에 대한 상시적 확인 및 관리·평가와의 연동

ⓓ 노인일자리 평가지표 개선 및 단순화

성과에 집중할 수 있도록 평가 단순화 및 지역사회 요구에 부합하는 신규사업 추진노력 등 창의성을 의미 있는 평가지표로 반영

ⓔ 사회적 기업에서 노인일자리를 실시할 수 있도록 수행기관 다양화

- 사회적 기업 연계시원사입(시범) 신설
- 노인친화적이고 건실한 사회적 기업에서도 노인일자리사업 실시

마. 시장진입형 일자리 내실화 도모

ⓐ 시장진입형 운영 및 관리 내실화

- 생산품 제조·판매 시 필요한 사업자 등록 및 인력 파견 시 필요한 무료 직업소개소 신고 등 요건 및 노인적합근로환경을 갖춰 나가도록 지원
- 시장진입형 사업의 내실화를 위해 2015년 사업도 사전심사(先 심사 後 예산 배정) 진행
- 시니어클럽 인센티브를 공동작업형 및 제조판매형 인센티브로 확대·개편

ⓑ 시장진입형 경쟁력 강화 지원

- 시장진입형 사업단을 운영하는 시니어클럽을 노인복지시설로 포함 및 시설·인력기준 신설
- 공동작업형 및 제조판매형 사업 중 인력파견 성격을 띠는 신규사업의 경우 심사 반려

- 모든 시장진입형 사업은 근로기준법 준수
- 월 60시간(주 15시간) 이상 근무 시 퇴직금, 연차수당 등 지급

③ 시니어클럽

시니어클럽은 지역사회의 실정에 적합한 노인 적합 직종을 개발하고 보급하여 50세 이상의 퇴직자를 포함한 노인들에게 사회적 활동과 소득창출을 도모하기 위하여 2001년에 도입되었다.

시니어클럽 운영의 참가자격은 사회복지법인과 같은 비영리법인이나 단체이다. 2005년 정부에서는 운영지원금으로 개소당 1억 5천만 원을 지원하고 있으며, 노인일자리사업을 위하여 개소당 3천만 원을 추가로 지원하고 있다(보건복지부, 2005). 2004년에 노인인력지원기관으로 명칭이 변경되었으나, 현재는 노인일자리사업에 있어서 자립지원형의 중추적인 역할을 담당하고 있다.

3. 노인의료보장정책

1) 노인의료보장의 개념

의료보장이란 국가가 국민이 필요로 하는 의료를 사회보장제도의 일환으로 제공하는 것이다. 일반적으로 의료보장제도는 이 제도를 유지하는 경비를 자기 스스로 조달할 수 없는 사람에 대한 의료보호제도와 스스로 조달할 수 없는 사람을 대상으로 하는 의료보험제도로 구성된다.

의료보장제도는 '전체 국민에 대한 의료제도'라는 의미에서 의료보호, 사회보험, 민간보험 세 가지를 통칭하기도 한다.

노인의료보장은 첫째, 국민의 질병, 부상, 분만, 사망 등에 대하여 보험급여를 실시함으로써 국민보건을 향상시키고 사회보장의 증진을 도모하려는 의료보험, 둘째, 생활유지능력이 없거나 생활이 어려운 자에게 공공부조의 1종인 의료급여를 실시하여 국민의 보건 향상과 사회복지 증진을 위한 의료

급여제도, 셋째, 국가가 국민보건의 향상과 질병예방을 위하여 각종 의료서비스를 제공하는 국민보건서비스이다.

2) 노인의료보장의 필요성

노인에 대한 의료보장의 필요성은 첫째, 건강보호서비스는 노인의 수명과 삶의 질에 가장 직접적 영향을 미친다. 건강은 개인의 가장 소중한 자원으로 자신을 유지하고 역할을 수행하는 데 결정적이며, 사회·심리적인 면에서 자신을 긍정적으로 평가하도록 한다. 국가는 국민건강보호의 책임을 가져야 하며 이는 개인의 권리로 인정되어야 한다.

둘째, 예측불허의 사고와 빈번한 질병, 이에 따르는 고액의 진료비를 개인이 해결하기 어렵다. 노인집단은 다른 연령대에 비해 유병률이 2~3배 높고 질병이 만성적이어서 장기적 치료와 요양을 요한다. 의료비 또한 고액이므로 국가 차원에서 집단적 해결방안이 절실하다.

셋째, 건강유지는 노인 개개인에 있어서 생활의 만족감을 향상시키고 사회조직망으로 통합을 촉진시킨다.

Liang과 Dvorkin(1980)은 노인의료보장의 필요성을 네 가지로 제시하였다.

첫째, 건강보호를 위한 의료보장은 노인의 삶의 질과 수명에 가장 직접적으로 영향을 미친다.

둘째, 생각하지 않은 사고와 질병에 의한 고액의 의료비 부담은 노인 스스로 해결하기 어렵거나 불가능에 가깝다.

셋째, 고액의료비 부담을 상업적 보험에 의해서 해결하고자 하는 시도는 경제적 능력이 있는 일부의 노인만이 가능하다.

넷째, 건강유지는 노인 개개인의 생활만족감의 향상, 노인이 속해 있는 사회적 네트워크와의 결합, 즉 가족, 친족 및 지역사회, 국가사회로의 결합을 촉진시킨다. 따라서 오늘날에는 노인뿐만 아니라 모든 사람이 건강의 회복과 유지를 위해 의료보장이 필요 불가결하다 할 수 있다.

3) 노인의료보장의 정책원리

(1) 적용대상의 보편성 원리

노인의료보장은 그 대상과 기회의 측면에서 전체 노인에게 공평하게 의료의 기회를 제공하는 데 그 목적이 있다.

(2) 재원부담의 형평성 원리

노인의료보장은 그 보장수단과 방법에 있어 집단을 조직하고 능력에 비례하는 재원부담을 하도록 하고 있다.

(3) 급여수준의 적정성 원리

의료보장은 질병이라는 사회적 사고에 대하여 예방급여와 적정수준의 치료를 함으로써, 건강하고 문화적 생활수준을 유지하도록 급여수준의 적정성 원리에 충실해야 한다.

4) 노인의 건강의료보장제도

한국의 의료보장제도는 1970년대 이후 사회보험 방식의 의료보험제도, 공공부조 방식의 의료급여제도를 병용한 형태로 구성되어 있다.

노인의 질병 및 건강문제를 해결·예방하기 위한 의료보장제도는 국민건강보험제도와 의료급여제도로 대별되며, 노인보건예방사업, 치매, 중풍 등 질환노인사업, 노인의료서비스 제공사업 등이 함께 실시되고 있다.

2000년 1월 학계, 전문가 및 관련 공무원으로 구성된 노인장기요양보호정책기획단을 설립하여 노인요양보호정책안을 수립하였고, 2005년 7월부터는 공적 노인요양보장제도가 시범사업에 들어가 2008년 7월부터 제도가 시행되고 있다.

(1) 국민건강보험

국민건강보험제도는 건강 및 질병 문제에 대한 가장 보편적인 대책으로서 피보험자의 기여에 의하여 주로 현물형태의 의료급여를 제공하는 것이다.

국민건강보험제도는 노인만을 위한 제도는 아니지만 질병 및 건강 문제에 가장 취약한 계층이 노인이라는 점에서 노인의 주요 의료보장제도라고 볼 수 있다.

① 적용대상

적용대상자는 직장가입자와 지역가입자로 구분할 수 있다. 직장가입자는 사업장의 근로자, 사용자 및 교직원, 공무원, 그리고 피부양자(직장가입자의 배우자, 형제, 직계존속, 직계비속)이고, 지역가입자는 직장가입자와 그 피부양자를 제외한 자를 대상으로 한다.

② 급여

국민건강보험의 급여는 현물급여 중심이고, 국민건강보험법에 따라 제공되는 급여는 요양급여, 요양비 지급, 임의지급, 건강검진이 있다. 이 중에서 요양급여, 건강검진 및 요양비 지급은 법정급여라 한다.

③ 전달체계

국민건강보험은 사회보험제도의 하나로 감독 및 책임은 보건복지부장관에게 있고, 운영주체로서 보험자는 법인형태인 국민건강보험공단과 국민건강보험심사평가원이다.

보험자인 국민건강보험공단은 가입자 및 피부양자의 관리, 보험료 부과·징수, 가입자의 건강 유지·증진을 위한 예방사업, 보험급여비용의 지급, 자산의 관리·운영, 건강보험의 홍보, 조사연구 등의 업무를 수행하고, 국민건강보험심사평가원은 요양급여비용의 심사 및 요양급여의 적정성에 대한 평가와 심사 및 평가기준의 개발, 조사도구 개발 등을 한다.

④ 재정

국민건강보험의 재원은 보험료, 국고지원금, 건강증진지원금 등으로 충당되는데, 직장가입자의 월별 보험료액은 가입자의 보수월액에 80%의 범위 안에서 심의위원회의 의결을 거쳐 대통령령으로 정하는 보험료율을 곱하여 얻은 금액으로 하며 사용자가 원천징수하여 공단에 납부한다.

지역가입자의 월별 보험료액은 세대단위로 산정하되, 지역가입자가 속한 세대의 월별 보험료액은 보험료 부과점수에 보험료 부과점수당 금액을 곱한 금액으로 하며, 세대주나 보험자가 납부한다.

한국의 국민건강보험료는 직장가입자와 지역가입자의 부과체계 이원화로 인한 형평성 문제가 제기되고 있다.

(2) 의료급여

의료급여제도는 무기여에 의한 공공부조제도로서 국민건강보험에서 제외된 국민기초생활 보장 수급자 등이 급여대상자가 된다.

저소득층 중 노인의 비율이 상대적으로 매우 높기 때문에 의료급여는 노인의 중요한 의료보장제도로 역할을 하고 있다. 의료급여는 생활보호법이 국민기초생활 보장법으로 전환되면서 의료보호가 새롭게 변한 것이다.

① 적용대상

소득이 최저생계비 이하인 빈곤계층이 재산 및 부양의무자 기준을 충족하는 경우에 의료급여 수급자가 된다.

수급권자는 1종과 2종 수급권자로 구분되며, 1종 수급권자는 근로능력이 없거나 근로가 곤란하다고 인정하여 보건복지부장관이 정한 자만으로 구성된 세대의 구성원, 18세 미만인 자, 65세 이상인 자, 중증장애인 등이다(의료급여법 시행령 제3조).

② 급여

의료급여 내용은 진찰, 검사, 처치, 수술과 그 밖의 치료, 약제 또는 치료재료 지급, 예방, 재활, 입원, 간호, 이송과 그 밖의 의료목적 달성을 위한 조치를 포함한다.

현행 의료급여법은 의료급여 수급권자에 대한 건강검진을 기초단체장의 재량에 따라 실시하도록 규정하고 있어, 건강보험과 달리 건강검진을 의무로 규정하고 있지 않아 검진결과에 따른 사후관리가 이루어지지 못하고 있다.

③ 관리운영 및 재정

의료급여의 관리주체는 정부 및 지방자치단체와 이들로부터 각각 진료비 지급업무와 진료비 심사업무를 위탁받아 수행하고 있는 국민건강보험공단과 국민건강보험심사평가원이다.

정부는 의료급여사업의 기본 방향, 대책수립, 급여기준 및 수가 등에 관한 결정을 하고, 수급권자 자격관리업무는 해당 기초단체에서 담당하고 있다.

재원은 국고보조금과 지방비 출연금, 결산상 잉여금, 기금운영으로 생기는 수익 및 기타 수입으로 충당된다.

이 재원으로 각 시·도의 의료급여기금이 만들어지고, 이 기금에서 의료비와 진료비가 지불된다(조미경, 2007).

5) 노인의료보장제도의 문제점 및 개선방안

(1) 노인의료보장제도의 문제점

① 국민건강보험의 문제점

한국의 전 국민건강보험시스템은 외형상 모든 국민이 의료서비스를 받을 수 있는 것으로 보이지만 사실은 그렇지 못하다.

보험제외 항목도 많고 환자가 부담하는 비중이 전체 의료비의 68%에 달하고 있어 경제적으로 어려운 노인의 경우에는 적절한 건강보호나 치료를 받기가 어렵다.

노인의 의료요구가 증가함에 비하여 이들이 경제적으로 취약한 상태에 있음을 고려할 때 상대적으로 고액의 의료비 부담은 노인의 의료이용률을 억제할 수 있으며, 이는 노인의 질병 미치료 사유가 될 수 있다.

안경, 보청기, 의치 등의 보조기구는 노인이 건강을 유지하고 일상생활을 영위하는 데 필수품임에도 불구하고 의료비 전액을 본인이 부담해야만 하는 어려움이 있다. 또한 의료보험에서는 노인의 신체적 특성과 건강상태 등이 고려되어야 함에도 피보험자에게 획일적 급여를 하는 문제점이 있다.

건강보험으로서의 의료보험은 진료비 보장, 질병치료를 포함은 물론 건강검진, 재활 및 예방의 범위까지 포함하는 적극적이고 포괄적인 의미를 지니고 있지만, 의료보험은 대부분 급성질환의 치료에 치중하고 있다.

노인성 질환의 관리에 어려움이 있으며, 특히 진료비의 급격한 상승에 따른 노인의 의료비에 대한 부담이 커지고 있다.

노인은 신체기능이 약하여 질병 자체가 만성적인 경우가 많다. 의료비용도 2~3배 정도 더 높다.

환자가 가족의 비용부담으로 인해 의료이용을 하지 않는 점 등이 문제요인으로 지적되고 있어 노인의 건강관리 문제에 어려움이 있다.

② 의료급여의 문제점

한국의 의료급여기금은 중앙정부에서 지방정부로 이관하여 관리·운영하도록 하고 있으나, 기금이 제한적이기 때문에 해당 지방자치단체가 기금을 운용하는 데 어려움을 겪고 있다.

재정적 어려움은 의료급여 수급자에 대한 의료서비스 수준의 질적 저하를 초래하며, 의료기관이 의료급여 수급자를 기피하는 원인이 되기도 한다. 또한 의료급여 수급자의 개인부담이 사실상 많은 실정이다.

MRI 촬영이나 초음파 등 의료급여혜택에서 제외되는 항목들로 인하여 1종 의료급여 수급자인 경우 전체 진료비의 20~30%, 2종 의료급여 수급자인 경우는 40~50%까지 부담해야 하는 실정이다.

노인건강진단제도는 노인복지법상 규정된 보건・의료서비스에 속하며, 65세 이상 노인에 대하여 건강진단과 보건교육을 실시할 수 있게 되어있다.

(2) 노인의료보장제도의 개선방안

의료보장제도의 하나인 국민건강보험과 의료급여는 수급권자와 급여대상의 범위를 지속적으로 확대해 오고 있으나, 사회・경제적 환경변화에 따라 증가하는 수급권자에 비하여 급여수준, 대싱자 범위, 과다한 본인부담으로 인하여 사회적 약자의 위치에 놓여 있는 노인에게는 커다란 장벽으로 인식될 수밖에 없다. 이는 급속한 고령화에 따른 노인 증가로 의료지원을 받는 수요자의 증가에 비해 보건의료체제의 공급이 적절하지 못하기 때문이다. 따라서 노인의료보장정책에 대한 개선방안을 제시하면 다음과 같다.

첫째, 만성질환 중심의 보건・의료체계를 수립해야 한다.

둘째, 국민건강보험과 의료급여 수급권자 및 급여범위의 확대이다.

셋째, 건강진단사업의 확대이다.

노인건강진단사업은 질병의 조기발견 및 조기치료로 노인건강 유지, 증진을 도모하고 노인 건강수준 향상으로 활기찬 노후생활을 보장하기 위해 실시되고 있다. 노인성 질환의 예방 및 조기발견을 위해 건강진단을 강화하고, 노인의 건강을 위한 예방교육과 운동 프로그램을 보급해야 한다(고재욱, 2012).

6) 치매안심센터

치매안심센터는 치매관리법 제17조, 지역보건법 제11조에 근거하여 지역사회 치매관리사업의 원활한 수행과 치매노인 등록에 따른 관리와 이에 필요한 상담과 지원 등의 서비스를 제공할 목적으로 1997년부터 실시하고 있다. 치매상담센터의 주요 사업내용은 치매노인 등록 및 관리, 치매예방 및 간병요령 교육 실시, 치매노인 및 보호자의 상담 및 지원, 재가치매노인에 대한 방문과 관리, 치매노인의 노인전문요양시설 등의 입소안내 등이다.

공립치매요양병원은 치매노인에 대한 전문적인 요양서비스 및 치료를 제공하여 치매노인 가족의 부담경감 및 치매의 악화방지를 목적으로 의료법 제3조에 근거한 요양병원이다.

7) 경로식당 및 무료급식사업

경로식당 및 결식노인 무료급식사업은 어려운 가정형편이거나 부득이한 사정으로 끼니를 거를 우려가 있는 노인들에게 무료식사를 제공하는 데 목적을 둔 사업으로, 1991년 사회복지사업기금으로 시작되었으나 경로식당에 대해서는 1999년부터, 그리고 저소득 결식노인 무료급식사업에 대해서는 2000년부터 국고에 대한 재정지원이 이루어지고 있다. 이 두 사업의 사업대상을 보면 경로식당은 60세 이상 결식노인, 저소득 재가노인 식사배달사업은 1일 20,000명 정도가 이용하고 있는 것으로 나타났다.

4. 노인주거보장정책

1) 주거복지정책

(1) 하성규 등 공저 『한국 주거복지정책 : 과제와 전망』에서 보면 주거복지정책은 단일 정책적 측면보다 주택정책의 일환으로 시행되어 온 측면이 강하다. 공공임대주택의 확충 및 주거복지정책의 배경과 실질적인 이행 정도를 함께 비교하여 한국 주거복지정책 전개과정의 개괄을 시도할 필요가 있다.

(2) 2000년대 이전까지 한국의 주택정책은 일반 경기변동에 대한 정책수단, 양적 공급중심의 정책, 기간적으로는 1년 단위의 주택건설계획을 수립하여 정책을 집행하는 세 가지 특징이 주를 이루었다.

이러한 특징은 재정지원이 극히 한정되어 민간자금에 크게 의존하면서도 행정규제를 통해 시장통제 및 배분을 관리하는 한국 주택공급시스템의 구조적 딜레마에서 기인하였다.

(3) 이러한 경향은 한국의 주택정책 전반에 중장기적인 정책비전 제시의 취약, 주택공급량 확충에의 과도한 집중이라는 부작용을 야기하였고, 이에 따라 저소득층의 주거복지 강화 등 주거생활의 질적 수준을 향상시키는 데 있어 한계를 노정하였다.

하지만 국민의 정부 임기 말인 2000년대 들어 한국의 주택정책이 주택물량 확보에서 주거복지 확대로, 일시적인 주택지원에서 자가 소유를 촉진하는 정책으로 전환됨으로써 주거복지정책이 본격적으로 활성화되었다.

2) 노인주거의 개념과 가치

(1) 노인주거의 개념

노년기의 주거환경은 삶의 질을 결정하는 주요 요인이므로, 안정되고 노인을 위하여 특별히 계획된 질 높은 주거환경을 구축해야 한다. 이 중에서 주거공간의 확보는 주택보장이며, 질 높은 주거환경의 구축은 주거보장과 관련되어 있다. 주택보장은 개인 자신의 독립성을 유지하면서 안전하고 안락한 일상생활의 공간을 확보하고 유지할 수 있도록 주택의 건설과 공급, 그리고 이에 관련된 서비스를 통하여 지원하는 제반 사회적 노력을 의미한다.

즉, 노인을 위한 계획주거를 통하여 주택의 복지기능 증진을 위한 노력을 의미한다. 이러한 노인을 위한 주거보장은 정주권의 보장, 거주기회의 평등 보장, 최소 거주면적의 확보, 정상화의 실현을 목적으로 한다.

(2) 노인주거의 가치

첫째, 주택은 노인의 생물학적 생존을 위한 기본적인 수단이 된다.

둘째, 주택은 노년기의 생활을 담는 그릇이 된다.

셋째, 주택은 노인에게 있어서 가계상의 가장 큰 지출의 대상이 되며 따라서 경제적 보장의 효과를 높여주는 것이 된다.

넷째, 주택은 사회적 지위와 사회적 정체감의 상징이 된다.

다섯째, 주택은 개인적인 경험과 추억을 저장하고 사회적 관계망을 구축하고 유지하는 도구가 된다.

여섯째, 자신의 주택에서 생활할 수 있다는 것은 자신의 신체적 독립성과 때로는 경제적 독립성을 확인하고 나타내는 것이 된다.

일곱째, 주택은 노인을 포함한 모든 사람에게 사생활의 자유를 공간적으로 확보해 줄 수 있다.

여덟째, 주택은 노화로 인한 생활기능 저하를 보완하고 수용할 수 있는 물리적 환경을 제공해 줄 수 있다.

3) 노인주거의 유형

노인주택은 그 보는 시각(집단화의 정도, 시설수준, 의존도 등)에 따라 여러 가지로 분류되고 있으나, 가장 일반적으로 받아들여지고 있는 방법은 의존도에 따른 분류방법이다. 이 기준에 의한 노인주택은 독립생활주택, 반의존 생활주택, 의존생활주택으로 구분할 수 있다.

(1) 독립생활주택

독립생활주택이란 노인이 다른 사람의 도움 없이 움직일 수 있고 가사를 처리할 수 있으며, 완전히 독립해서 생활할 수 있는 주택으로서 현재 살고 있는 단독주택이나 아파트도 포함되고, 특별히 노인들을 위해 계획된 단독주택이나 공동주택도 포함된다. 독립생활주택에는 일반 단독주택 및 아파트, 이동식 주택, 액세서리 주택, 인거형 주택 등이 있으며, 우리나라의 단독주택, 아파트, 연립주택 등이 여기에 속한다.

(2) 반의존생활주택

반의존생활주택이란 일반적으로 숙식과 식사, 세면, 청소와 같은 일상생활 서비스를 제공해 주는 동시에 여러 명의 노인이 집단을 이루어 살 수 있는 주택을 일컫는다. 건강상태가 비교적 양호한 노인들을 대상으로 하므로 의료서비스는 필수적 조건이 아니며, 거주인 개개인의 필요에 따라 서비스가 제공되는 의존도가 중간단계에 있는 노인들을 위한 주거시설이다. 반의존생활주택에는 은퇴촌, 공동사용주택, 집합주택, 거주지 보호시설 등이 있는데, 은퇴촌과 거주지 보호시설은 중산층 이상의 노인들을 대상으로 한다. 주로 민간에 의해 운영되는 노인주택의 형태이므로 설명을 제외한다.

(3) 의존생활주택과 평생보호 은퇴촌

의존생활주택이란 가장 대표적인 것이 간호홈으로서 장기적 또는 만성적 질병으로 간호보호를 필요로 하거나 질병의 회복단계에 있는 노인, 또는 각종 건강서비스를 필요로 하나 병원에 입원하는 것이 불편한 노인들에게 보살핌을 제공하는 주거의 형태이며 흔히 시설주거라고 불린다.

평생보호 은퇴촌은 노인주거시설 중에서 가장 광범위한 서비스를 제공하는 주거형태로서 독립생활주택, 반의존생활주택, 의존생활주택 모두를 포함하여 단지를 형성한다. 평생보호 은퇴촌은 다양한 서비스의 제공을 받지만 그 대가를 수혜자가 지불하여야 하므로 저소득층을 대상으로 한 주거보장정책의 유형으로는 큰 의미가 없는 것으로 판단된다.

4) 노인주거의 실태

우리나라 노인 중에서 거의 대부분의 노인들이 지역사회에서 생활하고 있다. 지역사회에서 생활하고 있는 노인의 49% 정도는 성인 자녀와 동거하고 있으며, 노인과 자녀가 서로 다른 시·도에 거주하고 있는 경우가 18% 정도, 같은 시·군·구에 거주하고 있는 경우가 12% 정도이며, 같은 읍·면·동에 거주하는 경우가 10% 정도이다. 그리고 성별로는 여성노인들이 자녀와 동거하는 비율이 높고, 연령이 높을수록 자녀와 같은 집에서 생활하는 비율이 높아지는 것으로 나타났다. 지역사회에서 생활하고 있는 노인들의 주택형태를 보면, 단독주택에서 거주하는 경우가 71%로 가장 많고 그 다음으로 아파트가 19% 정도, 나머지 10% 정도의 노인들은 연립주택, 다세대주택, 상가주택 또는 기타의 주택에서 생활하고 있는 것으로 나타났다.

〈표 9-7〉 **노인의 주택소유 상태**

구 분	자 가	전 세	보증부월세	무보증월세(사글세)	무 상
전 체	77.6	12.9	4.8	2.2	2.4
남	81.3	11.2	3.9	1.6	2.0
여	75.3	14.0	5.4	2.6	2.6

우리나라의 경우 노인을 위한 계획주거에 대한 관심이 낮고, 노후생활에 적합하게 설계된 아파트가 보급되지 않았으며, 단독주택은 노후화되어 있고 개조에 필요한 경제부담으로 생활에 불편을 느끼는 경우가 많다. 실제로 조사에 의하면, 아파트나 연립주택에 거주하는 노인들보다 단독주택에 생활하는 노인들의 주거공간 만족도가 낮게 나타났으며, 욕실, 침실, 화장실, 계단의 구조와 형태에서 많은 문제점을 지니고 있는 것으로 나타났다.

5) 노인주거정책의 필요성

주거정책이라 할 때는 일반적으로 국가나 지방자치단체와 같은 공적 부분의 개입활동을 의미하는 것이 일반적이지만, 여기서는 넓은 의미에서 공적 및 사적인 개입활동을 모두 취급하기로 하겠다.

첫째, 주택은 인간의 기본적 생존을 위한 물질적 필수품이므로 주거장소가 모든 노인에게 확보되고 적절한 기준으로 보장되기 위하여 국가의 정책적 개입이 이루어져야 한다.

둘째, 주택은 하나의 생활필수품인 동시에 재산(부)으로서의 가치도 있어 주택으로 인한 경제적 불평등이 야기되는 경우가 많기 때문에 국가적 개입이 필요하다.

셋째, 주택의 구입비용은 물론 임대비용은 그 액수가 크기 때문에 일시적으로 준비하기 어려워 많은 경우 융자 등의 방법으로 조달되고, 개인의 경제적 사정이 구입 또는 임대능력을 크게 좌우하여 주택에 대하여 커다란 불평등적 격차를 초래하게 되므로, 국민들이 최소한의 주거를 확보할 수 있도록 하기 위해서 국가의 적절한 개입이 요청된다.

넷째, 주택의 임대차가 완전히 자유시장적 원칙에 맡겨지면 임대료의 상승, 계약조건의 불이행 등으로 임차인이 불리하게 되는 경우가 많으므로 이와 같은 문제의 통제를 위해서도 국가의 개입이 필요하다.

다섯째, 시장경제에 의한 주택의 공급탄력성은 낮고 수요탄력성은 높아 공급은 수요에 응할 수 없기 때문에 주택가격의 상승을 야기시킬 가능성이 크다. 그러므로 정부가 개입하여 주택공급을 조정하여야 할 필요가 있다 (Whitehead, 1984).

여섯째, 주택의 질과 환경은 생활의 제반영역에 영향을 미치는데, 특히 노인에게 있어서 주택의 구조와 환경은 노인의 사회적 및 심리적 욕구를 만족시키고 일상생활에 필요한 활동을 하는 데도 지대한 영향을 미치게 된다. 따라서 노인에게 물리적, 사회적 및 심리적으로 적합한 주거공간이 확보되도록 정부의 적절한 개입이 필요하다.

일곱째, 자녀와의 별거를 원하는 노인인구의 비율이 높게 증가하고 있고, 자녀와 동거하더라도 노인을 보호·수발할 수 없는 경우가 많아지고 있어, 노인이 가능하면 독립적으로 생활이 가능하도록 설계된 노인전용주택의 보급과 관련 서비스의 제공에 국가가 주도적으로 개입하여서 수행하여야 한다.

여덟째, 모든 국민에게 최소한의 주거공간을 확보해 주고 주택을 통해 삶의 질을 높이려는 국민들의 일반적인 욕구를 충족시켜 주기 위해서 주택의 건설과 보급에 있어서 공적 부문과 민간 부문 간의 역할분담이 필요한데, 이를 위해서 국가가 주도적으로 개입하는 것이 바람직하다.

6) 국내의 노인주거정책

우리나라의 노인주거보장정책은 현재까지 거의가 수용목적 주거정책이었다고밖에 할 수 없다. 현재 우리나라의 노인을 위한 주택 관련법 규정과 정부의 프로그램을 재가목적 주택정책과 입주보호목적 주거정책으로 나누어 살펴보기로 하겠다.

(1) 재가목적 주거정책

① 건설자/ 공급자를 위한 주택정책

건설자/ 공급자를 위한 주택정책으로는 국민연금기금에서 유료노인복지시설과 주택의 건립을 위해 융자해 주는 프로그램을 시행한 적이 있으나 담보설정 등 여러 가지 문제가 있어 중단되었다.

② 수요자/ 소비자를 위한 주택정책

가. 주택건설/ 보급 정책

우리나라에서 노인의 주택에 관하여 명시적으로 규정해 놓은 법은 노인복지법밖에 없다. 1997년에 개정된 노인복지법 제8조에 "국가 또는 지방자치단체는 노인의 주거에 적합한 기능 및 설비를 갖춘 주거용 시설의 공급을 조장하여야 하며, 그 주거용 시설의 공급자에 대하여 적절한 지원을 할 수 있다"고 규정하고 있다. 이 규정은 1981년 노인복지법 제정 당시부터 있어 왔지만, 지금까지 이 규정에 의거한 아무런 조치도 없었기 때문에 선언적 규정에 불과한 것으로 되고 있다.

재가목적 노인주택이라 할 수 있는 것은 현행 노인복지법의 노인주거복지시설에 속하는 것 중 실비노인복지주택과 유료노인복지주택이라 할 수 있다.

나. 주택금융

3대 동거가족의 주택 신축자금과 전세자금의 경우 일반인보다 약간 할증 융자를 받을 수 있다.

다. 세제혜택

3대 이상 대물림한 주택에 대해서나 5년 이상 동거부양한 자가 상속받는 주택에 대해서 부모와 자녀가 각각 주택을 소유한 상태에서 세대를 합치는 경우 일정한 조건에 해당하면 양도소득세를 면제해 주고 있다.

(2) 입주보호목적 주거정책

① 건설자/ 공급자를 위한 주택정책

정부에서 양로시설을 증축 또는 개축할 경우 비용의 전부를 지원해 주기로 되어있고(지원기준에 합당할 경우), 무료노인요양시설의 신축 시 신축비용 전부와 장비보강비 전부를 지원해 주기로 되어 있으며, 실비양로시설의 신축 시 비용도 일부 보조하도록 되어 있다. 앞에서 언급한 대로 유료시설에 대해서는 국민연금기금에서 융자해 주고 있으나, 담보설정의 문제로 융자가 제대로 이루어지지 않는다.

② 수요자를 위한 주택정책

가. 노인입주보호시설 보급

노인복지법에 의하여 양로시설 3종류(무료, 실비, 유료)와 요양시설 4종류(무료, 실비, 유료, 노인전문)가 공급되고 있다. 2000년 12월 기준으로 양로시설은 237개, 요양시설은 515개로 되어 있다.

시설구분	시설종류	시설 수	입소정원(명)
노인주거복지시설 (양로시설)	무료양로시설	112	5,501
	실비양로시설	68	1,226
	유료양로시설	57	3,526
	소 계	237	10,253
노인의료복지시설 (요양시설)	무료요양시설	150	10,443
	실비요양시설	101	4,272
	유료요양시설	80	2,062
	무료전문요양시설	136	10,344
	실비전문요양시설	5	520
	유료전문요양시설	43	1,780
	소 계	515	29,421
총 계		752	39,674

2000년 기준으로 시설의 입주율은 약 70% 수준이며, 실비시설 수용률은 약 49%, 유료시설의 입주율은 약 39%, 유료노인복지주택 입주율은 약 24% 정도밖에 되지 않는다. 이와 같은 현상은 주로 시설입소자 자격기준의 엄격성과 시설생활 이용에 대한 부정적 이미지, 보증금 및 입소비용에 대한 이해부족, 전통적 가치관에 의한 시설입소 기피, 서비스 질의 낮음 등의 이유 때문이다. 그러나 이러한 문제가 해결된다면 현재 수준의 시설공급은 실제의 예상수요에 크게 못 미치게 될 것이다.

나. 노인입주보호시설 비용부담

현재 실비 및 유료 노인요양시설의 비용은 국민건강보험에서 전혀 부담되지 않고 있다. 노인요양시설은 일종의 보건/ 의료시설이라 할 수 있으므로, 서비스 비용의 일부는 국민건강보험에서 지급될 수 있어야 할 것이고 나머지는 입소자가 부담하도록 되어야 할 것이다.

7) 노인주거정책의 문제점과 방안

(1) 문제점

① 종합적인 노인주거정책의 부재

가. 건설교통부는 주택정책, 보건복지부는 복지정책으로 관할부서가 이원화되어 있어서 노인주거정책이 종합적으로 다루어지지 못하고 있고, 따라서 정책실효성이 미약하다.

나. 주택에 대한 노인편의시설 설치기준이 없어 편의시설이 제대로 갖추어진 노인주택 재고가 거의 없다.

다. 노인가구 주거실태와 수요파악이 이루어지지 못하고 있으며, 정책대상이 구체화되어 있지 못하다.

② 노인의 주거선택 폭이 매우 제한적

가. 노인편의시설이 잘 갖추어져 있고, 주거비 부담이 과다하지 않으면서 의료 및 생활 서비스를 제공받을 수 있는 주택이 거의 없다.

나. 모든 소득계층의 노인들이 선택할 수 있는 다양한 노인주택 재고가 절대적으로 부족하다.

③ 주거급여의 문제점

국민기초생활 보장제도에 의한 주거급여는 실질적으로 최저주거비를 보장하지 못하고 있다. 영구임대주택에 거주하는 저소득 노인세대인 경우 월 임대료 외에 관리비를 추가로 부담하여야 하는 현실에서 주거급여를 가구원

수를 기준으로 주택소유자와 무주택자를 일률적으로 지급함에 따라 형평성 등에 문제가 있을 수 있다. 주거급여를 급여대상자에게 지급함으로써 주거급여가 실제로 주거급여로 충당되지 못하고 다른 용도에 쓰일 우려가 있다.

④ 주택구조 및 주거환경의 문제점

한국소비자보호원에서 1998년도에 시행한 전국 노인가구에 대한 사고사례 수집 및 현장관찰 조사결과에 따르면, 사고사례 876건 중 사고원인이 노인질환이나 신체기능 약화로 인해 불가피하게 다친 사고는 13%에 불과하고, 나머지 87%는 노인에 대한 안전교육과 주택 개보수를 통해 사고를 예방하는 것이 가능한 것으로 나타났다.

구 분	주택구조에 의한 노인들의 사고		
주택시설	바닥(36%)	계단(14%)	방문턱(6%)
물 품	방·침실 - 침대(22%), 의자(16%)	부엌 - 주방용품(14%)	매트, 이불류(10%)

안전점검표에 의한 노인 476가구 주택의 관찰조사 결과 42.3%가 사고위험성이 있었다.

사고위험성이 높은 구역	비 율
계단의 기울기 28도 이상	79%
계단에 난간이 없는 경우	54%
욕실, 화장실 출입구에 턱이 있는 경우	61%
미끄럼 방지매트가 없는 경우	80%
화재에 대비한 기구가 없는 경우	79%
비상벨이 없는 경우	94%
욕조에 최소한 1개의 손잡이도 없는 경우	88%

(2) 방안

① 노인주택 확충 및 개선을 위한 법령 등의 정비

가. 노인주거정책의 기반을 구축

정책에 대한 담당부처 간 업무영역 구분 및 상호 연계체계를 구축하고 노인주거정책의 추진계획을 수립해야 할 것이다. 또한 노인을 위한 주택기준 마련, 노인주택 수요 및 경제력 파악을 위한 통계조사를 실시해야 할 것이다.

나. 기존 주거정책을 노인주거정책으로 전환

기존 주거정책을 노인주거정책으로 전환함에 있어서 주택법을 개정하여 노인주택에 대한 개념을 정의하고, 노인주택의 종류와 범위, 우선 공급 등에 대한 규정이 마련되어야 한다. 주택공급에 대한 모법인 주택법에 노인주택에 관한 사항을 명시함과 아울러 노인복지법에 따른 유료복지주택과의 관계를 명확히 해둘 필요가 있다.

다. 노인주거 수준 향상을 위한 주택 개·보수에 대한 지원제도의 향상, 발전

주택별 지원대책을 마련하되 대상 주택과 지역 특성을 감안하여 지원정책을 시행하여야 하며, 이 경우 주택뿐만 아니라 낙후된 기반시설을 포함해야 할 것이다. 임대주택 또는 임대겸용주택 개·보수에 대한 특별한 배려가 필요하며, 주택의 노후 정도와 대상에 따라 다양한 지원시책을 마련해야 할 것이다. 재건축하지 않고 개·보수하는 주택에 대해서는 조세감면 및 소득공제를 실시하여 자원낭비가 적은 개·보수를 활성화해야 한다.

라. 노인주택의 공급에 대한 정책을 정비

• 주택공급 기준의 마련

현재의 주택공급에 관한 규칙에서 주택의 공급방안은 일반공급, 특별공급, 단체공급으로 나누어 구분하고 있어 노인가구를 일반가구와 동일하게 취급하고 있기에 노인가구의 주택취득에 혜택을 주는 주택공급 기준을 마련해야 한다.

• 조세지원의 확대

정부의 국민주택건설사업자에 대한 조세지원을 확대하여 노인주택의 공급을 활성화하여야 한다. 노인주택 취득에 따른 취득세, 등록세, 재산세, 종합토지세 등에 대하여 세율의 감면이나 감액이 필요하다고 본다.

• 새로운 제도

다양한 계층의 노인들의 주거를 위한 새로운 주택저축제도를 개발, 신설하고, 노인주택건설 부분에 대한 우선순위가 높아져야 한다. 또한 신축주택 구입은 물론 기존 주택의 증축과 개축에 따른 필요한 자금을 지원해 줄 수 있는 제도적 장치를 마련해야 하며, 금융지원과 더불어 개발제한구역으로 지정된 지역 중에서 노인주택에 적합한 위치, 환경 등을 모색해야 할 것이다.

마. 보편적인 설계기준 마련

노인주택 편의시설의 설치기준 및 일반주택에도 적용 가능한 보편적인 설계기준을 마련하고, 노인주택 건설지원제도를 확립해야 할 것이다.

〈표 9-8〉 노인주거가 갖추어야 할 설계요건

Safety (위험성, 위성요소를 제거)	- 자재 또는 형태에 있어 걸려서 넘어지기 어렵고 균형을 깨뜨리지 않는 배치, 만약에 걸려 넘어지더라도 다치지 않도록 배려 - 화재를 예방하기 위해 또는 오작동되더라도 큰일이 발생하지 않는 설비기기 장착 - 만일의 경우를 대비하여 즉각 감지하고 통보가 가능하도록 배려, 아울러 보살핌이 쉽도록 설계
Amenity (고통을 제거)	- 고령자의 운동능력 및 감지능력, 환경적응성을 고려, 쾌적성, 편리성을 향상. 특히 건강 관리 및 유지에 필요한 각종 기능을 갖춘 전기, 기계, 기기에 신경을 쓸 것
Visuality (알기 어려운 것을 제거)	- 각종 사인 및 부재의 색채는 고령자의 시각장애를 고려, 인지성, 식별성이 뛰어난 것을 선택 - 명랑한 고령자 라이프스타일 연출을 위해 비교적 명도가 높은 색채로 통일(안전성과 작업성이 요구되는 공간인 경우, 인식성을 잃지 않도록 배려) - 조명(소노)은 충분히 획보 - 고령자의 시각능력을 고려하여 각 장소의 용도에 맞는 채광, 조도, 색, 온도, 조명 계획 - 문자, 그림 - 고령자의 시각능력 또는 이해력 저하를 고려하여 식별하기 쉬운 문자크기, 서체를 통일. 기능을 용이하게 이해할 수 있도록 그림문자 사용. 사용하기 쉽고 이해가 쉬운 조작패널 부착
Easy Handling (사용하기 불편한 것을 제거)	- 고령자에게도 쉽고 능률적인 것 - 동선상 이동의 용이 작업 - 고저의 동작작업 - 기구조작 - 설비 메인터넌스가 가능하도록 배치 - 작업지지대 설치 및 각종 기기·부재의 배치 및 조작의 용이성 등을 고려

② 노인주택 재고 확대

다양한 노인주택을 공급하여 노인의 주거선택의 폭을 확대해야 한다.

가. 노인편의시설 설치기준에 의한 기존 주택의 개·보수 지원으로 노인 주택 재고를 확대한다.

나. 국민임대주택 건설 시 1개동을 노인주택으로 공급하여 주거생활의 독립성과 연계 프로그램을 통한 사회적 통합을 유도할 수 있다.

다. 노인주택을 독신용, 부부용, 3세대 동거형 등으로 다양하게 공급하고, 소규모의 노인공동 생활주택(그룹홈)의 형태로 공급하는 것도 필요하다.

라. 미국의 노인주택 중 액세서리 아파트, 집합주택, 노인전용하숙집, 주택공용제와 주택이 있지만 현찰이 없는 노인들을 위한 주택자산활용제도 등은 우리나라의 노인주거정책으로 도입함에 있어 좋은 준거 틀이 될 것이다.

(3) 주거급여제도의 개선

① 민간 주택시장에서의 임대료 수준으로 현실화시켜야 한다.

② 국민기초생활 보장제도의 소득기준으로 사용되고 있는 최저생계비가 가구규모 이외의 지역별, 가구특성별 차이를 반영하고 있지 못함으로써 주거급여를 차등지원하지 못하고 있다. 따라서 전반적인 주거급여 수준의 현실화와 함께 가구규모 이외의 지역별 주거비용의 격차, 가구 특성별 욕구를 반영하여 주거급여가 차등지급되어야 한다.

③ 차상위계층에 대한 주거비 지원방안이 마련되어야 한다.

④ 국민기초생활 보장제도 내에서 통합적으로 운영되고 있는 주거급여 부분을 점차 생계급여로부터 분리·운영하고, 별도의 대상자 선정기준을 마련하거나 선택적 복지서비스 등에 대한 구체적인 검토가 필요하며, 이와 함께 저소득층을 대상으로 하고 있는 각종 주택정책과의 연계를 구축하는 방향으로 추진되어야 한다.

(4) 노인주택구조 개선 및 주거환경개선사업 시행 확대

집수리사업의 대상자는 국민기초생활 보장 수급자의 자가 가구 또는 주택 전체를 무료로 임차하고 있는 가구이며, 가구당 수리비용은 3~4인 가구 기준으로 지급한다. 수리비용이 지급액을 초과할 경우에는 지방자치단체의 예산, 이웃돕기성금 및 자부담으로 추가공사를 할 수 있도록 했다. 이러한 주거환경개선사업은 수급자들을 대상으로 하기 때문에 수급권자가 아닌 노인은 혜택을 받을 수 없다. 따라서 대상자를 수급자 외에 저소득층 노인까지 폭을 넓혀 사업을 시행한다면 노인들의 주거비 부담 감소와 함께 일자리 창출방안으로 자리 잡을 것이다.

(5) 노인주택의 임대운영을 위한 기반구축을 통한 민간참여 확대

① 노인주택은 건설뿐만 아니라 운영 및 관리서비스가 함께 제공되어야 하므로 임대주택으로 공급되어야 운영의 지속성 확보가 가능하기에 임대보증제도를 도입할 필요가 있다.

② 공공주도의 시범사업은 중단기적으로 전개해야 할 것이다. 영구임대주택 또는 국민임대주택 단지 중 일부를 노인임대주택으로 운영하고, 현재 운영주체인 주택관리공단 또는 지방공사가 의료 및 생활서비스와 연계하도록 노력해야 할 것이다.

③ 중장기적으로 공공택지에서 민간노인주택 건설을 지원하고 중소규모의 노인주택단지 건설지원, 노인임대주택 운용지원 등을 통해 민간의 참여를 활성화시켜야 할 것이다.

5. 노인장기요양정책

1) 요양보호사들의 낮은 처우와 전문성 부족

요양보호사의 급여는 풀타임으로 해도 100만 원이 조금 넘는다. 그러나 대부분 파트타임으로 근무하고 있으며 따라서 보수도 더 낮은 편이다. 업무에 있어서 과도한 요구나 불쾌한 대우에 대해서도 침묵하며 일해야 되는 경우도 많다. 최저임금수준의 낮은 보수, 근무시수의 불안정성 등은 요양보호사의 자아존중감을 떨어뜨리고 업무만족도도 낮추는 요인으로 작용하고 있다.

2) 다른 나라 제도와 우리나라 제도 비교

(1) 일본의 개호보험

일본도 노인에 대한 부양문제가 국민적 과제로 사회문제화되었고, 1983년 노인보건법을 제정하여 장기요양보호를 실시하였다. 또한 만성질환의 고령자에 대한 케어와 의료를 제공하기 위해서 특별허가 노인병원제도도 설립하였다.

1992년 요양환경과 인원을 정비한 요양형 비상군을 제도화하여 케어와 간호를 필요로 하는 고령자에 대응할 수 있는 제도를 마련하였고, 고령자 케어의 기반조성을 위한 획기적인 조치로서 '고령자 보건복지 추진 10년전략' 신골드플랜을 1989년에 제정하였다. 1994년에는 신골드플랜이 책정되어 고령자 보건복지 제2차 계획안을 발표하였다. 특히 1997년에 도입되어 2000년 4월부터 실시한 '개호보험법'은 장기요양보호의 활발하고 구체적인 계기가 되었다.

개호보험은 사회 전체에서 고령자의 개호를 지원하는 구조로서, 노인이 개호를 필요로 하는 상태가 되어도 자립된 생활을 할 수 있도록 하는 것에 의의를 둔다.

(2) 독일의 노인수발보험

다른 선진국과 마찬가지로 독일도 높은 고령화율을 보이고 있으며, 평균수명의 증가, 고령인구의 급증, 핵가족화, 그리고 만성퇴행성 질환자의 증가가 사회적 문제가 되었다. 이를 가족의 책임만으로 해결할 수 없는 사회적 위험이라고 인식하였고, 사회연대 차원에서 해결방안의 필요성을 검토하게 되었다.

독일은 장기요양 대상자와 가족에게 사회가 연대하여 요양서비스를 제공받을 수 있는 사회보험의 형태로 법적 근거를 마련하였으며, 전 국민을 의무가입하도록 하는 보편주의에 입각하였다. 재원은 대부분 사회보험료에 의하여 조성된다.

• 독일장기요양제도의 성공요인

정확한 재정추계가 가능한 상태에서, 즉 추계되는 수입에 근거해 요양수급자를 조절할 수 있었기 때문이다. 즉, 양입제출전략을 채택함으로써 재정안정을 확고히 할 수 있었다.

(3) 장기요양보호 체계비교(일본, 독일, 한국)

구 분	한 국	독 일	일 본
명 칭	장기요양보호 (노인수발보장제)	수발보험제도	개호보험제도
시행시기	2008. 7.	1995. 4.(재가) 1996. 7.(시설)	2000. 4.
관리운영주체 (보험자)	건강보험공단 (지방자치단체 일부참여)	수발금고 (질병금고에 설치)	시·정·촌(우리의 시군구)
보험료부담자	전 국민	전 국민	40세 이상
피보험자	고령자와 노인성 질병을 앓고 있는 자	전 국민	전 국민
급여절차	신청 - 방문조사 - 컴퓨터 1차 판정 - 판정위원회 2차 판정 - 등급통보 = 판정항목 : 51항목 = 요양등급 : 1~3등급	신청 - 자격심사 - 판정의뢰 - 방문조사 - 조사내용보고 - 등급통보 = 판정항목 : 36항목 = 요양등급 : 1~3등급 = 소요기간 : 2~3개월 (법정)	신청 - 방문조사 - 컴퓨터 1차 판정 - 개호인정심사회의 2차 판정 - 등급통보 = 판정항목 : 85항목 = 요양등급 : 요지원, 요개호 1~5등급(5등급)
급여종류	요양서비스 종류 : 시설급여 2종 재가급여 5종	재가·시설서비스 - 재가서비스 - 주간·야간 수발서비스 - 단기수발, 시설보호 * 의료서비스는 제외	*재가·시설서비스 - 재가서비스 12종 - 시설서비스 3종 * 요양병원 및 방문간호 등 의료서비스 포함
급여지급	등급별 월 한도액 범위내	서비스별·등급별 정액	재가 : 한도액 기준 실사용액 시설 : 일당 정액제
수급자격	65세 이상	최소 5년 이상 가입자	65세 이상

출처 : 입법정보 제174호 노인수발보장제.

① 독일과 일본의 등급판정 기준

독 일	일 본
별도의 위원회 운영 없이 장기요양금고의 의뢰에 따라 MDK(질병보험의료업무단)에서 직접 요양등급판정에 대한 자문역할 수행, 요양등급에 대한 최종판정 권한은 장기요양금고에 있음	개호인정심사회를 시정촌에 설치, 위원 수는 조례로 정함(개호보험법 제14조, 제15조) 공동설치의 지원 : 도도부현에 공동설치 가능(동법 제16조) 업무의 효율적 수행을 위해 위원회 산하에 합의체(일종의 소위원회)를 여러 개씩 두어 운영하고 위원회가 별도 의결한 경우에는 그 합의체의 의결을 위원회의 의결로 간주(동법 제19조)

출처 : 국민보험공단 노인장기요양보험(www.longtermcare.or.kr).

② 독일과 일본의 서비스질 확보방안

독 일	일 본
장기요양기관 인·허가 – 장기요양기관 인·허가를 담당하는 시·군·구는 보험자와 장기요양급여 공급계약을 체결한 장기요양기관에서만 재가급여와 입소시설급여를 제공하게 되므로 인허가 시 교육받은 간호사(간호관리자 = 케어매니저)의 인력기준을 심사함 – 기 간호관리자는 기능성 있고 경제적인 요양급여를 보장하며 시설 자체적인 질 관리체계를 수립, 발전시킬 의무를 부담함(수발보험법 제72조) 보험자와 시설사업자 간의 협약체결 – 장기요양기관은 시설의 미비한 환경과 미흡한 급여상태의 효과적인 예방과 개선을 목적으로 기관이 제공하는 급여내용과 급여의 질에 대한 공급계약을 보험자와 체결함(동법 제80조) – MDK(질병보험의료업무단)는 합의에 있어 자문역할 수행	개호서비스 정보의 공표 개호보험의 서비스가 이용자에게 적절하면서 원활하게 선택되어 이용되도록, 사업자 및 시설에 대해서 필요한 정보의 공표를 의무화한 제도를 도입(개호보험법 제115조의29) 서비스의 전문성과 생활환경의 향상 서비스의 질 확보 및 향상을 위해, 서비스 담당자의 전문성의 향상을 도모함과 동시에 시설 등에 있어서 생활 및 요양 환경의 개선을 요구함 사업자 규제의 강화 부정사업자 등에 대하여 사후 규제법칙을 강화하는 관점에서 지정의 결격사유, 지정의 취소요건의 추가나 지정의 갱신제의 도입 등 사업자 규제를 강화함 케어매니저의 검토 포괄적 및 계속적 케어매니지먼트의 추진, 케어매니

평 가 1. 내부평가 시설운영자의 자기점검을 통하여 서비스 질을 스스로 강화함을 목적으로 기관자체의 질 관리의무를 부과함 2. 외부평가 장기요양급여의 질을 평가하고 등급판정	저의 자격 및 전문성의 향상, 공정 및 중립의 확보 등의 관점에서 제도 및 개호보수의 검토를 실시함

출처 : 국민보험공단 노인장기요양보험(www.longtermcare.or.kr).

(4) 각국의 노인장기요양서비스 관리제도

구 분	일 본	호 주	독 일	영 국	한국(계획안)
형 태	평가제(제3자)	인증제	평가제	감독	평가제
실시 주체	도도부현	인증기관 (ACSAA)	질병보험 의료업무단(MDK)	사회적 케어 감독위원회(CSCI)	국민건강 보험공단
대 상	시설, 재가	시설	시설, 재가	시설, 재가	시설, 재가
평가 주기	1년(신청)	최소 1회/ 3년 (의무)	최소 1회/ 3년 (의무)	최소 1회/ 3년 (의무)	2년 (신청)
평가 지표	구조, 과정	구조, 과정	구조, 과정, 결과	구조, 과정	구조, 과정, 결과
비용 부담	○	○	×	○	×
수시 평가	×	○	○	○	○
결과 활용	공개	공개	공개	공개	공개, 가감지급

출처 : 국민보험공단 노인장기요양보험(www.longtermcare.or.kr).

3) 노인장기요양보험제도의 개선방안

(1) 급여대상자의 포괄성 확대

장기요양보험제도는 욕구의 보편성에 기초하여 운영해야 하는 사회보험제도이다. 따라서 장기요양보호의 욕구를 가진 경증·중증 노인 및 장애인으로 서비스 대상자를 확대해야 한다.

(2) 비급여항목의 축소 및 본인부담비율의 축소

비급여항목에서 식사비는 건강보험과 같이 급여항목으로 변경되어야 할 것이며, 차상위계층의 과도한 본인부담 비율을 낮추기 위해서는 이에 대한 장관고시의 발표가 필요하다.

(3) 서비스의 양 및 질의 개선

재가에서 노인이 지속적으로 살아가면서 보호를 받을 수 있도록 실질적인 Night Care의 개념인 야간보호서비스 등을 포함한 24시간 대응체제의 재가보호서비스 구축이 선행되어야 할 것이다. 또한 노인의 건강상태가 악화되는 것을 방지하기 위하여, 일본처럼 개호 예방 및 건강증진서비스를 급여에 포함시킬 필요가 있다.

서비스의 질과 양의 개선을 위해서는 재가·시설보호의 인력기준 등을 상향조정할 필요가 있다.

(4) 공공시설의 확충 및 민간부문에 대한 규제·감독의 강화

공공시설을 더 확충하여 민간에 과도하게 의존하고 있는 서비스 공급기관의 문제점을 해소하기 위해서는 제공자의 주체(공공·비영리·영리)와 시설의 수량을 통제하고 있는 일본의 사례 등을 참고할 필요성이 있다.

민간부문의 서비스 질 저하문제를 방지하기 위해서는 서비스의 질에 대한 모니터링 체계 구축, 부정사업자에 대한 지정취소, 지정사업자 갱신제 도입 등의 법적인 규제 및 감독의 강화(임혜경, 2008)와 더불어 보험수가의 가산 등의 재정적인 지원, 등급인정자에 대한 사후관리를 같이 병행할 필요가 있다.

(5) 요양보호사 교육기관에 대한 규제 · 감독 및 요양보호사 근로조건 개선

양질의 교육기관 육성을 위해 요양보호사 교육기관에 대한 평가체계를 구축하여 지정할 수 있도록 해야 하며, 요양보호사 자격요건을 학력무관에서 고졸 이상으로 상향조정하는 등의 자격요건의 조정도 필요하다. 양질의 요양보호사가 배출되기 위해서는 근로조건의 기본적인 개선과 승진 및 교육훈련이 가능한 인력양성 체계를 구축하여야 한다.

(6) 시설중심에서 재가중심으로 전환

우리나라의 경우 현행 장기요양보험제도의 정책방향을 재가중심 및 이용자 중심으로 전환해야 하며, 지역복지서비스와의 연계를 통해 노인들이 지역사회 내에서 건강한 삶을 영위할 수 있도록 여건을 마련하여야 한다.

04

PART

노인복지실천

Chapter 10

노인복지실천과 기술

1. 노인복지실천의 개념

노인복지는 노인이 복리적인 상태를 유지하도록 하는 사회적 활동으로 "노인이 인간다운 생활을 영위하면서 자기가 속한 가족과 사회에 적응하고 통합될 수 있도록 필요한 자원과 서비스를 제공하는 데 관련된 공적 및 사적 차원에서의 조직적 제반활동"이라 할 수 있는 사회복지실천의 한 분야이다. 즉, 노인복지란 사회가 노인의 욕구를 충족시키고 책임을 수행하도록 도움을 제공하는 여러 가지 자원의 하나로서 노인문제를 예방하고, 해결하며, 노인의 사회적 기능을 회복시키고 증진시키기 위하여 노인을 돕는 방법이고, 사회적 제도이며, 인적 서비스인 동시에 실천에 관한 과학적 가치관에 기초를 둔 전문기술이다. 이러한 핵심기능과 구체적 도움을 제공하는 것은 노인복지실천이라는 형태로 사회복지전문직의 구성원인 사회복지사에 의하여 수행된다. 그러므로 사회복지실천 기술과 방법을 노인을 대상으로 다양하게 개입, 적용되는 것을 사회복지실천의 한 분야인 노인복지실천이라 하며, 환경 속의 개인, 집단, 조직 및 지역사회 수준에서 원조와 서비스를 제공하여 노인의 사회적 기능을 향상시키려는 인간과 환경과의 통합적 접근 방법을 노인복지실천의 개념이라 할 수 있다. 또한 노인과 그를 둘러싼 환경, 특히 가족을 주된 대상으로 노인과 환경과의 상호작용에서 욕구나 문제해결을 경감하게 하여 노인의 신체적 · 심리적 · 사회적 기능을 향상시키는 데 그 의의가 있다.

2. 노인복지실천의 목적

미국사회사업교육협의회(CSWE : Council on Social Work Education)에서 제시한 사회복지실천의 네 가지 목적에 근거하여 노인복지실천의 목적을 살펴보면 다음과 같다.

첫째, 노인의 사회적 기능을 증진, 회복, 유지, 향상시키는 데 목적이 있으므로, 노인이 한 사회의 생산적인 구성원으로서 합당하게 자신의 욕구를 만족하고 사회적 기능을 향상시키도록 돕는 것이다.

둘째, 노인의 기본적 욕구를 충족시키며 능력을 개발하도록 지원하는 데 필요한 사회정책, 서비스 자원, 그리고 프로그램을 계획, 형성, 수행하는 것이다.

셋째, 위험에 직면한 노인집단에게 권한을 부여하고, 사회적 또는 경제적 정의를 증진시키기 위해 조직적으로나 행정적으로 옹호하며, 사회적 혹은 정치적 행동을 통해 정책, 서비스, 자원, 프로그램을 추구해 나감으로써 사회복지사들은 빈곤, 질병, 사회적 부정의로 인한 부당한 억압을 받는 취약한 노인들의 편에서 사회적 변화를 추구하는 것이다.

넷째, 노인복지실천의 목적과 관련된 전문적 지식과 기술을 개발하고 검증해 나가는 것이다.

이상과 같은 노인복지실천의 목적을 달성하기 위해 사회복지사는 노인복지현장에서 매우 다양하면서도 깊이 있는 역할을 수행해야 한다. 그러므로 Federico(1973), Zastiow(1992), Kirst-Ashman과 Hull(1993) 등은 사회복지사의 다양한 역할을 설명하고 있는데, 그중 Kirst-Ashman과 Hull이 규정한 여덟 가지 일반 사회복지사의 역할을 노인복지실천 영역으로 〈표 10-1〉과 같이 재구성해 보았다.

〈표 10-1〉 **노인복지실천 영역에서 사회복지사의 역할**

	사회복지사의 역할	내 용
1	상담가	노인이 자신의 감정을 잘 이해하고, 행동을 수정하며, 문제상황에 대처하기 위해 학습하도록 도움으로써 노인들의 사회적 기능수행능력을 향상시키도록 돕는다.
2	교육자	노인에게 필요한 정보를 제공하고, 권고와 제안을 하고, 대안과 그 가능한 결과를 확인하고, 행동을 시범 보이고, 문제해결기술을 가르치고, 인식을 명확하게 함으로써 노인에게 필요한 적응기술을 가르친다.
3	중개자	노인들의 지역사회 내에 있는 서비스체계나 자원들을 활용할 수 있도록 돕거나 안내해 주는 역할을 한다.
4	사례관리자	노인의 욕구와 문제를 확인한 후 그 문제를 해결하기 위해 필요한 자원이나 서비스를 개발하고 연계시켜 주며, 서비스가 지속적으로 잘 제공되고 있는지를 관리하고 도와주는 역할을 한다.
5	자원동원자	노인에게 필요한 다양한 공적 그리고 사적 자원을 개발 및 발굴하여 적절하게 자원을 활용할 수 있도록 돕는다.
6	중재자	개인들 간 또는 서로 다른 두 집단 간의 이해관계 갈등을 해결하여 서로 간에 만족스러운 결과를 얻을 수 있도록 도움을 주는 역할로서 논쟁에서 한편으로 치우쳐서는 안된다.
7	촉진자	집단의 지도자 역할을 담당한다.
8	옹호자	노인들이 필요한 자원과 서비스를 받을 권리를 유지하도록 돕거나 노인과 노인집단에게 부정적인 효과를 주는 프로그램과 정책을 변화시키는 운동을 적극적으로 지지하는 역할을 한다.

3. 노인복지실천의 기능 및 기본 원칙

1) 노인복지실천의 기능

노인복지실천의 목적을 추구하는 과정에서 노인복지실천의 세 가지 기능은 매우 중요하다.

첫째, 예방적 기능 – 노인의 건강과 복리 증진을 위하여 현재의 신체적·심리적·사회적 기능상태를 유지하고, 환경의 요구에 대처할 수 있는 능력을 강화하고 필요한 자원을 제공, 연결하여 사전에 문제를 예방한다.

둘째, 회복적 기능 – 신체 및 정신적 문제나 장애로 약화된 기능을 되찾을 수 있도록 원조하는 데 초점을 둔다.

셋째, 치료적 기능 – 노인이 현재 겪고 있는 문제나 장애를 해결 또는 개선하는 것을 목적으로 한다.

2) 노인복지실천의 기본 원칙

노인복지실천의 기본 원칙은 사회복지실천의 기본 원칙으로 Biestek의 7대 관계 원칙이며, 서비스의 대상이 한정되어 있는 노인이라는 대상자에 한해서 이루어진다는 것이다. 그러므로 노인을 대상으로 하는 클라이언트의 독특한 특성과 자질을 사회복지사가 알고 이해해서 효과적인 적응을 위해 클라이언트의 처해진 상황에 따라 각기 다른 원리나 방법을 활용하는 개별화의 원칙과 의도적인 감정표현은 클라이언트가 자신의 감정, 특히 비판받게 될지도 모르는 부정적인 감정을 자유롭게 표현하고자 하는 욕구를 가지고 있다는 인식을 하고 이를 존중하며 적극적으로 표현하도록 격려하고 도와준다. 또한 사회복지사가 클라이언트의 감정표현에 민감하게 대처하고 그 감정의 의미를 이해하며 클라이언트의 감정에 의도적인 목적을 가지고 적절하게 반응하는 통제된 정서적 관여가 필요하다.

4. 노인복지실천기술

1) 노인복지실천의 개입수준 및 실천의 관계

(1) 노인복지실천의 개입수준

노인의 인구사회학적·사회적 기능수준 또는 욕구 및 문제가 각자 서로 다르므로 노인복지실천에서는 다양한 수준의 개입이 요구됨을 고려하여 Beaver와 Miller(1995)는 개입의 수준을 〈표 10-2〉와 같이 세 가지로 나누어 제시하고 있다.

〈표 10-2〉 **노인복지실천의 개입수준 및 역할**

구 분	1차적 개입수준	2차적 개입수준	3차적 개입수준
정 의	노인들이 신체적·정서적인 건강과 안녕을 최적한 상태에서 가능한 한 오랫동안 유지하고 향상시킬 수 있도록 돕는 활동	문제의 징후가 보이는 초기에 악화되는 것을 막기 위한 조기진단과 적절한 처치를 제공하며, 문제상황에 대처하는 방법을 발달시키도록 돕는 활동	장애의 악화와 사회적 기능의 퇴보를 막고 잔존하는 기능을 극대화시켜 노인들을 재활시키는 장기적인 보호활동
목 적	질병이나 문제가 발생하기 전에 개입하여 문제나 질병의 감소를 가져옴	지역사회 내에서 자신의 삶을 독립적으로 보낼 수 있도록 도움으로써 조기 시설수용을 막음	더 이상 장애를 확산시키지 않고 재활할 수 있도록 도움
대 상	성공적으로 건강한 일상을 영위하는 노인	신체적·정서적·사회적인 변화로 인하여 위기상황에 처하거나 일상생활 수행능력에 약간의 제한을 가진 노인	도움 없이는 생활이 불가능할 정도로 신체적·정서적·사회적 기능에 있어 심각한 장애를 가진 노인
서비스 및 프로그램	건강증진교육, 정보제공, 주택 및 법적 지원, 교통수단	재가노인복지서비스 상담 및 치료 서비스	장기요양보호서비스 치료서비스

사회복지사의 역할	자문가, 교사, 정보제공, 중개자, 대외추적자	클라이언트 발굴자, 임상가, 가능자	사례관리자, 클라이언트 발굴자, 동원자
실천방법	집단, 통합	개별, 집단	개별, 사례관리
실천모델	문제해결모델	문제해결모델, 치료모델	치료모델

① 개인수준에서의 실천(개별사회사업)

개인수준에서의 실천(개별사회사업)의 정의를 살펴보면, Richmond는 개인과 그 사회환경 간에 개별적인 의식적 조정을 통해 그 사람의 인격의 발달을 도모하는 제반과정이라 했으며, Perlman은 사람들이 사회적 기능을 함에 있어서 그들의 문제를 보다 효과적으로 대처해 나가도록 개인을 도와주는 사회복지기관에서 활용되는 한 과정이라 했다. 이렇듯 두 학자의 이론을 종합적인 견해로 정리하면, 첫째, 자기 스스로 해결하기 곤란한 문제를 가진 개인 및 그 가족이 대상이다. 둘째, 문제에 대한 과학적 인식과 이에 대한 전문적 기술을 가진 전문가에 의해서 실시되며, 셋째, 개별적으로 이루어진다. 넷째, 환경에의 적응과 인격의 성장·발달을 돕기 위한 의식적·계속적 노력이 필요하다. 다섯째, 사회복지사와 클라이언트와의 인간관계 중시, 협동적 활동이 이루어져야 한다. 여섯째, 예방보다는 재조정 또는 치료에 중점을 둔다. 일곱째, 개인과 그의 사회환경과의 상호작용이 중시되어야 한다.

개별사회사업의 모형은 첫째, 심리사회적 모형으로 정신역동이론, 자아심리학, 인류학, 가족단위의 실천개입이론, 체계이론, 기타 사회과학 등의 영향을 수용하며 발전되었고, 개인 내적 요소와 사회적 요소를 모두 중시하며, 개인과 환경과의 상호작용에 기초한 진단적 접근을 한다. 둘째, 기능적 모형으로 Rank의 퍼스낼리티 이론에 근거한 인간은 창조력을 내재하고 있으며 스스로 계속적으로 성장할 수 있다는 인간의 '의지'에 기초하며, 사회복지기관이 개별사회사업의 실천을 위한 초점, 방향, 내용을 제공해야 한다고 본다. 셋째, 문제해결모형으로 Perlman에 의해 개발되었으며, 개별사회사업의 목적은 치료라기보다 현재의 문제에 대처하는 개인의 능력을 향상시키는 것이라고 정의하였고, 현재의 문제해결을 통해 클라이언트는 미래에도 더욱 효과적으로 문제를 다루어 나가는 방법을 습득할 수 있다고 가정하였으며, 진단주의와 기능주의를 적절히 절충하였다. 넷째, 행동수정모형으로 고전적 행동주의 이론에 사회학습이론이 접합되어 발달되었으며, 정상적이든 비정상적이든 행동은 모두 같은 원칙하에서 발달되고 모든 행동은 학습원리에 의해 수정, 변화될 수 있다는 것을 기본적 원칙으로 하였고, 비교적 단기간에 효과를 거두고 행동문제를 가지고 있는 아동이나 청소년, 또는 정신병동 환자들에게 많이 적용되었다. 또한 흡연, 비만, 약물치료에 효과적 접근방법이기도 하며, 인간의 자유의지와 자기결정의 원리를 간과하는 가치중립적이다. 다섯째, 과제중심모형으로 Reid와 Epstein에 의해 개발되었고, 체계적이고 종합적이며 효과적인 단기치료모형이다. 과제중심모형의 특징을 살펴보면 시간제한적인 단기치료이고, 클라이언트와 사회복지사가 표면적으로 계약한 구체적인 문제를 해결하는 데 개인에 초점을 두고 있으며, 클라이언트의 문제해결 활동은 그가 수행에 동의한 과제를 중심으로 조직이론보다는 조사에 근거한 경험적 자료를 중심으로 진행한다는 점이다. 여섯째, 현실치료모형으로 Glasser에 의해 개발되었고, 클라이언트의 현재 행동에 초점을 두고 클라이언트가 자신을 정확히 발견하고 현실을 직면하여 성공정체감을 갖도록 도와주는 치료방법이다. 임상개입 과정에서 특히 비행청소년 집단에 매우 효과적인 것으로 입증되었으며, Wubbolding에 의해 그 실천개인이 점차 정교해지면서 개입대상이 점차 확대되어, 결혼, 가정상담, 약물중독, 노인, 범죄자 등으로 확대되어 Now and Here를 강조한다.

② 집단수준에서의 실천(집단사회사업)

집단수준에서의 실천(집단사회사업)의 정의를 살펴보면, Trecker는 집단사회사업은 사회사업의 한 방법으로 집단에 속하는 개인이 프로그램 활동을 통해 상호작용을 지도하는 전문가의 도움으로 그들의 필요와 능력에 따라 타인과의 관계나 성장의 기회를 경험하며 나아가 개인, 집단, 지역사회의 발전을 도모하고자 하는 것이라 하였고, Konopka는 집단사회사업은 사회사업방법 가운데 하나로 의도적인 집단경험을 통해 개인의 사회적 기능을 향상할 수 있도록 하며, 또한 개인, 집단, 지역사회의 당면문제에 대해 보다 효과적으로 대처할 수 있도록 도움을 주는 것이라 했다. 남세진은 개인의 사회적 기능 향상이 집단사회사업의 목적이고 집단은 그 수단이라고 하였고, 프로그램은 개인과 집단의 필요와 역량, 발달단계 등을 기초로 의도적 · 계획적으로 준비, 실행하는 것이라고 하였다.

집단사회사업의 기본적 요소로는 ① 집단구성원, ② 단순한 개개인의 집합체의 상태가 아닌 그 집단구성원 간에 이루어지는 상호관계의 집단, ③ 프로그램은 집단경험의 내용을 결정하는 중요 요소이며, 상호작용 및 제 경험을 포함하는 준비에서부터 평가에 이르는 전 과정에 걸쳐 이루어진다. 그러므로 노인복지사의 역할은 결국 가능하게 하는 사람, 변화매개인, 매개자 또는 자료제공자의 사회복지사의 역할과 동일하다.

집단사회사업의 모형(Papell & Rothman)에 대해 알아보면, 첫째, 사회적 목표 모형은 지역사회조직사업과 관련된 사회적 의식 · 책임을 길러주는 목표이고, 사회적 기능의 강화와 자기의 활용을 도모하고 사회참여와 사회행동을 지향하거나 사회행동으로 옮기는 일을 사회복지사는 가능하게 하는 사람의 역할을 수행하는 모형이다. 둘째, 치료적 모형으로 개별사회사업과 관련된 집단이 치료의 수단이며 환경이고, 집단의 조직이나 과정에서 집단 구성원이나 사회복지사의 의도적인 개입이 중시되는 진단주의적인 변화매개인으로서의 사회복지사 역할을 수행하는 모형이다. 셋째, 상호작용모형으로 집단의 특정 목적을 집단과정을 통한 상호작용 중에서 설정하며, 사회복지사는 집단구성원과 사회자원 사이에 매개자 혹은 자원제공자의 역할을 수행하고 사회적 목표 모형과 치료적 모형의 통합지향의 모형이다.

③ 지역사회 수준에서의 실천(지역사회조직사업)

지역사회 수준에서의 실천(지역사회조직사업)의 정의를 살펴보면, Ross는 지역사회의 충족되지 않은 욕구나 달성하고자 하는 목표를 찾아내고, 이에 대한 순위를 정하며, 이들 욕구나 목표를 달성하고자 하는 자신감과 의지를 발전시키며, 필요한 자원을 찾아 이들 욕구나 목표를 달성하기 위해 실천함으로써 지역사회 내 협력, 협동적 태도, 실천력을 증대, 발전시키는 과정을 의미한다고 했다. Kramer & Specht는 민주적 가치체계 내에서 제반 사회문제를 해결하도록 개인, 집단, 또는 조직들로 구성된 지역사회 행동체계로 하여 계획된 집합적 행동에 참여하도록 전문적 변화매개인을 통해 도움을 주는 다양한 개입방법이라고 했다.

지역사회조직의 목적은 사회복지사 또는 전문직이 개인, 집단, 공통의 이익 또는 동일 지역에 거주하는 사람들의 공동체를 돕는 활동으로 계획된 집단행동을 통해 지역사회에 보건의료, 사회복지, 레크리에이션이 제공되도록 하는 노력들을 평가, 계획, 조정하는 데 있으며, 그 방법은 문제지역 발견, 원인분석, 계획작성, 전략개발, 필요한 자원 동원, 지역사회 지도자의 발견 및 충원, 지역사회 지도자들의 노력을 고무시키기 위한 상호작용의 진작 등이 있다. 지역사회조직사업의 모형(Rothman)에 대해 살펴보면, 첫째, 지역사회개발모형은 주민들의 참여를 조직하는 데 초점을 두고 민주적 절차를 거쳐 자발적 협동과 자조, 토착적 지도자의 개발 및 교육적 목적을 강조하고, 인보관에 의한 근린지역사업 프로그램, 평화봉사단을 포함한 해외지역사회 개발 프로그램에 있어 마을 수준의 사업, 성인교육 분야에서 지역사회사업을 진행하며, 안내자, 가능하게 하는 자, 전문가, 사회치료자의 역할을 한다. 둘째, 사회계획모형으로 주로 전문가의 기획과 문제해결능력에 의존하고, 청소년 비행, 주택, 정신건강 등의 문제해결의 기술적 과정을 강조하며, 도시계획 당국의 사회계획부서, 지역사회복지협의회, 지역사회정신건강센터 등이 있으며, 분석가, 계획가, 조직가, 행정가의 역할을 한다. 셋째,

사회행동모형으로 지역의 피억압계층을 조직한 다음 권력구조에 대항하게 하여 문제를 해결하고, 주요한 제도 및 지역사회의 기본적인 변화를 목표로 하는 흑인집단의 민권운동, 노동조합운동, 복지권운동, 신좌파 학생운동 등으로 가능하게 하는 자, 중개자, 옹호자, 행동가의 역할을 한다. 그리고 지역사회조직사업의 역사 및 활동을 살펴보면, 첫째, 자선조직협회와 인보관운동이 전개된 이웃의 조직화로 지역사회조직의 뿌리를 들 수 있으며, 둘째, 학문적 연구로 산업사회에서의 최저생활조건 연구위원회 설치와 동위원회의 연구로 산업의 사회적 표준을 만드는 데 기여하였다. 셋째, 20세기 지역사회조직으로 보건복지 관련 각종 위원회 조직, 공동모금의 확충, 복지서비스의 계획과 조정의 선구적 역할로 풀뿌리 조직을 들 수 있다. 넷째, 1930년대 말부터 사회복지실천의 한 방법론으로 자리를 구축했으며, 제2차 세계대전 기간 중 전쟁 지원 사회활동을 했다. 다섯째, 1960년대 참여민주주의 관념이 확산되면서 지역사회의 발전, 도시 재개발 등의 활동에 기여, 풀뿌리 조직화, 지역사회 참여 및 행동을 강조하였다. 여섯째, 오늘날 지역사회조직의 활동으로 지역 주민들의 역량 개발과 특정한 쟁점이나 특정한 집단을 대변하고 소득, 자원 및 사회적 지원책을 개선하며, 정부, 지역사회 차원의 사회계획과 프로그램과 서비스의 개발 및 정치사회적 행동을 한다. 그리고 협력활동, 특정한 쟁점, 사회적 욕구 또는 관심 관련 자원을 획득하기 위한 노력을 한다.

2) 노인복지실천의 구성체계

효과적인 노인복지실천을 위해서 |그림 10-1|과 같이 사회복지사는 독자적인 지식체계(thinking or knowledge)를 구축함과 함께 실제 복지현장에 적용할 수 있는 기술체계, 그리고 이러한 지식과 기술의 활용을 안내하는 가치체계를 동시에 갖추어야 한다. 현재 노인복지학을 전공하는 예비 사회복지사들은 노인과 사회, 즉 노인과 환경 간의 상호작용을 이해하는 데 필요한 기초지

식과 개인, 가족, 집단, 조직, 지역사회 그리고 전체 사회를 원조하고 변화시키는, 즉 미시적·거시적 수준의 개입에 필요한 실천적 지식(practice knowledge), 그리고 현장경험을 토대로 하여 체득한 실천지혜(practice wisdom)라는 세 가지 지식체계를 갖추기 위해 노력해야 한다. 또한 효과적인 노인복지실천을 위해서는 노인복지실천의 기반을 이루는 인간관계, 즉 노인 클라이언트와 촉진적 원조관계를 형성할 수 있는 기술과 노인과 사회를 변화시킬 수 있는 개입기술, 그리고 실질적인 원조행위에 수반되어야 하는 서비스 기술을 갖추기 위한 노력을 해야 전문적 기술체계를 갖출 수 있다.

마지막으로 시대나 사회에 따라 다르지만 국가마다 '인간사랑' 또는 '인간존중'의 내용을 포함한 사회복지사 윤리강령을 제정·시행하고 있다. 이는 사회복지사의 가치체계로서 사회복지사 윤리강령에 '인간과 사회에 대한 헌신과 봉사, 사회정의 실현, 인간의 존엄성에 대한 존경, 인간관계의 중요성에 대한 인식과 실천' 등의 내용으로 노인복지의 가치체계를 전문적으로 실천해야 할 것이다.

의학 전공자들이 의학의 아버지로 여기는 Hippocrates의 선서를 믿고 따르는 것처럼 사회복지사들도 사회복지사 윤리강령을, 노인복지실천의 지식체계와 기술체계, 그리고 가치체계를 높이 인지하고 실천해야 할 것이다.

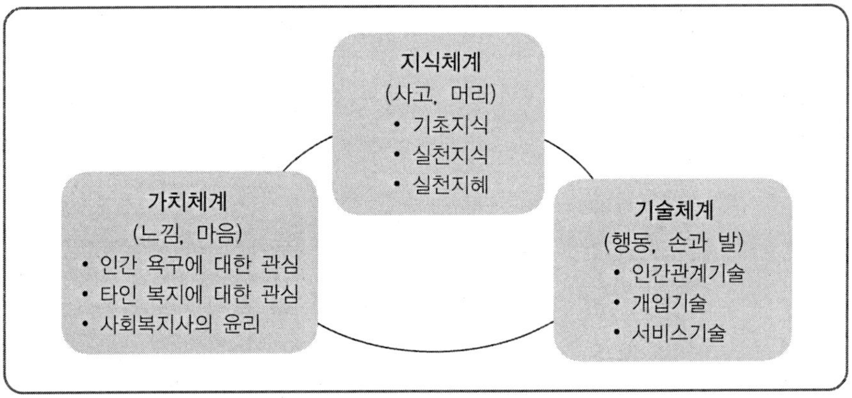

|그림 10-1| **노인복지실천의 구성체계**

3) 노인복지실천 관련 기술

(1) 노인복지실천기술의 유형

노인복지실천기술은 대인적·대면적·구체적인 이용자 중심의 직접실천기술과 간접실천기술 그리고 관련실천기술이 있다.

① 직접실천기술

직접원조활동 방법과 기술을 총칭하여 직접실천기술이라고 하며, 직접실천활동이란 사회복지의 목표를 이용자의 생활 속에 직접 개별적으로 실현하는 실천기술이다. 대상구성은 개인일 수도 있고 가족과 구성원에 대한 소집단일 수도 있으며, 개별사회사업의 원리와 집단사회사업의 원리를 중심으로 한다.

구체적인 직접원조기술로서는 전통적인 케이스워크, 그룹워크를 중심으로 하고 최근에는 재가복지를 바탕으로 그 필요성이 증가하고 있는 사례관리 등의 기반도 포함된다고 보는 경향이 있다. 직접원조기술과 유사한 개념으로 대인복지서비스라는 용어가 있는데, 대인복지서비스는 보다 광범위한 의미를 내포하고 있다.

② 간접실천기술

간접실천기술은 가족의 구체적인 기본적 요구의 해결에 직접 속하는 것은 아니어도 클라이언트에게 있어서는 자기의 인간으로서의 가능성을 추구하는 데 잠재적 가치를 갖는 기회를 얻는 환경상의 수단을 포함하고 있거나 또는 환경상의 압력이나 장애를 제거하거나 클라이언트에 대한 타인의 태도를 개선시키는 개입 등에 의해 성립하고 있는 것이다.

간접실천기술은 지역사회와 복지시설 등에 있어서 사회복지 운영의 개선을 도모하고 직접실천기술의 기반을 조성하는 조직적·계획적인 제도와 행정이 필요하며 가족이 가족문제를 스스로 해결하고자 하는 활동이다. 간접적 기술에는 가족욕구 조사, 가족복지 행정과 정책, 사회계획 등이 속하며, 서비스를 제공하는 제도나 기구정책 개선에 초점을 두고, 전개해 나가는 방법으로서 경영관리, 정보분석기술 등의 체계화를 포함하는 지역사회조직 등이 이에 속한다.

4) 노인복지실천 과정

(1) 접수 및 준비

① 접수

이 단계의 주된 목표는 도움을 구하러 온 노인의 욕구가 기관의 목적과 서비스 내용에 적합한지 아닌지를 판단하여 접수하고 클라이언트와 긍정적인 원조관계를 맺어 앞으로의 개입과정에 클라이언트의 참여를 유도하는 것이다.

접수단계에서의 구체적인 활동은 노인의 문제와 욕구, 그리고 원조의 목적을 명확히 하고 원조과정에서 기대되는 바를 명확히 하여 가족의 욕구가 기관의 자원과 정책에 부합되는지의 여부를 판단하는 것이다.

② 계약

노인들에게 노인복지사업을 전개하기 위한 전제조건은 다음과 같은 것들이 있다.

가. 동의

노인들이 특별한 문제에 대해 외부에서 개입하는 것에 동의해야 한다. 그리고 가족원 모두와 계약을 해야 한다.

나. 기관과의 연계와 결정

노인문제를 해결하기 위한 기관과 연계하여야 한다. 그리고 기관은 그

노인문제가 적합한지를 결정하여야 한다. 즉, 노인문제를 가진 가족의 욕구와 기관의 가족문제 해결능력이 일치해야 한다.

③ 계약내용

계약서를 문서로 작성할 때에는 구체적으로 서술해야 한다. 계약서에 포함될 내용을 살펴보면 다음과 같다.

가. 인적 사항

나. 상담 및 치료시간과 장소

다. 상담 및 치료과정 참여 동의

라. 새로운 문제해결을 위한 동의

이상의 내용 이외에도 노인 특성과 문제해결을 위해 필요한 사항들을 계약해야 한다.

(2) 자료준비와 수집

자료수집이란 사회복지사가 노인의 문제에 개입하기 위해 그의 상황에 대한 사실을 수집, 관찰하여 이를 기초로 그에 대한 이해를 하는 과정으로서 문제해결을 위해 필수 불가결한 과정이다. 자료준비와 수집은 원조과정 전체를 통해 지속되지만 이 단계에서 가장 집중적으로 이루어진다.

(3) 사정

Johnson은 사정을 “일반주의 사회복지실천 과정에서의 첫 단계이자 원조과정의 핵심적 역할을 하는 복합적인 과정으로 ‘조사, 진단, 치료’의 세 측면을 포괄하고 있다”고 하였다. 또한 의학용어인 진단과 사정을 같은 의미로 보기도 하는데, Hollis는 “사회복지실천 치료에 필요한 것으로 문제의 본질, 문제의 원인적 요인, 문제에 대한 개인의 태도를 정확하게 충분히 규정하는 하나의 시도”라고 했다. 이는 사정이 클라이언트의 강점과 참여를 중심으로 이루어지고 있기 때문이다.

노인복지사업에서 사정은 매우 중요하다. 노인문제를 정확히 사정해야만 적절한 개입을 할 수 있기 때문이다. 사정은 노인을 하나의 단위로 보면서 노인과 관련된 내·외부 요인의 상호작용을 파악하기 위해 자료를 수집하고 분석하여 노인에 대한 개입을 계획하는 것이다. 그리고 사정을 정확히 하기 위해서는 다양한 방법을 통하여 접근해야 한다. 그리고 사정은 노인을 둘러싸고 있는 객관적 사실을 포함하여 주관적 사실까지지도 잘 활용하여야 한다.

① 사정의 일반적인 특성

사정은 자료를 수집 및 분석하고 종합하는 일련의 과정으로 개입과정 전체에서 가상 핵심적인 부분이다. 즉, 주어진 자료들을 연결하고 문제점이 무엇인지 판단하여 그에 대한 적절한 개입계획 수립과 목표를 설정하고 난 뒤, 개입을 시작하게 되기 때문에 개입의 효과는 사정이 얼마나 정확한지에 의해 결정된다고 할 수 있다.

② 사정의 주요 특성

첫째, 사정의 과정은 지속적이다. 이는 사정이 원조과정의 전반에 걸쳐 이루어짐을 의미한다. 물론 초기단계에서 사정은 핵심적 사안이라고 할 수 있지만 단계가 진행되면서 새로운 정보를 접하게 되며 이로 인해 새로운 이해 또한 가능하게 된다.

둘째, 사정은 상황 속에 있는 클라이언트를 이해함과 동시에 행동을 위한 기초와 개입계획을 제공하는 이중적 초점을 지닌다. 이를 위해 클라이언트는 물론이고 관련 체계들의 욕구, 욕구충족을 방해하는 것, 문제, 한계, 변화에 대한 동기 및 저항 등에 대한 정보들이 수집되어야 한다. 그런데 궁극적으로 중요한 것은 그러한 문제들과 상황에 대한 클라이언트의 인식 및 느낌으로 직·간접적 보고가 일차적인 정보출처가 된다.

셋째, 사정은 상호과정으로서 클라이언트와 사회복지사가 모두 참여해야 한다. 사정에서 다루어져야 할 내용의 핵심적 부분들은 면접 등에서의 사회복지사-클라이언트 간의 상호작용으로부터 나온다. 클라이언트의 직접적 구두보고뿐만 아니라 과정 자체에 대한 반응 등도 사회복지사에게는 중요한 사정자료가 된다. 사정을 통한 상호 이해와 신뢰는 클라이언트로 하여금 문제 및 상황에 대한 이해와 개입 가능성, 한계들과의 관계에 대한 인식을 갖게 도와준다.

넷째, 사정의 과정 내에도 일련의 전개과정들이 있다. 클라이언트가 자신의 관점을 통해 얻은 상황에 대한 관찰내용들을 사회복지사에게 설명하면 사회복지사는 여기에 부가적 관찰들을 추가하게 된다. 상황의 제 부분들에 대한 단절된 이해는 결코 상황 자체에 대한 전체적 이해를 가져올 수 없다. 그러므로 각 부분들 간의 상호작용과 관계들을 살피는 것이 필수적이다.

다섯째, 수평적(현재)이면서도 수직적(과거)인 탐색이 필요하다. 사정 초기에는 주로 수평적으로 상황에 접근하는 것이 도움이 되지만, 그 후에 수직적으로 깊이 있는 검토를 실시한다.

여섯째, 클라이언트 이해를 얻기 위해서 지식기반이 요구된다. 인간발달 및 다양성에 대한 요인은 개인에 대한 이해를 높이고, 가족구조의 과정요인에 대한 지식은 클라이언트의 가족을 이해하는 데 도움이 된다. 지역사회 기능에 대한 이해는 경제학 및 정치학 등의 지식을 필요로 한다.

일곱째, 클라이언트 생활 안에서의 다양한 욕구들을 파악하고, 문제를 정의하며 이것의 의미와 유형들을 설명해 준다. 즉, 사정은 욕구가 무엇인지, 욕구충족에 방해가 되는 것이 어떤 것인지를 구체화하여 문제해결 과정을 원활하게 한다.

여덟째, 사정은 개입하는 동안 클라이언트에게 본인과 생태체계의 강점들을 확인시켜 주어 클라이언트가 자신의 강점들을 인식할 수 있도록 돕는다. 개인의 성장은 강점으로부터 출발하므로 클라이언트와 함께 목표와 과업을 설정할 때, 정신적·정서적·신체적 및 행동적 강점들을 자세히 다루어야 할 것이다.

아홉째, 사정은 개별적으로 다루어야 한다. 모든 사람들이 생김새가 각기 다른 것처럼 생활과 상황 또한 다르므로 이에 따른 사정 또한 각기 차별화되어야 한다.

열째, 사정에 있어서 판단은 중요한 측면이다. 클라이언트의 욕구와 선호도가 무엇인지, 어떤 부분들을 고려해야 하고, 어떠한 지식들을 활용 및 응용할 것인지, 클라이언트에게 어떻게 관철시킬 것인지 등 매번의 사정에서 다양하고 많은 결정들이 내려진다. 결정을 내릴 때 상이한 가치체계들은 같은 상황에 대해서도 매우 다른 길을 제시할 수 있기에 필연적으로 가치가 개입되게 된다.

열한째, 이해상황에도 한계가 있다. 클라이언트를 완전히 이해하는 데는 항상 한계가 있기에 어떠한 사정도 완벽할 수는 없다. 그렇다고 하더라도 사회복지사는 클라이언트에게 적합한 원조를 제공함에 있어 요구되는 것들을 결정해야만 한다. 결정에 대한 위험을 줄이기 위해서 사회복지사는 대상자 빛 사원 및 환경에 대한 지식과 정보에 민감하게 반응하고 지속적으로 심화시키는 등의 노력이 필요하다.

③ 사정의 방법

자료수집과 사정이 끝나면 문제해결을 위한 사전준비가 완료된 것이며, 그 다음 단계로서 실질적인 문제해결 과정의 시작인 계획단계로 이어진다. 이 단계에서 사회복지사와 클라이언트는 개입목표를 설정하고 이를 달성하기 위한 계획을 수립하여야 한다.

노인을 사정하는 것은 고도의 기술과 지식이 요구되는 것이다. 또한 이론이나 모델에 따라 달라질 수 있으며, 노인을 사정하기 위한 방법은 다양한 방법에서 접근해야 한다. 사정은 일반 사정과 같이 양적인 접근과 질적인 접근으로 나누어 볼 수 있다. 사정을 위한 양적인 방법으로는 표준화된 척도나 목록을 사용하고, 질적인 방법으로는 면접방법이나 그래픽을 사용하는 방법, 그리고 노인을 관찰하는 방법 등이 있다(조홍식 외, 2002).

④ 사정의 유형

사정의 유형으로 면접방법, 그림 그리기, 관찰, 목록 등으로 나누어 살펴보면 다음과 같다.

가. 면접

면접은 사정을 위한 가장 기본적이고 중요한 방법이다. 면접은 생태도나 가계도를 활용할 수도 있고, 노인뿐만 아니라 노인 가족에 대해 잘 알고 있는 자를 대상으로 정보를 알 수 있다.

노인면담 시 유의사항을 알아보면 분명하고 큰 소리로 이야기할 수 있어야 하며, 피곤해하는 듯한 징조를 보이는 것과 같은 비언어적인 단서에 유의해야 한다. 즉, 노인들은 쉽게 지치기 때문에 피곤해하면 그들의 응답에 대한 신뢰도가 떨어진다. 그리고 클라이언트의 대답에 대해 보증할 필요가 있다. 예를 들어, 요양원에 있는 노인은 정보노출에 대한 결과를 두려워할 수 있기 때문에 기관의 방임이나 학대에 대해 이야기하기 꺼려할 수 있다. 특히 면담을 종결지을 때는 요약기술이 필요하다.

나. 그림 그리기

그림 그리기는 면접을 통해 알아낸 자료를 보다 알기 쉽게 표현하기 위하여 그림 등으로 나타내는 방법이다. 구체적으로는 생태도와 가계도 및 사회적 관계망 등이 있다.

■ 생태도

생태도는 가족과 가족의 생활공간 안에 있는 사람 및 기관 간의 연계를 그림으로 나타내는 것이다. 이런 연계는 그림으로 상호영향, 자원관계 등을 포함하여 다양한 관계를 알 수 있다. 그림을 그릴 때에는 자기 나름대로 특정 기호를 사용하여 표현할 수 있다.

■ 가계도

생태도가 가족체계와 환경체계 간의 관계를 보여주는 것이고, 가계도는 특정 기간 동안의 가족의 역사와 그 과정에서의 주된 사건을 볼 수 있게 해주는 사정도구이다.

■ 사회적 관계망 도표

사회적 관계망 도표는 그림이나 표로 보여주는 것을 사회적 관계망을 통해 더욱 자세하게 설명할 수 있다. 사회적 관계망 도표는 내용에 따라 적절하게 작성해야 한다.

⑤ 사정의 구성요소(Brown, 1992)

사정의 구성요소를 살펴보면 다음과 같다.

가. 클라이언트 상황의 본질은 무엇이며 그 자체는 어떻게 나타나는가?
나. 문제에 대한 클라이언트의 태도는 어떠한가?
다. 클라이언트는 동기가 있으며 문제해결능력이 있는가?
라. 현재 문제가 실제적인 문제인가?
마. 클라이언트는 왜 이 시점에서 도움을 구하는가?
바. 문제의 지속기간은 어느 정도인가?
사. 클라이언트의 강점과 약점은 무엇인가?
아. 클라이언트가 과거에 효과적으로 적용한 문제해결 기제는 무엇인가?
자. 클라이언트의 목표와 기관에 바라는 기대는 현실적인가?
차. 개입에 대한 누구의 관여가 필요한가?

⑥ 관찰

관찰단계는 면접과 더불어 노인을 관찰하는 것으로 가족기능을 사정하는 데 매우 유용하다. 즉, 관찰을 통하여 가족구성원의 관계, 가족상황, 가족환경 등의 가족문제를 사정할 수 있다.

(4) 계획

계획단계는 클라이언트와 공동협의로 문제정의, 목적 구체화, 우선순위,

개입수준, 1차 목표설정 등 명시적이고 측정 가능한 목표설정, 현시적이고 달성 가능한 목표를 세운다.

(5) 계약

계약단계는 서로의 의무, 과업, 구체적 실천활동을 상호 약속하고 참여의식을 고취시키며, 동기를 촉진시킨다.

(6) 개입

개입단계는 문제해결을 위한 구체적인 변화전략 수립과 지속적인 점검을 통해서 변화를 유지시킨다.

(7) 종결

종결단계는 전문적 관계의 마무리 단계이며, 개입활동을 평가하고, 개입목적의 달성 정도를 평가한다. 결과평가는 목표 달성의 여부를 평가하고 과정평가는 개입과정에 대한 피드백을 한다.

(8) 사후 단계

사후 단계는 공식적 관계 종료 후 어떻게 하고 있는지를 알아보는 것이다.

Chapter 11

장기요양보험제도 및 노인복지서비스

1. 노인장기요양보험제도 개요

노인장기요양보험제도는 노인성 질병이나 고령 등으로 인해 일상생활을 혼자 영위하기 어려운 노인 등에게 가사지원 또는 신체활동 등의 장기요양급여를 사회연대 원리에 의해 제공하는 사회보험제도이다.

장기요양보호라는 개념은 노년학, 노인병학, 간호학, 사회복지학 등에서 일찍부터 사용해 온 용어로서, 일반화되어 있는 용어인 'long-term care'를 우리말로 그대로 번역하면 '장기보호'라고 해야 하겠지만, 그 의미를 좀 더 명확히 전달하는 면에서는 '장기요양보호'로 부르는 것이 더 적합한 것으로 보인다(이창주, 2011).

선진국들은 이미 오래전부터 고령화를 겪고 있어 다양한 방식으로 장기요양서비스를 제공하고 있다. 노인장기요양보험은 일본에서는 개호보험, 독일에서는 pflege로 사용하고 있으며, 일본에서 사용하는 '개호'란 필요로 하는 사람에게 도움을 주는 것으로 영어의 care와 같은 개념이다. 일본의 개호보험법에는 개호를 "신체상 또는 정신상의 장해가 있어 입욕, 배설, 식사 등의 기본적인 동작의 전부 또는 일부를 도와주는 행위"로 규정하고 있다.

Eustic, Greenberg & Patten(1984)은 장기요양보호를 "허약, 만성질환, 기능적 장애로 스스로 자신을 돌볼 수 없는 사람에게 원조와 서비스, 주거의 편의를 제공하는 것"으로 정의하고 있다.

장기요양보호의 경우 "선천적 · 후천적으로 상당한 정도의 기능적인 손상이 있는 사람에게 일정 기간 동안 제공하는 건강보호서비스(health care service), 대인적 보호서비스(personal care service), 사회적 서비스(social service)"라고 정의하면서, 보건의료서비스와 사회적 서비스가 혼합되어 있으며, 장기요양보험이 필요한 만성질환의 노인, 허약한 노인, 기능적인 능력이 일상적인 생활을 영위할 수 없는 요양을 필요로 하는 노인을 주 대상으로 보았다(Kane & Kane, 1987).

우리나라 노인장기요양보험의 모델이며 선행국인 독일은 pflege로, 일본은 개호로 사용하고 있으며, 노인장기요양보험은 치료의 cure가 아닌 요양의 care를 의미한다(오성배, 2007). 급속한 고령화로 치매, 뇌졸중과 같은 노인성 질환과 만성질환 등으로 장기요양을 필요로 하는 노인이 급격히 증가한 것과 가족구조의 변화, 여성의 사회활동 참여 증가 등이 장기보호노인에 대한 가족책임의 한계를 가져왔다. 노인장기요양보험의 실시 이전에는 장기보호가 필요한 노인과 가족이 이용할 수 있는 지역사회서비스는 공급이 수요에 절대적으로 부족하였으며, 대부분의 시설들이 국민기초생활 보장 수급권자와 저소득층을 대상으로 하고 있어 이용하기 어려웠다. 이로 인해 노인병원 및 유료시설의 이용이 증가하고, 이로 인한 노인과 가족의 비용부담과 사회적 비용이 증가하여 이에 대한 국가의 개입으로 공적요양보장제도의 구축이 필요하게 되었다(안경숙, 2007).

위의 내용을 정리하면 노인장기요양보험은 인구의 고령화로 치매나 중풍과 같은 노인성 질환으로 일상적인 생활이 어려워 장기적인 도움이 필요한 대상자에게 장기요양기관에서 일상생활을 영위할 수 있도록 요양보호서비스 및 일상생활을 지원하는 사회보험제도이다.

1) 연 혁

우리사회의 고령화에 따라 노인문제에 대응하기 위해 보건복지부는 2000년 1월 '노인장기요양보호정책기획단'을 발족하여 2000년 2월 '노인장기요양보험 종합대책'을 발표했다. 그 내용은 재가와 지역서비스에 중점을 두고, 지역사회 지원시스템을 구축하며, 요양시설을 우선적으로 확충한다는 내용이다.

2001년 8월 15일 경축사에서 대통령이 '노인요양보험제도' 도입을 공식표명한 데 이어, 2002년 7월 국무총리실의 '노인보건복지종합대책'에서도 공적노인장기요양보험 체계를 구축한다고 밝혔다.

노인장기요양보험제도의 구축이 참여정부의 주요 국정과제가 되면서 2003년 3월 보건복지부는 '공적노인요양보장추진기획단'을 발족하여 2004년 2월에 기본 골격안을 보건복지부장관에게 보고하였다.

2004년 3월 '공적노인요양보장제도 실행위원회'가 설치되어 실시모형을 연구하여 제시하고, 시범사업단, 단계적 시행방안 및 공적장기요양보장법안 등을 제시하였다. 2005년 1월 '공적노인요양보장제도 실행위원회'에서 제도모형 최종 보고서를 제출하였다. 이를 바탕으로 2005년 4월부터 2008년 3월까지 3차에 걸쳐 시범사업을 실시하였다.

2005년 9월 15일 노인장기요양보험법 제정을 위한 공청회를 개최하였고, 2008년부터 본격적으로 제도를 시행할 것을 결정하여 노인장기요양보험법 제정안은 입법예고를 거쳐 2007년 4월 국회를 통과하였고, 4월 24일 제정하였다. 국무회의 의결을 거쳐 4월 27일 공포됨으로써 2008년 7월 1일부터 '노인장기요양보험제도'가 본격 시행되게 되었다.

2) 도입배경

사회가 변화함에 따라 가족문화도 다양하게 변화되고 있기 때문에 가정 내에서 노인을 부양하는 것에 대한 어려움이 증가하고 있다. 특히 평균수명 연장, 노인성 질환 등으로 인한 부양부담이 커지면서 노인에 대한 사회적 보호서비스의 필요성은 계속 확대될 것으로 예측된다. 이러한 문제의 대안으로 도입된 노인장기요양보험제도의 배경은 다음과 같다.

첫째, 인구의 고령화이다.

둘째, 가족의 부양기능 약화이다.

셋째, 요양욕구의 증가와 변화를 들 수 있다. 고령의 노인이 증가하면 보호자의 연령도 높아지기에 전문가 및 타인의 장기요양보호가 필요하게 된다.

넷째, 노인의료비 증가의 문제이다.

〈표 11-1〉 **노부모 부양에 대한 견해**

(단위 : %)

구 분	계	부모 스스로 해결	가족	소계	장남 (맏며느리)	아들 (며느리)	딸 (사위)	모든 자녀	자식 중 능력 있는 자	가족과 정부 사회	정부 사회	기타
2002	100.0	9.6	70.7	100.0	21.4	19.7	1.4	27.6	30.0	18.2	1.3	0.2
2006	100.0	7.8	63.4	100.0	19.5	8.1	0.9	49.2	22.2	26.4	2.3	0.1
2008	100.0	11.9	40.7	100.0	17.3	6.7	0.9	58.6	16.4	43.6	3.8	–
남 자	100.0	11.5	42.7	100.0	18.9	7.8	0.3	57.1	15.9	42.2	3.6	–
여 자	100.0	12.4	38.8	100.0	15.6	5.7	1.5	60.3	16.9	44.9	4.0	–
세대 구분												
1인 가구	100.0	14.3	43.9	100.0	19.8	6.2	1.1	54.1	18.8	37.1	4.8	–
1세대 가구	100.0	15.5	43.2	100.0	22.5	7.4	0.6	52.8	16.6	37.3	3.9	–
2세대 가구	100.0	10.8	38.7	100.0	14.3	6.6	1.0	61.9	16.3	46.8	3.6	–
3세대 이상	100.0	9.5	45.6	100.0	23.8	7.0	1.4	53.7	14.1	41.3	3.6	–

인구구조 부양비별	2008	2010	2012	2014	2016	2018	2020
총 부양비 (백 명당)	38.4	37.2	36.5	36.4	36.3	37.1	38.9
노년부양비 (백 명당)	14.3	15	16	17.1	18.2	19.7	21.7
노령화지수 (백 명당)	59.3	67.7	77.6	88.9	100.7	112.5	125.9

출처 : 통계청(2008).

- 만성질환 노인 증가 ⇒ 노인의료비 큰 폭으로 증가

3) 기존 제도와의 차이 및 법안 개정내용

(1) 건강보험제도와의 차이점

국민건강보험은 치매, 중풍 등 노인성 질환의 진단, 재활치료, 입원 및 외래치료 등을 목적으로 주로 병원, 약국 및 의원에서 제공하는 서비스를 급여의 대상으로 한다. 반면 치매, 중풍 등의 노화와 노인성 질환 등으로 인해 혼자 힘으로 일상적인 생활을 영위하기 어려운 대상자에게 노인요양시설이나 재가장기요양기관을 통해 가사지원 또는 신체활동 등의 서비스를 제공하는 제도이다.

구 분	노인장기요양보험제도	기존 노인복지서비스
대 상	• 65세 이상 노인, 치매 등 노인성 질환을 가진 64세 이하의 국민 • 보편적 제도	• 국민기초생활 보장 수급자를 포함한 저소득층 위주 • 특정 대상(선택적)
재 원	장기요양보험료 + 국가 및 지방자치단체의 부담 + 이용자 본인부담	정부 및 지방자치단체의 부담

서비스	• 시설급여 • 재가급여(방문요양, 방문목욕, 단기보호, 주·야간 보호 등) • 특별현금급여(가족요양비, 특례요양비 등)	시설·자가서비스를 제공하나 서비스 질에 대한 관리는 미흡
지원 방식	• 시설급여 및 재가급여 제공자는 발생되는 비용을 수가산정 방식을 적용하여 국민건강보험공단에 청구 • 청구된 장기요양 급여 및 비용 등의 적정 여부를 국민건강보험공단에서 심사 후 지급	지방자치단체를 통해 시설 입소인원 또는 연간 운영비용을 기준으로 정액 지급(사후 정산)

(2) 법안개정

세부 사업명	내 용	변경사유
노인의료복지시설, 재가노인복지시설	입소(이용)절차 – 입소이용신청서에 수급자 본인, 보호자 등 동의란 신설	서식변경
장기요양기관 및 인력	요양보호사자격기준 – 자격 유예자가 유예기간 동안 요양보호사 자격을 취득하였더라도 기존 자격유예자로 인력현황에 반영하도록 함(단, 요양보호사 1급 자격취득 시에는 자격반영)	신설

2. 장기요양보호서비스 내용

1) 목 적

노인장기요양보험제도는 고령이나 노인성 질병 등의 사유로 일상생활을 혼자서 수행하기 어려운 '노인 등'에게 신체활동 또는 가사활동 지원 등의 장기요양급여를 제공하여 노후의 건강증진 및 생활안정을 도모하고, 그 가족의 부담을 덜어줌으로써 국민의 삶의 질을 향상하도록 하는 데 목적이 있다.

2) 적용대상

장기요양급여를 받는 대상자는 "65세 이상의 노인 또는 65세 미만의 국민 중에서 치매, 뇌혈관성 질환, 파킨슨병 등 노인성 질병을 가진 자로 6개월 이상 혼자 일상생활을 수행하기 어렵다고 인정하는 경우 심신상태 및 장기요양이 필요한 정도 등 대통령령이 정하는 등급판정기준에 따라 판정받은 자"로 정의하고 있다.

〈표 11-2〉 **노인성 질병의 종류**

구 분	질병명	질병코드
1. 한국표준질병 · 사인분류	가. 알츠하이머병에서의 치매	F00
	나. 혈관성 치매	F01
	다. 달리 분류된 기타 질환에서의 치매	F02
	라. 상세불명의 치매	F03
	마. 알츠하이머병	G30
	바. 거미막밑출혈	I60
	사. 뇌내출혈	I61
	아. 기타 비외상성 머리 내 출혈	I62
	자. 뇌경색증	I63
	차. 출혈 또는 경색증으로 명시되지 않은 뇌중풍	I64
	카. 대뇌경색증을 유발하지 않는 뇌전동맥의 폐색 및 협착	I65
	타. 대뇌경색증을 유발하지 않는 대뇌동맥의 폐색 및 협착	I66
	파. 기타 뇌혈관 질환	I67
	하. 달리 분류된 질환에서의 뇌혈관 장애	I68
	거. 뇌혈관 질환의 후유증	I69

	너. 파킨슨병	G20
	더. 속발성 파킨슨증	G21
	러. 달리 분류된 질환에서의 파킨슨증	G22
2. 한국표준질병 · 사인분류(한의)	가. 기저핵의 기타 퇴행성 질환	G23
	나. 매병, 노망	자01
	다. 졸중풍	다04
	라. 중풍후유증	다06
	마. 진전(振顫) 1	다05
	바. 진전(振顫) 2	차02.2

주) 1. 질병명 및 질병코드는 통계법 제22조에 따라 고시된 한국표준질병 · 사인분류에 따름
2. 진전은 보건복지부장관이 정하여 고시하는 범위로 함

3) 장기요양보험의 이용절차

장기요양보험의 신청절차는 신청-방문조사-등급판정-결과통지-서비스 이용의 순서로 이루어진다.

(1) 신청

① 신청대상은 65세 이상의 노인과 65세 미만으로서 노인성 질병을 가진 사람

② 신청장소는 국민건강보험공단의 노인장기요양보험 운영센터에서만 가능하다.

※ 시 · 군 · 구 및 주민자치센터에서의 신청서비스는 2008년 9월 1일부터 중단

③ 신청방법은 방문, 팩스, 우편, 인터넷 등으로 신청할 수 있다. 단, 인터넷으로 신청하는 경우에는 주민등록상 가족으로 등재한 경우에만 가능하다.

(2) 방문조사

① 방문조사 절차는 공단직원이 신청인을 직접 방문하여 거동불편 등 심신의 불편한 수준과 서비스가 필요한 정도를 조사한다.

② 조사내용은 '장기요양인정조사표'에 따라 신청인의 심신의 기능상태, 서비스 욕구, 수발상황 등을 조사한다.

<table>
<tr><th>영 역</th><th colspan="4">항 목</th></tr>
<tr><td>신체기능
(12항목)</td><td colspan="2">• 옷 벗고 입기
• 일어나 앉기
• 세수하기
• 옮겨 앉기
• 양치질하기
• 방 밖으로 나오기</td><td colspan="2">• 식사하기
• 화장실 사용하기
• 목욕하기
• 대변 조절하기
• 체위 변경하기
• 소변 조절하기</td></tr>
<tr><td>인지기능
(7항목)</td><td colspan="2">• 단기기억장애
• 장소 불인지
• 지시 불인지
• 의사소통·전달 장애</td><td colspan="2">• 날짜 불인지
• 나이·생년월일 불인지
• 상황판단력 감퇴</td></tr>
<tr><td>행동변화
(14항목)</td><td colspan="2">• 망상
• 슬픈 상태, 울기도 함
• 도움에 저항
• 길을 잃음
• 밖으로 나가려 함
• 물건 망가뜨리기
• 부적절한 옷 입기</td><td colspan="2">• 환각, 환청
• 불규칙 수면, 주야 혼동
• 서성거림, 안절부절못함
• 폭언, 위협행동
• 의미 없거나 부적절한 행동
• 돈·물건 감추기
• 대·소변 불결행위</td></tr>
<tr><td>간호처치
(9항목)</td><td colspan="2">• 기관지 절개관 간호
• 산소요법
• 욕창간호
• 도뇨관리
• 투석간호</td><td colspan="2">• 흡인
• 경관영양
• 암성통증간호
• 장루간호</td></tr>
<tr><td rowspan="2">재활
(10항목)</td><th colspan="2">운동장애(4항목)</th><th colspan="2">관절제한(6항목)</th></tr>
<tr><td>• 우측상지
• 우측하지</td><td>• 좌측상지
• 좌측하지</td><td>• 어깨관절
• 팔꿈치관절
• 손목 및 수지 관절</td><td>• 발목관절
• 고관절
• 무릎관절</td></tr>
</table>

(3) 등급판정은 시・군・구 단위로 설치된 등급판정위원회에서 인정조사 결과와 신청인이 제출한 의사소견서 등을 고려하여 등급판정기준에 따라 등급을 판정하게 된다. 등급판정위원회는 신청일로부터 30일 내에 판정이 가능하도록 월 1회 이상 개최된다.

① 판정방법

위원회에서 신청인에 대한 방문조사 결과와 특이사항, 기타 심의자료, 의사소견서 등을 종합적으로 검토하고, 심의기준에 따라 신청인의 심신상태 및 장기요양이 필요한 정도를 심의하여 최종결정한다.

② 의사소견서

가. 의사소견서 제출대상자

인정(재)신청, 갱신신청, 변경신청(단, 장기요양급여의 종류 또는 내용을 변경하여 장기요양급여를 받고자 하는 경우는 제외)

나. 제출시기

등급판정위원회에 자료를 제출하기 전까지 제출한다. 의사소견서는 통보일로부터 10일 이후에 개최 예정된 등급판정위원회를 기준으로 제출기한을 두고 있으며, 신청 시 의사소견서를 제출한 경우에는 다시 제출하지 않아도 된다.

③ 등급판정기준

등급판정위원회는 방문조사의 결과, 특이사항, 의사소견서를 기초로 신청인의 기능상태와 장기요양이 필요한 정도를 등급판정기준에 따라 아래와 같이 심의 및 판정한다.

- 요양이 필요한 상태에 해당하는지 여부를 심의한다.

• 요양이 필요한 상태인 경우 등급판정의 기준에 따라 등급을 판정한다.
• 필요에 따라서는 등급판정위원회에서 나온 의견을 첨부할 수 있다.

④ 노인장기요양보험 등급체계 변경

2014년 7월 1일 보건복지부에서는 고령화시대로 인해 치매환자가 급증하고 있고, 요양서비스의 질적인 향상을 위해 노인장기요양보험 4등급을 추가 및 치매 특별 5등급을 신설하였다.

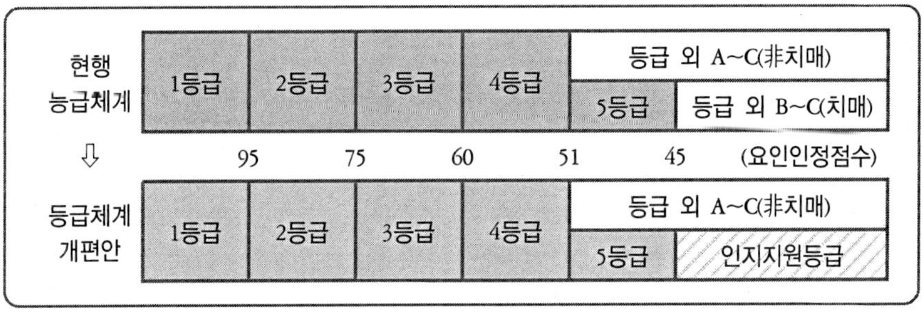

|그림 11-1| **현재 등급과 개편되는 등급체계**

출처 : 보건복지부 공고(2018. 7). 노인장기요양보험법 시행령 참조

〈표 11-3〉 **등급별 재가급여 월 한도액**

(단위 : 원)

구 분	1등급	2등급	3등급	4등급	5등급	인지지원등급
2020년	149만8300	133만1800	127만6300	117만3200	100만7200	56만6600
(증가액)	41,900	37,200	35,600	30,800	26,400	14,800

출처 : 보건복지부 보도자료(2019. 10. 30).

4등급과 치매 특별 5등급도 노인장기요양보험서비스를 받을 수 있게 되었다. 다만, 노인장기요양보험 점수 51~60점으로 3등급을 받은 사람은 4등급자로 변경되고, 새롭게 등급을 신청한 자는 등급판정위원회를 거쳐 5등급을 받을 수 있다.

• 8개 서비스군

신체 수발	청 결	세면 도움, 구강관리, 머리 감기, 몸 청결, 몸단장, 기타 청결 관련 서비스
	배 설	이동보조, 배뇨 및 배변 도움, 기저귀 교환, 기타 배설 관련 서비스
	식 사	상 차리기, 식사 보조와 음료수 준비, 기타 식사 관련 서비스
	기능보조	일어나서 앉기, 서있기 연습의 도움, 기구사용 운동보조, 이동 시 도움, 체위 변경, 신체기능의 유지 등 기능보조
	간접지원	청소 및 세탁, 설거지, 요리 및 식사준비, 의사소통, 침구와 린넨 교환, 환경정리, 주변 정리정돈, 물품구입과 장보기, 외출 시 동행, 산책, 기타 가사지원서비스
행동변화 대응		배회, 폭언, 폭행, 불결행위 등 행동변화에 대한 대처, 그 외의 행동변화에 대응
간호처치		관찰 및 측정, 주사 및 투약, 호흡기 간호, 영양간호, 피부간호, 배설간호, 온냉요법, 의사진료 보조, 기타 필요한 간호처치
재활훈련		기본 동작훈련, 일상생활 동작훈련, 신체기능훈련, 물리치료, 작업치료, 언어치료, 기타 기능훈련

(4) 결과통지

등급판정 결과에 따라 장기요양인정을 받은 사람(수급자)은 장기요양인정서와 표준이용계획서를 보낸다. 수급자로 인정받지 못한 사람에게도 별도로 통지한다.

(5) 서비스 이용

수급자로 인정받은 사람의 경우 2008년 7월 1일부터 서비스 이용이 가능하다. 수급자가 이용 가능한 장기요양기관을 찾을 수 없거나 장기요양기관 선택에 어려움이 있는 경우 국민건강보험공단에 문의하면 된다(노인장기요양보험 홈페이지).

장기요양인정서를 송부받은 수급자는 요양등급별 월 이용 한도액 범위 내에서 장기요양기관과 자율적으로 요양급여의 이용계약을 체결하여 필요한 요양서비스를 받을 수 있다.

국민건강보험공단이 권고적 성격의 '표준장기요양이용계획서'를 작성하여 제공하면 이용노인(수급자)은 급여의 종류와 횟수를 선택하여 장기요양기관과 자율적으로 계약을 하고 제공기관에서 케어플랜을 작성한다. 장기요양급여의 이용과정에서 노인이 요청 시에는 국민건강보험공단 직원이 요양급여의 연결 및 계약 지원, 계속적인 사후관리 등을 지원하게 된다.

장기요양급여의 경우에는 장기요양인정서가 도달한 날부터 받을 수 있으나, 돌볼 가족이 없는 경우 등 대통령령으로 정하는 사유가 있는 경우 요양신청서를 제출한 날부터 장기요양인정서가 도달되는 날까지의 기간 중에도 장기요양급여를 받을 수 있다.

또 장기요양기관은 수급자가 요양급여를 쉽게 선택하고 장기요양기관이 제공하는 서비스와 급여의 질을 보장하기 위해 장기요양기관별 급여의 내용, 시설의 구조, 설비상태 및 건물 전경 등의 사진, 종사자 수 및 입소(이용) 정원, 현원, 이용계약 등을 국민건강보험공단이 운영하는 인터넷에 게시하도록 하고 있다.

4) 장기요양급여의 종류 및 재정

장기요양급여는 재가급여, 시설급여, 특별현금급여의 세 가지로 분류된다(표 11-4 참조). 재가급여는 재가장기요양기관에서 제공하는 방문요양, 방문목욕, 방문간호, 주・야간보호 및 복지용구를 제공하거나 가정을 방문하여 재활에 관한 지원을 제공하는 것이며, 시설급여는 장기요양기관이 운영하는 노인의료복지시설(노인요양시설, 노인요양공동생활가정)에 장기간 입소하여 신체활동 지원 및 심신기능의 유지・향상을 위한 교육・훈련 등을 제공하는 것이다. 특별현금급여는 도서・벽지지역 등 요양시설이 없어 재가급여나 시설급여를 제공받지 못하고 가족 등에게서 요양을 받은 경우 지원되는 현금급여를 일컫는다.

〈표 11-4〉 **장기요양급여의 종류**

급여내용		내 용
재가급여	방문요양(방문당)	장기요양요원이 수급자의 가정 등을 방문하여 신체활동 및 가사활동 등을 지원하는 급여
	방문목욕(방문당)	장기요양요원이 목욕설비를 갖춘 차량을 이용하여 수급자의 가정에 방문하여 목욕을 제공하는 급여
	방문간호(방문당)	의사, 한의사 또는 치과의사의 지시에 따라 간호사, 간호조무사 또는 치위생사가 수급자의 가정 등을 방문하여 간호, 진료의 보조, 요양에 관한 상담 또는 구강위생 등을 제공하는 급여
	주·야간보호(1일당)	수급자를 하루 중 일정한 시간 동안 장기요양기관에 보호하여 목욕, 식사, 기본 간호, 치매관리, 응급서비스 등 심신기능의 유지·향상을 위한 교육, 훈련 등을 제공하는 급여
	단기보호(1일당)	수급자를 월 15일 이내 기간 동안 보호하여 신체활동 지원 및 심신기능의 유지·향상을 위한 교육·훈련 등을 제공하는 급여
	기타 재가급여	수급자의 일상생활 또는 신체활동 지원에 필요한 용구로서 보건복지부장관이 정하여 고시하는 것을 제공하거나, 대여하여 노인장기요양보험 대상자의 편의를 도모하고자 지원하는 급여 ※ 휠체어, 전동·수동침대, 방석·욕창방지 매트리스, 욕조용 리프트, 이동욕조, 보행기 등
시설급여	노인요양시설	치매와 중풍 등의 노인성 질환으로 심신에 상당한 장애가 발생하여 도움을 필요로 하는 자를 입소시켜 급식·요양과 그 밖에 일상생활에 필요한 편의를 제공하는 시설
	노인요양 공동생활가정	치매와 중풍 등의 노인성 질환으로 심신에 상당한 장애가 발생하여 도움을 필요로 하는 자에게 가정과 같은 주거여건에 급식·요양과 그 밖에 일상생활에 필요한 편의를 제공하는 시설
특별현금급여	가족요양비	① 도서·벽지 등 장기요양기관의 수가 현저히 부족한 지역에 거주하는 자, ② 천재지변이나 그 밖에 이와 유사한 사유로 인해 장기요양기관에서 제공하는 장기요양급여를 이용하기가 어렵다고 보건복지부장관이 인정하는 자, ③ 신체·정신 또는 성격 등 대통령령으로 정하는 사유로 인해 가족 등으로부터 장기요양을 받아야 하는 자가 가족 등으로부터 방문요양에 상당한 장기요양급여를 받을 때 지급하는 급여
	특례요양비	장기요양기관이 아닌 노인요양시설 등의 기관 또는 시설에서 재가급여 또는 시설급여에 상당한 장기요양급여를 받을 때 일부 지급하는 급여
	요양병원간병비	요양병원에 입원한 때 장기요양에 사용되는 비용의 일부 지급

출처 : 노인장기요양보험 홈페이지(www.longtermcare.or.kr).

한편 재원은 국민이 납부하는 ① 장기요양보험료, ② 급여수급자의 본인부담금, ③ 국가의 부담금으로 구성된다. 먼저 장기요양보험료는 건강보험 납부자(직장가입자, 지역가입자)가 동시에 납부하며, 국민건강보험공단에서 징수한다. 장기요양보험료는 건강보험료액에 장기요양보험료율을 곱하여 산정되는데, 2008년의 경우 건강보험료의 4.05%였으나 점차 증가하여 2013년에는 6.55%로 인상되었다. 또한 국가와 지방자치단체는 대통령령으로 정하는 바에 따라 의료급여수급권자의 장기요양급여비용, 의사소견서 발급비용, 방문간호지시서 발급비용 중 공단이 부담해야 할 비용 및 관리운영비의 전액을 부담한다. 여기서 지방자치단체가 부담하는 금액은 보건복지부령으로 정하는 바에 따라 특별시·광역시·도와 시·군·구가 분담한다.

5) 관리운영 및 서비스 제공체계

노인장기요양보험제도는 보건복지부장관이 관장하고 있다. 따라서 보건복지부는 국가의 사회보장정책에 따라 이 제도에 관한 정책의 입안과 서비스의 기준 등 제도시행에 필요한 총괄적 권한과 책임뿐만 아니라 제도시행에 필요한 재정의 일부를 부담하고 있다. 자문기구인 장기요양위원회는 장기요양보험료율, 특례요양비 및 요양병원 간병비의 지급기준, 가족요양비, 재가 및 시설 급여비용 등을 심의한다. 지방자치단체도 요양시설의 인프라 구축에 대한 책임이나 지도·감독, 지역단위 세부 실행계획의 수립, 그리고 국가와 함께 의료급여 수급권자의 요양급여비용 중 공단이 부담해야 할 비용(본인일부부담금, 감면부분)과 관리운영비의 전액을 분담하도록 되어 있다.

장기요양사업의 관리운영주체로는 국민건강보험공단을 들 수 있는데, 공단은 장기요양보험제도의 보험자 역할을 수행하며, 다음과 같은 업무를 관장한다.

- 장기요양보험가입자 및 그 피부양자와 의료급여 수급권자의 자격관리
- 장기요양보험료의 부과·징수

- 신청인에 대한 조사
- 장기요양등급 판정 및 등급판정위원회의 운영
- 장기요양인정서의 작성 및 표준장기요양이용계획서의 제공
- 장기요양급여의 관리 및 평가
- 수급자에 대한 정보제공, 안내, 상담 등 장기요양급여 관련 이용지원에 관한 사항
- 재가 및 시설 급여비용의 심사 및 지급과 특별현금급여의 지급
- 장기요양급여 제공내용 확인
- 장기요양사업에 관한 조사 · 연구 및 홍보
- 노인성 질환 예방사업
- 이 법에 따른 부당이득금의 부과 · 징수 등
- 장기요양급여의 제공기준을 개발하고 장기요양급여비용의 적정성을 검토하기 위한 장기요양기관의 설치 및 운영
- 그 밖에 공단은 장기요양급여의 관리 · 평가와 보건복지부장관이 장기요양사업과 관련하여 위탁한 업무를 담당

한편 장기요양서비스는 장기요양기관과 장기요양요원을 통해 이루어진다. 먼저 장기요양기관은 장기요양급여를 제공하는 기관으로 시설급여와 재가급여를 할 수 있는 기관으로 나뉜다. 또한 장기요양요원이란 장기요양기관에 소속되어 노인 등의 신체활동 또는 가사활동 지원 등의 업무를 수행하는 자로 요양보호사, 간호사, 간호조무사, 치과위생사를 들 수 있다. 이들의 서비스를 구체적으로 보면, 방문요양은 요양보호사 1급과 2급이 수행할 수 있으며, 방문목욕은 요양보호사 1급만 할 수 있다. 방문간호는 2년 이상 간호업무 경력이 있는 간호사, 간호조무사로서 3년 이상의 간호보조업무 경력이 있고, 보건복지부장관이 정하는 교육을 이수한 자 그리고 치과위생사가 할 수 있다.

3. 노인장기요양보험제도의 문제점 및 과제

1) 장기요양수요자와 요양기관의 지역적 불균형

먼저 장기요양기관의 설치와 관련하여 지역적 불균형 현황을 보면, 장기요양 인정자 현황과 요양기관 수 및 정원 순서가 일치하는 것은 아니며, 인정자 대비 정원비율을 보면 대도시인 서울특별시(31.4%), 대전광역시(36.3%), 부산광역시(38.0%) 순으로 낮게 나타났으며, 제주도(58.7%), 충청북도(58.1%), 경기도(55.9%), 강원도(53.5%) 순으로 높게 나타났다. 이러한 결과는 대도시지역일수록 높은 지가와 지역주민의 님비현상으로 인해 요양시설 확충이 어려워 요양기관이 부족하다는 것을 반증하는 것이다.

2) 장기요양공급자와 장기요양서비스 간 불균형

제공되는 재가급여서비스를 보면 〈표 11-5〉에서 보는 바와 같이 방문요양(43.8%)과 방문목욕(36.3%)이 전체 서비스의 80%로 편중되어 있고, 방문간호의 경우 간호사의 비율이 요양보호사의 1/3에 가까운데도 불구하고 서비스 제공은 지나치게 낮은 실정이다. 또한 주・야간보호서비스의 경우 일손이 많이 필요하지만 미미하게 제공되고 있어 불균형이 야기되고 있다.

또한 장기요양기관 전문인력은 〈표 11-6〉에서 보는 바와 같이 2011년 6월 말 총 280,332명이며, 요양보호사 262,720명, 간호사(조무사 포함) 8,666명, 사회복지사 6,202명, 의사(촉탁의 포함) 1,194명, 물리(작업)치료사 1,533명, 치과위생사 17명 순으로 나타났다. 지역별로 살펴보면, 직종에 관계없이 경기도가 가장 많았고 이어서 서울특별시로 나타났으나, 요양보호사는 부산광역시, 경상남도, 경상북도 순으로 나타났고, 간호사(조무사 포함)는 경상북도, 전라남도, 경상남도 순으로, 사회복지사는 부산광역시, 경상북도, 전라북도 순으로 나타났다. 물리(작업)치료사는 경상북도, 경상남도, 전라남도 순으로 나타났고, 의사(촉탁 포함)는 경상북도, 경상남도, 충청남도 순으로 나타났으며, 치과위생사는 경상남도가 가장 많았고, 부산광역시, 대구광역시, 인천광역시, 울산광역시, 강원도, 충청남도, 전라북도, 제주도 등 8개 지역에 전문인력이 없었다. 이러한 전문인력, 즉 공급자 현황은 장기요양보험 인정자, 즉 수요자 현황과 일치하는 것은 아니다.

〈표 11-5〉 **재가급여서비스별 기관 수**

(단위 : 개소, %)

소 계	방문요양	방문목욕	주·야간보호	단기보호	방문간호	복지용구
19,373	8,495(43.8)	7,035(36.3)	1,368(7.1)	341(1.8)	605(3.1)	1,529(7.9)

※ 재가급여서비스별 기관 수 : 재가급여기관에서 제공하는 서비스 종류
출처 : http://www.longtermcare.or.kr

〈표 11-6〉 **장기요양기관 전문인력 현황**

(단위 : 명)

구 분	요양 보호사	사회 복지사	의사 (촉탁 포함)	간호사 (조무사 포함)	치과 위생사	물리/ 작업치료사
계	262,720	6,202	1,194	8,666	17	1,533
서 울	50,553	998	157	1,383	2	196
부 산	20,062	387	43	384	0	80
대 구	12,518	269	35	369	0	56
인 천	14,185	320	50	433	0	81
광 주	10,245	264	23	237	1	47
대 전	10,866	146	28	200	1	45
울 산	3,500	97	16	108	0	21
경 기	57,519	1,406	349	2,197	2	393
강 원	7,953	250	35	408	0	73
충 북	7,125	207	45	368	1	60

충 남	13,166	293	81	429	0	69
전 북	9,937	374	61	422	0	77
전 남	10,315	357	76	526	2	87
경 북	15,652	376	89	554	1	110
경 남	16,217	359	82	495	7	98
제 주	2,907	99	24	153	0	40

주 : 요양보호사는 취득유예자 포함
출처 : 보건복지부. 2011 상반기 장기요양보험 주요 통계.

3) 재가요양기관의 공급과잉으로 인한 폐해

요양기관이 과잉공급되면 기관 간 서비스 경쟁을 통해 이용자들이 질 좋은 서비스를 제공받을 수 있을 것이라는 정부의 예측과 달리, 영세한 요양기관들이 난립할 경우 각 기관은 인건비나 운영비를 이용자의 보험료를 대신 지불해 주거나 의료용구를 구입해 주는 등 이용자 유치를 위해 사용할 가능성이 많다. 또한 공급과잉 상태는 서비스 이용자와 서비스 제공자 간의 관계를 불균등하게 만들고 서비스 제공자인 요양보호사의 노동조건을 불안하게 하는 요인으로 작용할 수 있다(여공진, 2009).

4) 열악한 종사자의 노동조건

노인장기요양보호법이 시행된 이후 서비스의 질 향상에 비해 필수인력에 대한 정책 및 지원은 부족한 실정이다. 사회복지사는 필수 1명, 클라이언트 100명 초과 시 1명 추가, 간호(조무)사는 클라이언트 25명당 1명, 요양보호사는 클라이언트 2.5명당 1명의 기준은 2008년 법 시행과 비교하여 변화된 것이 없다. 특히 클라이언트에게 직접적인 복지서비스를 제공하는 요양보호사들의 비율(2.5 : 1)은 클라이언트의 총원과 등록요양보호사 전체 인원수의 비율로서 노동법의 근무시간을 전혀 고려하지 않은 비율이다. 실제로 보호자들은 이용자 2~3명을 요양보호사 1명이 돌보는 것으로 알고 있는 경우가 태반이며, 과도한 1 : 1 서비스를 요구하는 경우가 있다. 실질적으로 출근한 요양보호사 1명이 7~8명의 이용자를 돌보는 현행 제도에서 인력의 추가 없이 서비스의 질 향상을 요구하는 것은 무리가 있다.

5) 서비스 급여비용에 대한 부담

현재 우리나라 요양서비스의 본인부담률은 일정한 경우를 제외하고는 수요자의 소득과 상관없이 시설급여는 20%, 재가급여는 15%를 부담하고 있어 서비스 이용량이 본인의 지불능력에 의해 결정되기 때문에 소득이 낮은 계층의 경우에는 서비스 이용에서 선택적으로 배제되어 빈익빈 부익부를 초래할 가능성이 크다. 더구나 현재 장기요양급여체제에서는 식사재료비, 이 · 미용비, 상급침실(1~2인실) 이용으로 인한 추가비용, 그 외에 일상생활에 통상적으로 필요한 것과 관련된 비용은 비급여대상으로 본인이 모두 부담해야 한다. 따라서 시설급여의 경우 전체 요양비용 중 본인이 부담하는 비율은 30%를 초과할 가능성이 높아 일본에 비해 본인부담이 과중한 편이다. 이와 같이 비교적 높은 이용자부담은 장기요양서비스의 이용을 억제하는 효과로 작용하여 장기요양 재정부담을 줄이는 데는 도움이 되겠지만, 장기요양서비스 시장의 활성화에는 걸림돌로 작용할 것이다(석재은, 2009).

6) 요양보호사들의 낮은 처우와 전문성 부족

요양보호사가 하루 8시간씩 일주일에 5일 근무한다고 해도 보수는 100만원이 조금 넘는다. 그러나 이렇게 풀타임으로 일하는 요양보호사가 많지 않고, 활동 중인 요양보호사들은 대부분 일감이 적어 파트타임으로 근무하고 있으며, 따라서 보수도 낮은 편이다. 공급자는 많고 수요자가 적은 시장구조 속에서 공급자가 살아남기 위해서는 수요자가 원하는 대로 해줘야 하며, 때로는 과도한 요구나 불쾌한 대우에 대해서도 침묵해야 한다. 이처럼 요양서비스의 노동집약적 특성과 최저임금 수준의 낮은 보수, 근무시수의 불안정성 등은 요양보호사의 자아존중감을 떨어뜨리고 업무만족도도 낮추는 요인으로 작용하고 있다.

한편 노인장기요양보험제도의 대상노인이 가지고 있는 욕구와 문제의 성격은 다양성, 혼합성, 통합성 등의 특성을 띠기 때문에 전문인력을 필요로 한다. 이런 전문인력이 가지고 있는 지식이나 기술은 구체적이어야 하고 기술을 제공함에 있어 언제나 이론적 근거를 가지고 대상자의 안위를 위해 최선을 다하는 자세가 필요하다(신기원, 2010). 그러나 낮은 급여수준과 열악한 환경 및 고용불안은 직원들의 이직을 초래하여 전반적으로 전문인력의 질을 확보하기에 어려움이 있다.

4. 시설복지서비스

1) 노인복지시설의 개념

노인복지시설은 노인복지를 실천하기 위해 설치된 시설의 장(場)이며, 노인을 대상으로 노인이 안락하고 만족스러운 생활상태의 인간다운 삶을 영위하면서 자신이 속한 가족과 사회에 적응 및 통합할 수 있도록 필요한 서비스와 자원을 제공하는 데 관련된 공적·사적 차원에서의 조직적 제반활동이다. 노인복지시설은 사회적 보호가 필요한 노인들에게 치료, 생활지지, 원조 등의 서비스를 제공할 것을 목적으로 수용(생활), 시설이용, 기타의 방법으로 복지서비스를 제공하기 위해 마련된 장소, 설비, 건물 등과 자원봉사 및 복지시설의 지원을 목적으로 하는 조직체라고 할 수 있다. 또한 노인복지시설의 기능을 유형화하면 일반적으로 주거기능과 보건의료복지 기능으로 나눌 수 있다. 우선 주거기능은 노인복지시설의 주요 기능이 가정을 대체하는 것에 있다는 점과 의미를 같이한다.

다음으로 보건의료복지 기능으로서 노인복지시설은 일반가정에서 수행하기 어려운 장애를 가진 노인들의 치료, 교육, 재활 등을 전문적으로 담당하는 기능이다. 나아가 시설이 노인들에게 제공하고 있는 서비스 기능을 다음과 같은 세 가지 형태의 기능으로 나누어 볼 수 있다.

첫째, 생활서비스를 위한 기능이다.

둘째, 치료와 훈련 서비스를 위한 기능이다.

셋째, 원조서비스 기능이다.

2) 노인복지의 필요성

급속한 현대화 과정 속에 있는 우리나라의 노인문제는 크게 나누어 네 가지로 볼 수 있다. 첫째, 역할상실의 문제, 둘째, 수입의 급격한 감소에 따른 경제적 빈곤문제, 셋째, 질병문제(건강약화), 넷째, 사회적·심리적 고립 및 소외로 인한 고독의 문제가 있다.

노인복지는 이러한 네 가지 영역의 문제를 해소시켜 노인의 삶의 질과 존엄성이 보다 향상되도록 추진하는 데 그 목적이 있다. 노인복지의 목표는 첫째, 건강한 노후생활(healthy aging)의 보장, 둘째, 생산적인 노후생활(productive aging)의 보장, 셋째, 노인의 사회통합(intergrated aging)의 보장이다.

3) 노인복지의 유형

노인의 삶의 질 향상을 위해 필요한 각종 서비스와 프로그램을 제공하는 시설로서 각종 노인복지사업을 행할 목적으로 설치된 사회복지시설(사회복지사업법 제2조, 노인복지법 제31조 규정), 즉 노인복지시설의 종류는 〈표 11-7〉과 같이 ① 노인주거복지시설, ② 노인의료복지시설, ③ 노인여가복지시설, ④ 재가노인복지시설, ⑤ 노인보호전문기관으로 구분해 볼 수 있다.

〈표 11-7〉 **노인복지시설의 유형**

구 분	시설유형	
노인복지시설 (4개 시설/ 2개 기관)	노인주거복지시설	• 노인공동생활가정, 양로시설
		• 노인복지주택
	노인의료복지시설	• 노인요양시설
		• 노인요양공동생활가정
	노인여가복지시설	• 노인복지관
		• 노인교실, 경로당
	재가노인복지시설	• 방문요양, 주·야간보호, 단기보호, 방문목욕서비스
	노인보호전문기관 노인일자리지원기관	

① 노인주거복지시설

가. 양로시설 : 노인을 입소시켜 급식과 그 밖에 일상생활에 필요한 편의를 제공함을 목적으로 하는 시설이다.

나. 노인공동생활가정 : 노인들에게 가정과 같은 주거여건과 급식, 그 밖에 일상생활에 필요한 편의를 제공함을 목적으로 하는 시설이다.

다. 노인복지주택 : 노인에게 주거시설을 분양 또는 임대하여 주거의 편의, 생활지도, 상담 및 안전관리 등 일상생활에 필요한 편의를 제공함을 목적으로 하는 시설이다.

② 노인의료복지시설

가. 노인요양시설 : 치매·중풍 등 노인성 질환 등으로 심신에 상당한 장애가 발생하여 도움을 필요로 하는 노인을 입소시켜 급식, 요양과 그 밖에 일상생활에 필요한 편의를 제공함을 목적으로 하는 시설이다.

나. 노인요양공동생활가정 : 치매·중풍 등 노인성 질환 등으로 심신에 상당한 장애가 발생하여 도움을 필요로 하는 노인에게 가정과 같은

주거여건과 급식, 요양, 그 밖에 일상생활에 필요한 편의를 제공함을 목적으로 하는 시설이다.

다. 노인전문병원 : 노인을 주 대상으로 의료를 행하는 시설이다.

③ 노인여가복지시설

가. 노인복지관 : 노인의 교양, 취미생활 및 사회참여활동 등에 대한 각종 정보와 서비스를 제공하고, 건강증진 및 질병예방과 소득보장, 재가복지, 그 밖에 노인의 복지증진에 필요한 서비스를 제공함을 목적으로 하는 시설이다.

나. 경로당 : 지역노인들이 자율적으로 친목도모, 취미활동, 공동작업장 운영 및 각종 정보교환과 기타 여가활동을 할 수 있도록 하는 장소를 제공함을 목적으로 하는 시설이다.

다. 노인교실 : 노인들에 대하여 사회활동 참여욕구를 충족시키기 위하여 건전한 취미생활, 노인건강 유지, 소득보장, 기타 일상생활과 관련된 학습 프로그램을 제공함을 목적으로 하는 시설이다.

라. 노인휴양소 : 노인들에 대하여 심신의 휴양과 관련된 위생시설, 여가시설, 기타 편의시설을 단기간 제공함을 목적으로 하는 시설이다.

④ 재가노인복지시설

가. 방문요양서비스 : 가정에서 일상생활을 영위하고 있는 노인(이하 "재가노인"이라 한다)으로서 신체적·정신적 장애로 어려움을 겪고 있는 노인에게 필요한 각종 편의를 제공하여 지역사회 안에서 건전하고 안정된 노후를 영위하도록 하는 서비스이다.

나. 주·야간보호서비스 : 부득이한 사유로 가족의 보호를 받을 수 없는 심신이 허약한 노인과 장애노인을 주간 또는 야간 동안 보호시설에 입소시켜 필요한 각종 편의를 제공하여 이들의 생활안정과 심신기능

의 유지·향상을 도모하고, 그 가족의 신체적·정신적 부담을 덜어주기 위한 서비스이다.

다. 단기보호서비스 : 부득이한 사유로 가족의 보호를 받을 수 없어 일시적으로 보호가 필요한 심신이 허약한 노인과 장애노인을 보호시설에 단기간 입소시켜 보호함으로써 노인 및 노인가정의 복지증진을 도모하기 위한 서비스이다.

라. 방문목욕서비스 : 목욕장비를 갖추고 재가노인을 방문하여 목욕을 제공하는 서비스이다.

마. 그 밖의 서비스 : 그 밖에 재가노인에게 제공하는 서비스로서 보건복지부령이 정하는 서비스이다.

⑤ 노인보호전문기관

국가 및 지방자치단체는 노인학대와 관련된 노인복지법 시행령 제20조의6(중앙노인보호전문기관의 업무), 법 제39조의5 제1항 제9호에서 "대통령령으로 정하는 사항"이란 다음 각 호의 1. 학대받은 노인의 단기보호 2. 노인인권보호를 위하여 보건복지부장관이 위탁하는 사항[전문개정 2011. 12. 8] 업무를 담당하는 노인보호전문기관을 설치하여야 한다.

4) 노인복지시설의 운영

① 건강관리

노인의료복지시설(노인전문병원 제외)에는 입소자의 건강관리를 위해 의사 또는 한의사, 간호사, 기타 적합한 자격이 있는 자가 해당 임무를 수행하여야 하며, 전담의사를 두지 아니한 시설은 촉탁의사 또는 시간제 계약에 의한 의사를 두어야 한다. 이 경우 유료노인전문요양시설과 노인전문요양시설은 가급적 정신과 또는 신경과 전문의를 두도록 한다. 촉탁의사를 두는 시설에서는 촉탁의사가 매주 2회 이상(1회당 2시간 이상) 시설로 방문하여 입소자의 건강상태를 확인해야 하며, 건강상태가 악화된 입소자가 발생했을 경우에는 적절한 조치를 하여야 한다.

입소자와 직원은 연 1회 이상의 감염성 질환을 확인할 수 있는 건강진단을 받아야 하며, 건강진단 결과 건강에 이상이 발생한 자에 대하여는 그 치료를 위해 필요한 조치를 하여야 한다.

입소자에 대해서도 건강상태에 따라 적절한 휴식과 훈련을 하도록 하여야 하며, 시설의 환경을 항상 청결하게 유지하여야 한다.

② 급식위생 관리

시설의 장은 입소자가 필요한 영양을 섭취할 수 있도록 영양사가 작성한 식단에 따라 급식을 행하여야 한다. 다만, 시설에 영양사가 없을 경우에는 소재지에 있는 보건소장의 지도를 받아 식단을 작성해야 하며, 이에 따라 급식을 제공하여야 한다. 화농성 창상·전염성 질환 등이 있는 자가 입소자의 음식을 조리해서는 안 되며, 시설에서 사용하는 음용수의 경우에는 먹는물관리법 및 수도법이 정하는 바에 따라서 수질검사를 받아야 한다. 입소자의 음식을 조리하는 자는 항상 청결유지에 신경을 써야 한다.

③ 운영규정

시설의 장은 인사, 조직, 급여, 물품, 회계, 기타 시설운영과 관련하여 필요한 운영규정을 작성하여 시장·군수·구청장에게 제출하여야 하며, 노인요양시설, 노인전문요양시설, 실비노인요양시설, 유료노인요양시설 및 유료노인전문요양시설의 운영규정에는 입소정원과 모집방법 등에 관한 사항, 입소 시 계약에 관한 사항, 입소보증금·이용료 등 비용에 대한 변경방법 및 절차 등에 관한 사항, 서비스의 내용과 그 비용의 부담에 관한 사항, 특별한 보호가 필요한 경우에는 해당 서비스의 기준과 비용에 관한 사항, 의료적인 서비스가 필요한 경우에는 구체적인 처리절차, 서비스 제공자의 배

상책임·면책 범위에 관한 사항, 시설물 사용상의 주의사항 등에 관한 사항, 운영규정의 개정방법 및 절차 등에 관한 사항, 운영간담회의 설치 및 운영에 관한 사항이 포함되어야 하며, 시설의 장은 설정한 운영규정에 따라서 시설을 투명하게 운영하여야 한다.

④ 보증금의 수납 및 반환

노인요양시설, 노인전문요양시설 및 실비노인요양시설을 설치한 자가 보증금을 수납하는 때에는 월 입소 비용의 1년분 이내에서 이를 수납하여야 하며, 노인전문병원을 제외한 노인의료복지시설을 설치한 자는 입소자가 퇴소하는 경우에는 입소자 또는 입소자를 대신하여 입소계약을 체결한 배우자 또는 부양의무자에게 수납한 보증금을 지체 없이 반환하여야 한다.

⑤ 회계

시설의 설치·운영에 관련된 회계는 법인회계 또는 다른 사업에 관한 회계와 분리하여 계리(計利)하여야 하며, 국가 또는 지방자치단체로부터의 보조금품, 기타 시설이 수수(授受)한 기부금품은 이를 별도의 계정으로 계리하여야 한다.

⑥ 장부 등의 비치

시설에는 시설의 연혁에 관한 기록부, 재산목록과 재산의 소유권 또는 사용권을 증명할 수 있는 서류, 시설운영 일지, 예산서 및 결산서, 총계정원장 및 수입·지출보조부, 금전 및 물품의 출납부와 증빙서류, 보고서철 및 행정기관과의 협의 등 관련 문서철, 법인의 경우 정관 및 관계질의 서류, 입소계약일, 이용료, 입소보증금, 기타 비용부담 관계 등에 관한 내용을 포함한 입소자 관리카드, 연계 의료시설과의 제휴계약서, 촉탁의사가 있는 경우 촉탁의사 근무상황부 등 관련 장부 및 서류를 비치하여야 한다.

⑦ 시설에서의 생활자

시설의 장은 입소자의 거실 또는 거실이 있는 건물마다 생활지도원, 생활보조원, 기타 직원 중 1인을 입소자와 함께 기거하도록 조치하여야 하며, 시설 안에서는 입소자 외에 시설의 장과 직원, 그 가족이 아닌 자는 거주하지 못한다.

⑧ 사업의 실시

시설의 장은 입소자의 요양과 재활을 도움이 되는 다양한 프로그램을 운영하여야 하며, 입소자에 대하여 최선의 생활지도를 하여야 한다. 또한 입소자의 연령, 성격, 성별, 심신의 건강상태, 생활력 등을 고려하여 수시로 입소자와 상담하거나 관찰·지도하고, 특이사항은 기록·유지하여 필요한 보호의 정도에 따라 적절한 서비스가 제공될 수 있는 다른 노인복지시설로의 연계 등의 조치를 하여야 한다.

5) 노인복지시설 복지 프로그램

① 생활시설 프로그램

노인복지시설은 이들 입소노인에 대한 프로그램과 더불어 자체적으로 자원봉사자 참여 프로그램을 개발하여 자원봉사자에 대한 다양한 서비스의 질을 높이고 효과적으로 관리할 수 있어야 한다.

② 이용시설 프로그램

노인복지시설 중 이용시설은 크게 노인여가복지시설과 재가노인복지시설로 구분하고, 전자는 다시 노인복지회관, 경로당, 노인교실, 노인휴양소로 구분하며, 후자는 가정봉사원파견시설, 주간 및 단기 보호시설로 세분화된다.

6) 노인복지시설의 평가

① 노인복지시설 평가의 의의

노인복지시설에 대한 평가는 일반적으로 세 가지로 구분할 수 있다.

첫째, 노인복지시설정책 결정을 위한 평가로서 유사한 정책결정을 하는데 참고가 되는 정보를 제공한다.

둘째, 노인복지시설정책 관리를 위한 평가로서 정책관리에 필요한 인적·물적 자원과 관리절차, 관리조직의 구조, 정책서비스의 전달체계 등이 원활하게 수행되었는지를 살펴보는 데 있다.

셋째, 노인복지시설성책 통제를 위한 평가로서 정책활동에 대한 책임과 합법성, 정당성, 효율성을 확보하여 그 책임을 묻는 데 있다.

② 노인복지시설 평가의 목표

노인복지시설 운영과 프로그램의 개념화로서 노인복지시설이 직면하고 있는 문제가 적절하게 개념화되었는가를 알아보고, 문제의 범위는 어느 정도이며, 문제상황에 있는 문제의 분포는 어느 정도인가를 측정하는 데 있다. 또한 프로그램 내용이 노인복지시설 운영목표와 일치하고 있는가, 목표에 일관된 합리성이 존재하는가를 살펴보는 데 있다.

그리고 프로그램 적용결과가 다른 대안적 과정에 의해 설명될 수 있는지, 투입과 비용이 시설이용 노인들에게 주어지는 혜택은 무엇이며, 비용이 효율적으로 사용되고 있는지를 평가하는 데 그 목표를 두고 있다.

③ 노인복지시설 평가의 특성

노인복지시설의 평가는 대부분 기관평가 또는 조직평가에 집중되어 프로그램 평가 및 사업평가는 크게 대두되지 못하고 있다. 행정관청에서 실시하는 시설평가는 평가자(담당 공무원)의 전문성이 결여되어 있거나 단순히 보조금 집행과 시설운영의 과실을 묻는 데 급급한 실정이기 때문에 감사의 연장선에서 평가(지도점검 수준)를 수행해 왔다.

④ 노인복지시설 운영의 문제점

현행 노인복지법 체제 및 정부 전달체계만으로는 평균수명 연장, 노인성 질환의 다양화, 본격적인 고령화사회 진입 등 빠르게 사회구조가 변화하고 있는 현 시점에서 전문적인 노인복지서비스를 원활히 수행하기 힘들다. 따라서 노인복지의 증진을 저해하는 요소를 제거하고 현실에 적합하게 체제를 재정비하여 노인복지서비스의 발전을 도모해야 할 것이다.

가. 시설 수의 절대 부족과 건강상태에 따른 전원 조치

일차적으로 65세 이상 노인 대비 0.69%만이 노인주거 및 의료복지시설을 이용하고 있어서 입소노인 복지시설의 수가 절대적으로 부족하다고 할 수 있다. 그리고 대다수 시설에서 신체적 · 정신적으로 각기 다른 복합적인 만성 노인성 질환의 노인들을 혼합으로 운영하고 있어 분야별로 시설의 전문적 기능과 역할을 효율적으로 활용하지 못하고 있다.

나. 시설의 서비스 수준의 열악성

시설이용 대상자인 노인들과 서비스를 제공하는 종사자 모두에게 있어서 국가의 지원과 처우가 비현실적으로 열악하다. 시설보호서비스를 운영할 수 있는 국가적 차원의 지원과 종사자에 대한 처우 등을 현실에 맞도록 개선하는 정책이 선행되어 서비스의 전문성과 적절성을 확보할 수 있도록 해야 하겠다.

다. 재정의 영세성

노인복지와 관련된 재정은 공공재정과 민간재정으로 나눌 수 있는데, 공공재정은 중앙정부와 지방자치단체에서 각각 지원하는 것으로 나누어진다.

일반적으로 노인복지 재정 중 공공영역은 재원이 세금인 경우가 많고, 민간영역에서는 다양한 형태의 민간재원을 동원하고 있다.

오늘날에는 공공 및 민간의 재원들이 서로 혼합되어 있고, 이러한 재원들로 시설과 기관이 운영되고 있다. 공공재정은 중앙정부와 지방정부에 의한 공공부담금 또는 보조금(사회복지사업기금 포함)을 의미하며, 민간재정은 정부기관 이외에서 지원되는 재정으로서 ① 대통령령으로 정한 이용자 부담금, ② 법인부담금, ③ 시설의 노인이 사망한 경우에 남긴 유품(유가증권, 금전 등), ④ 지역사회 기부금, ⑤ 기타 민간자금의 투자 등을 들 수 있다.

사회보장 예산이 정부 예산에서 차지하는 비율이 상대적으로 낮고, 특히 노인복지의 공공부문 예산은 다른 예산과 비교하면 매우 적다.

5. 재가복지서비스

1) 재가노인복지의 개념

재가노인이란 가족과 떨어져 시설에서 생활하는 노인이 많은 서구사회에서 1970년 탈시설화(deinstitutionalization) 운동과 더불어 지역사회보호(community care)를 받는 노인이라는 의미로 사용되었다.

즉, 고령, 질병, 허약 등으로 생활에서 타인의 보호가 필요한 경우, 시설에 입소하여 보호를 받으며 사는 것이 아니라 현재 자신이 거주하고 있는 지역에서 살면서 필요한 서비스를 지역사회와 가정으로부터 제공받는 형태를 의미하는 것이다.

그리고 우리나라의 경우에는 재가노인을 위한 의료・복지서비스를 재가노인복지에 대한 개념이라 하였는데, 이는 사회적 서비스에 초점을 맞춘 개념이다.

또한 재가노인복지의 개념을 좀 더 세분화시켜 보면, 시설이 아닌 가정에서 지내는 노인을 위한 서비스로서 주거보장, 소득보장, 사회서비스보장 및 의료보장까지 포함하고 있는 것으로 말하고 있지만, 일반적인 특성은 미국이나 일본보다는 협의의 개념으로서 일반화되어 있다. 즉, 재가노인복지가 지역사회복지의 하위개념으로서 재가노인을 위한 제반적 사회서비스의 개념으로 사용되는 경향이 강하다. 다시 말하자면, 선별주의적 사회복지관에 입각하여 형식적으로 실시되고 있는 단계인 것이다.

2) 재가노인복지의 중요성

사람은 누구나 자신의 집에서 정상적 환경으로 생활하기를 원하고 그렇게 할 수 있는 권리를 가지고 있으며, 그렇게 하는 것이 바람직하다고 생각한다는 데에서 재가노인복지의 중요성을 찾을 수 있다.

서구사회에서는 여러 가지 생활여건의 변화에 따른 노인들의 독립성과 정서를 보장하고 노인의료비의 증가에 대비하기 위해 저비용으로 노인복지를 실현하고자 이 서비스를 강화하는 정책을 추진 중에 있다.

재가노인복지는 산업화에 따른 노인들의 생활환경의 변화와 독거노인, 거동이 불편한 노인들을 대상으로 하는 다양한 서비스 방안이 요구되고 있는 현실에서 그 중요성이 기인되고 있는 것이다.

이와 같이 재가노인복지서비스가 중요시되는 몇 가지 이유를 살펴보면 아래와 같다.

첫째, 노인들이 가지고 있는 시설에 대한 부정적인 인식을 가진다.

둘째, 거동이 불편하거나 독거노인의 증가로 이들을 모두 시설에서 수용하는 것이 불가능해졌기 때문에, 이들이 가정에서 생활하면서 필요한 서비스를 제공하는 것이 경제적이다.

셋째, 최근 노인 자살과 유기가 증가하고 있다. 그 원인은 가족구성원 간의 갈등이나 부양자의 부재에 따른 문제에 있음을 볼 때 노인과 관련된 문제를 예방할 수 있다.

위와 같이 여러 요인들로 인해 재가노인복지사업의 중요성은 지속적으로 증가할 것이고 이에 맞추어 조속한 대책이 지속적으로 강구되어야 할 것이다.

3) 재가노인복지의 발전과정 및 유형

재가노인복지서비스는 1950년대 시설보호의 문제점을 개선하기 위해 서구의 여러 국가에서 시행한 탈시설화(deinstitutionalization) 운동과 더불어 지역복지서비스(community care)와 함께 시작되었다.

대부분의 국가에서 노인복지서비스는 노인을 부양하는 의무자가 없거나 있어도 부양할 수 없는 경우에 일시적·영구적으로 일정한 건물에 무상으로 노인을 수용하여 숙식을 제공하며 보호하는 개념으로 발전하여 왔다.

그러나 시설보호의 부정적인 측면들이 지속적으로 제기되면서 지역사회보호라는 프로그램이 대안적 프로그램으로 발전하게 되었고, 이것이 재가복지 프로그램 발전의 주요 배경이 되었다.

시설보호의 문제점을 비롯한 재가복지서비스의 발전배경을 살펴보면 시설의 규칙성과 통제성 때문에 시설서비스는 집단적이며 관료적이고, 또한 비인간적이어서 개개인의 노인에게 적합한 서비스를 제공할 수 없으며 개인의 독립성을 유지 및 향상시키기 어렵다는 시설보호의 한계점 등이 있다.

1970년부터 노인문제는 단순한 가족문제일 뿐만 아니라 사회적 문제로 나타나기 시작하였고, 노인문제에 대한 제도적인 대책이 마련되면서 노인복지법이 제정되어 단순한 보호와 구제의 대상이 아니라 이들을 하나의 독립된 인간으로 인식하기 시작하였다. 이러한 현상은 노인부양의식의 변화를 초래하여 재가노인복지사업의 중요성을 높이게 되었다.

일본과 미국 그리고 한국의 재가노인복지사업을 살펴보면 다음과 같다.

(1) 일본의 재가노인복지사업

일본의 재가노인복지시책의 현황은 가정봉사원서비스사업, 노인단기입소시책사업, 노인주간보호운영사업, 그리고 재가개호지원센터 운영사업 등으로 나누어 살펴볼 수 있다.

① 가정봉사원서비스사업

이 사업은 심신의 장애 및 부상, 노쇠화 등으로 일상생활에 지장이 있다고 판단되는 65세 이상 노인의 가정에 대해 가정봉사원을 파견해서 필요한 보호서비스를 실시하여 노인이 편안하고 건전한 가정생활을 할 수 있도록 원조함은 물론, 가족의 부양부담을 경감시키는 사업이다.

이 사업의 일부를 보호전문기관인 특별양호노인홈이나 시정촌사회복지협의회, 재가보호서비스의 기본 방침에 적합한 민간사업자 등에게 위탁할 수 있다. 또 1992년부터는 시정촌장이 위탁처로서 적당하다고 판단하여 인정한 농업협동조합이나 개호복지사 등에게도 위탁할 수 있게 되었다.

② 노인단기입소운영사업

가. 단기보호사업

일시적으로 요보호노인을 입소시킬 필요가 있을 경우에 노인홈에 단기간 노인을 입소시킴에 따라 보호가족의 부담을 줄이고 가족 및 요원호노인의 복지향상을 도모하는 사업이다.

나. 개가보호촉진사업

요원호노인과 보호를 담당하고 있는 가족을 노인단기 입소시설 또는 특별양호노인홈에 단기간 숙박, 입소시켜서 요원호노인에 대한 보호 및 일상동작훈련을 하는 방법을 지도하고, 가족보호자에 대해서는 노인을 보호하는 방법의 실습을 통해 요원호노인과 가족의 가정생활을 지원한다.

다. 야간보호사업

이 사업은 야간에 보호를 받을 수 없는 치매노인 등을 야간에만 일시적으로 노인단기입소시설 또는 특별양호노인홈에서 보호하여 가족의 부담을 경감시키고 치매노인 등의 가정생활의 질을 높이기 위해 지원하는 사업이다.

③ 노인주간보호운영사업

가정에서 거동이 불편하거나 허약한 노인을 이송용 리프트 차량을 이용해서 주간보호사업소로 이동시켜 이용할 수 있게 하거나 노인의 가정을 방문해서 다양한 서비스를 제공함으로써 심신기능의 향상 및 유지를 도모하는 사업이다.

④ 재가개호지원센터 운영사업

이 사업은 요보호노인의 보호자에 대해서 재가보호와 관련된 종합적인 상담과 재가의 요원호노인 및 보호자의 보호방법 등에 관한 욕구에 대응한 각종 보건복지서비스가 종합적으로 받아들여지도록 시정촌 등 서비스 실시기관, 관계행정기관 등과의 연락조정 등의 편의를 제공하고, 지역의 요보호노인 및 가정의 복지향상을 도모하는 사업이다. 이 재가개호지원센터는 1990년에 창설되어 '뉴골드플랜'에 근거를 두고, 지속적인 증가를 목표로 하고 있다.

⑤ 노인서비스 종합조정추진사업

이 서비스는 지정 도시에 노인서비스 종합조정추진회의를, 각 시정촌에 노인서비스 조정팀을 설치 및 운영하면서 보건·의료·복지서비스 등의 조정을 실시하기 위해 노인서비스 종합조정추진사업을 하고 있다.

노인서비스 종합조정추진사업에 있어서는 복지, 보건, 의료관계 조직 간의 정보교환, 종합조정을 위한 기획과 입안을 실시하고, 시정촌, 보건소의 복지사무소 등에 대한 조언과 지도 등을 실시한다. 노인서비스 조정팀은 재가거동불능노인이나 치매노인을 포함한 구체적 케이스에 대한 서비스 네트워크와 케이스 매니지먼트를 형성하고 실시한다.

⑥ 노인일상생활용구급여 등 사업

이 사업은 요원호노인 및 독거생활노인에 대해 특수침대와 같은 일상생활용구를 구입 또는 대여하여 일상생활의 편의를 도모하고 그 외에도 복지를 증진시키는 것을 목적으로 한다.

이 밖에도 노인육성사업을 통해 노인들이 여유 있고 건전한 노후생활을 조직적으로 육성하고 있으며, 삶의 보람과 건강 만들기 추진사업을 실시하여 사회구성원들이 노인을 바라보는 의식개혁을 거국적으로 도모하고 있다.

(2) 미국의 재가노인복지사업

미국의 노인복지정책의 대부분은 소득보장과 의료보장을 중심으로 이루어져 있으며, 사회서비스에 대한 공적인 원조는 상대적으로 비중이 적은 편이었다. 최근 들어 노인복지 관련 비용의 과부담에 대한 여론형성과 시설보호에서 등장하고 있는 여러 문제점들 때문에 탈시설화(deinstitutionalization)를 목표로 하여 지역사회에서 노인을 보호하고자 재가복지사업에 관련된 여러 정책이 모색되고 있다. 이 같은 정책은 주택서비스와 사회적 서비스를 긴밀히 결부시켜 지역사회 안에서 노인들이 건강하고 활동적으로 삶의 질(quality of life)을 높이는 생활이 가능하도록 하는 것을 기본 이념으로 하고 있다.

현재 미국정부는 노인들이 시설에 입소하지 않고 가족의 도움을 받으면서 가정과 지역사회에서 생활할 수 있는 정책을 추구하며, 이에 대한 다양한 사회서비스 프로그램 개발에 노력하고 있다.

이러한 사회서비스 프로그램 중에서 재가보호, 지역사회보호서비스(home and community-based care)가 있다.

① 재가보호서비스(home-based care service)

재가중심의 서비스로는 가정건강보호서비스, 가정봉사원서비스, 대인보호서비스 등이 있는데 그 내용에는 큰 차이를 나타내지 않는다. 현재 가정건강보호서비스에는 기술적인 치료, 간호, 약물치료, 재활치료 등이 포함되어 있으며, 대인보호서비스는 개인적 위생(식사, 옷 입는 것, 목욕 등)과 노인들을 침대에서 일어날 수 있도록 도와준다. 하지만 이 서비스들을 제공하는 사람들이 명확히 구분되어 있지는 않다.

즉, 건강보호 및 간호를 해주는 사람이 집안일을 돌봐주는 것을 함께 하기도 하며 가정봉사원이 간호를 하기도 한다. 물론 치료자와 간호사는 자격증을 가진 자이어야 하며 가정건강보호는 반드시 자격 있는 의료전문가의 감독을 받아야 한다. 그리고 가정봉사원은 대개 사회사업이나 간호원의 지시에 따라 일을 한다.

가. 가정건강보호서비스(home health care service)

가정건강보호서비스는 양로시설에 입소함으로써 부담해야 하는 고액의 비용을 절감하고 불필요한 입소방지를 목적으로 한다. 가정건강보호서비스의 유형은 대인보호에서 고도의 의료기술이 필요한 간호, 홈메이킹 및 가사 서비스에 이르기까지 그 범위가 광범위하다. 가정건강보호서비스는 의료보험제도의 적용이 이루어진 1960년대 중반 이후부터 활성화되기 시작했다.

나. 가정봉사원서비스(home-making service)

이 서비스는 음식준비 및 가정관리 등을 도와줌으로써 노인이 자신이 살던 집에서 계속 생활할 수 있도록 원조하는 가정보호의 기능을 수행한다. 사회보장기본법 제2조에 근거하여 주 정부는 무상으로 가정봉사원서비스를 제공하고 있다. 가정봉사원은 다수의 전문가와 준전문가가 한 팀을 이루어 운영되는데, 이들은 서비스 업무를 수행함에 있어서 사회사업가나 정식 간호사의 지시에 따른다.

가정봉사원은 전국가정봉사원 및 가정건강보조원 서비스심의회(The National Council for Home Maker-Home Health Aid Service)가 정한 기준에 따른 건강 및 관련 문제에 대한 훈련을 받고 전문가의 지도하에 업무를 수행한다.

② 주간보호 프로그램(day care program)

노인주간보호센터는 사회적 지원과 의료적인 지원들이 중복된 다양한 서비스를 제공한다. 주간보호에는 식사, 보건 및 재활 서비스, 사교적 활동, 대인보호 등 다목적 노인센터와 관련된 포괄적인 서비스들을 실시하고 있다. 이러한 서비스들을 제공함으로써 장애가 있는 노인들도 불필요하게 시설에 수용되지 않고 자신의 거주지에서 계속 생활할 수 있다.

가. 급식서비스

미국은 영국의 급식서비스와 비교하면 그 역사가 길지 않다. 연방정부의 사업으로 1973년도부터 실시하였으며 미국의 노인법에 의해서 연방보조가 시작되었다. 미국은 애초부터 급식을 정해진 장소에 모여서 하는 소위 집단급식서비스(congregate nutrition services)가 발달되었고, 부대사업 형태로 추진된 가정배달급식서비스(home delivered service)는 미국노인법의 1991년 개정에 따라 독립된 프로그램이 되었다.

나. 정보문의서비스

필요한 정보를 노인에게 제공해 주는 것이 정보문의서비스의 주목적이다. 정보문의서비스는 서비스 연감의 출판, 서비스의 홍보 등을 수행하고 있으며, 몇몇 주에서는 전국적인 정보를 '24시간 핫라인'을 통해 가동세미나 개최나 시설에 대한 이용 대기시간과 충원내용 등에 관한 최근 정보를 무상으로 제공하고 있기도 하다. 현재 이러한 정보문의서비스는 지역단위로 노인기관, 사회서비스기관, 공공도서관, 민간단체, 병원, 노인센터 등의 시설에 의해서 제공되고 있다.

다. 다목적 노인센터(multipurpose senior center)

다목적 노인센터는 노인들이 지역사회에서 일상생활을 하는 데 있어서 하나의 이용시설에서도 사회적 활동을 원활히 해나갈 수 있도록 원조하고 있다. 또한 재가복지서비스를 수행하면서 장기보호연속체로서의 역할도 수행하고 있다. 이 센터의 시작은 일반 대중운동이었으나 오늘날에는 공공기관이나 민간단체에 의해서 이루어지고 있는 실정이다.

노인센터가 처음 설립된 1940년대에는 사회에서 고립된 저소득층 노인들이 건강하고 독립된 삶을 영위할 수 있도록 외로움을 극복하고, 여가 및 사회 프로그램을 제공하는 것이 주로 담당하는 일이었다. 이후 노인센터에서는 노인에게 건강, 급식, 사회, 교육, 레저 등과 관련된 광범위한 서비스를 제공함은 물론 자원봉사활동의 기회를 제공하는 장소로서의 역할도 수행하였다.

③ 노인의 사회참여를 위한 서비스

가. 취업서비스 프로그램

연방정부는 노인인력을 국가 인력개발정책의 일환으로 보고 이를 매우 중요시하고 있다. 그래서 정부는 노인인력활용 프로그램을 지속적으로 개발하고 있는데, 연방노인청과 노동부에서 담당하고 있다. 취업서비스를 위한 대표적 프로그램으로는 노인 지역사회서비스 고용 프로그램(senior community service employment program)이 있다. 이 프로그램은 저소득층 실업노인들에게 노인복지법에 근거한 지역사회서비스 활동의 시간제 취업을 연결하여 일정 소득을 얻도록 하고 있다.

나. 자원봉사 프로그램

연방정부는 ACTION 프로그램을 1970년대 초부터 시작하였으며, 이 프로그램은 노인자원봉사자의 충원, 배치 및 훈련 등 여러 가지 프로그램에 대해서 정부가 지원해 줄 것을 목적으로 1917년 닉슨 대통령 재임 시 연방정부의 자원봉사자기관으로 설립되었다. 이 기구의 사업 중에는 양조부모 프로그램(FGP : Foster Grandparents Program) 및 노인동반자 프로그램(SCP : Senior Companion Program), 은퇴노인 자원봉사 프로그램(RSVP : Retired Senior Volunteer Program) 등이 있다.

다. 교육 프로그램

미국의 많은 대학에서는 노인을 대상으로 그들의 학습적 욕구를 충족시킬 수 있는 프로그램을 개설하고 있다. 이러한 교육 프로그램을 통해 노인은 새로운 기술과 지식을 습득할 수 있을 뿐 아니라 같은 관심사의 동년배 친구를 사귈 수 있는 기회를 제공받을 수 있다. 또한 배우자의 상실과 퇴직, 우울 등 노년과 관련 문제를 슬기롭게 극복할 수 있는 배움의 기회를 갖게 된다.

④ 사회보호서비스

가. 법률서비스 및 보호서비스

미국에는 노인들에게 복지혜택을 부여하는 규정과 법들이 적지 않다. 그러나 노인들 중에는 이러한 규정이나 법들을 제대로 모르기 때문에 당연히 누려야 할 혜택을 제대로 누리지 못하는 경우도 있다. 이러한 문제를 해결하기 위해서 개설한 것이 바로 법률서비스 프로그램이다.

법률서비스의 가장 중요한 역할은 신체적 및 정신적 장애가 있는 노인에게 보호서비스를 제공하는 것이다. 법률서비스 중에는 대리위임권(durable power of attorney), 후견제도(guardianships), 사망선택유언(living wills), 보호제도(conservatorships) 등에 대한 문제도 포함된다.

나. 장기보호 옴부즈맨 프로그램(long-term care ombudsman program)

미국은 시설노인에 대한 보호장치를 위해 장기보호 옴부즈맨 프로그램을 마련하였다. 만일 시설에서 수용노인들에 대해서 비효과적인 서비스나 학대 등의 상태가 발생할 때는 전화로 바로 신고할 수 있는 '핫라인'도 설치했다. 오늘날 이 제도는 시설을 이용하는 노인들의 생활수준 향상에 크게 기여하고 있는 것으로 평가된다.

정부는 지역단위로 옴부즈맨을 위촉하고 있는데 옴부즈맨의 역할이 시설노인에게만 국한된 것은 아니며, 가정보호와 같은 다른 노인복지의 서비스 면에서도 문제점을 찾아서 그 해결책을 강구한다.

다. 교통서비스

미국은 넓은 국토에 비해 대중교통수단이 발달되지 않았기 때문에 자가용이 없이는 이동 및 생활하기 힘든 지역이 많다. 그런데 고령으로 장애를 가진 많은 허약한 노인들은 자동차 운전이 힘들거나 불가능하다. 또 한국이나 일본과는 다르게 자식과 동거를 거의 하지 않기 때문에 쇼핑 등 외출할 때에 도움을 받기 힘든 경우가 상대적으로 더 많다.

(3) 우리나라의 재가노인복지사업

처음에는 노인복지기관이나 장애인복지기관 등에서 가정봉사원을 중심으로 하는 사업으로 전개되었으며, 당시 실시된 재가복지사업의 내용은 다음과 같다.

첫째, 가사서비스는 가정봉사원들에 의해 실시되는 사업으로 노인과 심신장애의 가정(구미에서는 소년·소녀가정도 대상이 됨)에서 가사를 돌보아 주는 것을 말한다. 재가복지서비스 분야에서 가장 큰 비중과 위치를 차지하고 있으며, 구미에서는 가정봉사원(home helper)사업의 경우 대부분의 공무원들이 그 업무를 수행하고 있고 일부는 민간복지 분야의 가정봉사원들이 참여했다.

둘째, 간병서비스는 안마, 병간호 수발, 병원 안내 및 동행, 약품구입, 신체운동, 집안소득 등을 지원해 주기도 했다.

셋째, 정서서비스는 말벗, 신문 및 책 읽어주기, 학업지도, 여가지도, 취미활동 제공, 산책 제공, 신상상담 등에 대해서 지원해 주는 것이다.

넷째, 의료서비스는 방문간호라는 용어로도 쓰이며, 보건의료 분야에서 행하여지고 재가간호서비스와 같은 방법이다. 가능하면 자격증을 가지고 있는 간호사에 의해 서비스가 이루어지면 좋으나, 자격증 소지자가 절대적으로 부족하기 때문에 문제점으로 제기되기도 했다. 미국에서도 이러한 문제점을 보완하기 위하여 무자격자라 하더라도 'Home-Health-Aid'라는 자격을 일정한 훈련과 국가시험을 통해 부여하고 있으며, 우리나라에서는 태화기독교사회복지관이나 YMCA 등에서 실시하고 있는 간병인 프로그램이 이와 같은 기능을 하고 있다.

다섯째, 결연서비스는 후원자 결연사업으로 경제적 자원과 고민이나 위기상황 속에서의 상담, 진학이나 자립대책 같은 생활의 전반적인 면을 관리해 주는 사후관리로 사회적·심리적 측면을 지원하였다.

여섯째, 자립서비스는 소득을 올릴 수 있도록 해 자립을 도와주는 것이며 탁아, 직업보도, 기능훈련 등이 포함된다.

일곱째, 주민교육서비스는 가정에서 요보호대상자를 보살피는 요령이나 방법 등을 가르치는 것을 말한다.

여덟째, 필요한 서비스를 수시로 받게 하는 복지관 내 시설이용서비스를 말한다.

① 방문요양서비스

방문요양서비스는 가정에서 일상생활을 영위하고 있는 노인으로서 신체적·정신적 장애로 어려움을 겪고 있는 노인에게 지역사회 안에서 건전하고 안정된 노후를 영위할 수 있도록 요양보호사가 가정을 방문하여 신체활동 및 가사활동 등 필요한 각종 서비스를 제공하는 것을 목적으로 한다(보건복지부, 2013). 이 서비스는 1993년 노인복지법의 개정과 더불어 가정봉사원 파견사업이라는 이름으로 시작되었으며, 노인장기요양보험제도가 도입되면서 현대의 방문요양서비스로 대체되었다.

교육 이수만을 자격으로 하는 가정봉사원의 전문성을 강화하는 시험제도를 도입하여 요양보호사를 돌봄인력으로 파견하게 되었다. 신체활동지원서비스로는 세면도움, 이동도움, 식사도움, 체위변경, 신체기능의 유지 및 증진 등이 있다. 가사활동지원서비스로는 세탁, 취사, 청소, 생활필수품 구매, 주변 정돈 등이 해당되며, 개인활동지원서비스로는 외출 시 동행, 부축, 일상업무 대행 등이 있다. 정서지원서비스로는 말벗, 격려 및 위로, 생활상담, 의사소통 도움 등이 해당된다(보건복지부, 2013).

방문요양서비스의 목적은 장기요양급여수급자에게 전문적이고 계획적인 서비스 등을 제공하여 대상자들이 삶의 질과 신체기능을 향상시키는 것을 목적으로 하기 때문에, 찾아가는 복지서비스라는 기본 원칙하에 직접적 도움 및 지원을 제공하면서 그들의 전체적 건강상태를 관찰하고 목표설정과 달성에 있어서도 대상자와 함께 노력하는 것이 필요하다.

가. 요양보호서비스의 기능

요양보호서비스의 기능은 각 대상자의 신체적 지능수준, 사회·심리적 상태 및 가정, 주변 환경 등에 따라 필요한 요양보호서비스를 제공함으로써 대상자의 삶의 질을 향상시키는 데 있다. 즉, 대상자의 현재 기능수준을 향상시키며 필요한 일상생활을 지원하고 심리·정서적 지원을 통해 안락한 노후생활을 영위할 수 있도록 돕는 기능을 한다. 〈표 11-8〉의 요양보호서비스 분류와 〈표 11-9〉의 방문요양서비스 내용을 살펴보면 다음과 같다.

〈표 11-8〉 요양보호서비스 분류

분 류	표준 서비스 내용
신체활동지원서비스	세면도움, 구강관리, 머리 감기기, 몸단장, 목욕도움, 옷 갈아입히기, 식사도움, 체위변경, 화장실 이용하기, 이동도움, 신체기능의 유지·증진
일상생활지원서비스	취사, 청소 및 주변 정돈, 세탁
개인활동지원서비스	일상업무 대행, 외출 시 동행
정서지원서비스	말벗, 격려, 위로, 생활상담, 의사소통 도움
방문목욕서비스	방문목욕

〈표 11-9〉 방문요양서비스 내용

서비스	구 분	세부내용
신체활동지원	세면도움	얼굴과 목, 손 씻기 등, 사용물품 정리, 세면대까지의 이동 포함
	구강관리	구강청결(양치질 등), 양치 지켜보기, 틀니 손질, 가글액·물 양치, 필요물품 준비 및 사용물품의 정리
	머리 감기기	머리 감기, 머리 말리기, 세면대까지의 이동보조 포함, 필요물품 준비 및 사용, 물품의 정리
	몸단장	손발톱 깎기, 면도, 면도 지켜보기, 머리단장, 화장하기, 필요물품 준비 및 사용물품의 정리
	옷 갈아입히기	의복준비(신발, 양말 포함), 지도 및 지켜보기, 겉옷 및 속옷 갈아입히기, 의복정리
	목욕도움	입욕준비, 옷 갈아입히기, 입욕 시 이동보조, 몸 씻기(샤워 포함), 사용물품 정리
	식사도움	식사 차리기, 식사보조, 경관영양 실시, 구토물 정리
	체위변경	체위변경, 일어나 앉기 도움
	이동도움	침대에서 휠체어로 옮겨타기, 집 안 걷기 또는 보행도움, 산책
	신체기능의 유지·증진	보행·서 있기 연습보조, 관절구축 예방활동, 기구사용 운동보조, 보장구 장치 도움
	화장실 이용하기	화장실 이동지원, 기저귀 교환, 배뇨·배변 도움 및 지켜보기, 용변 후 처리지원, 필요물품 준비 및 사용물품의 정리

일상 생활 지원	취 사	식·재료의 준비, 국·반찬하기, 밥 짓기, 설거지, 식탁청소, 음식물쓰레기 분리수거, 행주삶기 등
	청소 및 주변 정돈	급여대상자가 주로 거주하는 장소(방, 거실) 정리, 이부자리 정돈, 화장실 청소, 쓰레기 분리수거, 화장대·책장 정리, 옷장·서랍장 등 정리
	세 탁	급여대상자의 옷, 수건, 양말, 침구류, 걸레 등 세탁과 삶기 등
개인 활동 지원	외출 시 동행	은행, 병원, 관공서 등 방문 시 부축 또는 동행(차량 이용 포함)하고 책임 귀가, 산책, 장보기
	일상업무 대행	은행·관공서 업무대행과 이용자가 원하는 식료품 구매, 병원 약 타오기 등
정서 지원	말벗, 격려 및 위로	안부확인을 위한 방문, 격려, 말벗
	생활상담	생활상의 문제 등 조언 및 상담
	의사소통 도움	대화, 전화, 편지 등의 방법으로 이용자의 욕구 파악 및 의사전달 대행

서비스 이용 시 참고해야 할 사항은 수급자와 요양기관이 서비스를 제공받거나 제공할 때 대상자 가족을 위한 행위 등의 사항을 요구하거나 제공할 수 없다는 것이다. 또한 방문요양서비스는 간호분야 등 의료서비스가 포함되지 않기에 간호가 필요할 시 방문간호 요청에 의해 방문간호사가 방문하여 도와준다.

나. 서비스 대상자와 이용절차

대상자는 건강상태에 따라 〈표 11-10〉과 같이 1등급에서 5등급으로 나뉘는데, 그중 하나의 등급을 판정받은 재가노인이다. 서비스 이용을 원하는 노인과 가족들은 장기요양인정신청서를 국민건강보험공단에 제출해야 한다. 신청서를 제출하면 국민건강보험공단에서는 서비스를 받을 자격요건이 되는지 알아보기 위해 대상자의 집을 방문하여 장기요양인정조사표에 따라 조사를 실시하게 된다. 등급판정위원회에서는 방문조사 결과와 의사소견서를 바탕으로 장기요양인정과 장기요양등급을 판정한다(국민건강보험공단, 2014). 등급을 판정받은 뒤에는 장기요양인정서, 표준장기요양이용계획서를 국민건강보험공단으로 발송하고 공단에서는 다시 노인과 가족에게 문서를 보낸다. 노인과 가족은 자율적으로 장기요양기관을 선택하여 계약을 맺고 방문요양서비스를 이용할 수 있다.

〈표 11-10〉 **등급에 따른 장기요양이 필요한 기능 상태와 수준**

등 급	심신의 기능상태	장기요양 인정점수
1등급	일상생활에서 전적으로 다른 사람의 도움이 필요한 상태	95점 이상
2등급	일상생활에서 상당 부분 다른 사람의 도움이 필요한 상태	75점 이상 95점 미만
3등급	일상생활에서 부분적으로 다른 사람의 도움이 필요한 상태	60점 이상 75점 미만
4등급	심신의 기능상태장애로 일상생활에서 일정 부분 다른 사람의 도움이 필요한 상태	51점 이상 60점 미만
5등급	치매(노인장기요양보험법 시행령 제2조에 따른 노인성 질병으로 한정한다) 환자	45점 이상 51점 미만

출처 : 국민건강보험공단(2014).

다. 재정 및 수가 선정기준

재정은 장기요양보험료, 국가지원, 본인부담금으로 충당한다. 장기요양보험료는 국민건강보험 가입자가 부담하게 된다.

서비스 남용을 막기 위하여 서비스를 받는 노인이 직접 부담해야 하는 본인부담금을 지불해야 한다. 시설급여는 장기요양급여비용의 20%인 반면에 재가급여는 장기요양급여비용의 15%를 부담하고 있다. 국민기초생활 수급권자는 자부담이 무료이며, 의료급여 수급권자는 7.5%를 부담하고 있다.

방문요양서비스의 수가는 〈표 11-11〉과 같이 8단계로 되어 있으며 서비스를 이용한 시간에 따라 산정된다. 국민기초생활 수급권자는 무료이다. 매월 사용할 수 있는 한도액은 〈표 11-12〉와 같으며 한도액을 초과할 경우에는 100% 본인이 부담해야 한다(국민건강보험공단, 2013). 건강상태에 따라 이용할 수 있는 서비스 시간을 다르게 적용하여 서비스가 더 필요한 노인에게 제공할 수 있도록 해야 한다.

〈표 11-11〉 **방문요양급여비용(방문요양 서비스 1회 이용요금)**

방문당 시간	2019년 수가	2019년 본인부담	2020년 수가	2020년 본인부담
30분	14,120	2,118	14,530	2,180
60분	21,690	3,254	22,310	3,347
90분	29,080	4,362	29,920	4,488
120분	36,720	5,508	37,780	5,667
150분	41,730	6,260	42,930	6,440
180분	46,130	6,920	47,460	7,119
210분	50,190	7,529	51,630	7,745
240분	53,940	8,091	55,490	8,324

본인부담 : 일반(15%), 의료수급권자(7.5%), 기초생활 수급권자(0%)
출처 : 보건복지부 보도자료(2019. 10. 30)

〈표 11-12〉 **서비스 월간 이용 한도액**

구 분	1등급	2등급	3등급	4등급	5등급	인지지원 등급
2020년 한도액	1,498,300	1,331,800	1,276,300	1,173,200	1,007,200	566,600
인상율	2.88%	2.87%	2.87%	2.70%	2.69%	2.68%

* 위 금액은 법령(고시 등)에 따라 변경될 수 있다.
출처 : 보건복지부 보도자료(2019. 10. 30)

라. 방문요양 이용절차

방문요양 이용절차는 첫째, 신청 순으로 65세 이상 노인이거나, 65세 미만이지만 노인 질병을 가진 사람 또는 혼자서는 일상생활이 불편한 사람으로 본인 또는 대리인이 방문, 우편, 팩스, 인터넷으로 장기노인요양센터 또는 국민건강보험공단에 신청할 수 있다.

둘째, 판정의 순으로 장기요양등급판정위원회에서 신청일로부터 30일 이

내에 판정하며, 6개월 이상 동안 혼자서 일상생활을 수행하기 어렵다고 인정되는 경우 심신상태 및 장기요양이 필요한 정도에 따라 장기요양등급을 판정한다. 셋째, 결과통지의 순으로 신청일로부터 30일 이내에 판정결과에 따라 장기요양인정서, 표준이용계획서를 송부하며, 유효기간 종료 90일 전부터 30일 전까지 갱신신청이 가능하고, 유효기간 경과 후 매년 연속 3회 이상 같은 등급으로 판정되는 경우 3회 이후부터 유효기간은 2년이다.

서비스 이용은 노인요양시설(센터)과 재가장기요양기관과의 자율계약을 통해 급여를 이용하면 된다.

② 주 · 야간보호서비스

1992년부터는 단기보호사업, 주간보호사업 등 여러 가지 형태의 재가노인복지사업이 시작되었다. 2003년 1월부터 중산층과 서민층 노인의 보호를 위한 '실비주간보호사업'이 시작되었으며, 2008년 4월 4일 이후로는 재가노인복지시설로 명칭을 통일하고, 주 · 야간보호서비스센터라 칭하였다. 주 · 야간보호서비스 대상자는 장기요양급여수급자(1~5등급)와 이외의 자(등급 외 자) 중 기초수급자 및 부양의무자로부터 적절한 부양을 받지 못하는 자로서 혼자서 일상생활을 수행하기 어려워 주 · 야간보호서비스의 제공이 필요한 자(노인보호전문기관에서 학대피해로 입소의뢰를 받은 노인 포함), 또한 2008년 7월 1일 이전에 국가 및 지방자치단체로부터 운영비를 지원받는 시설을 이용하고 있는 등급 외 자 중 '기초수급권자' 및 '시설이용자'로 심신이 허약하거나 장애가 있는 65세 이상의 자(이용자로부터 이용비용의 전부를 수납받아 운영하는 시설의 경우에는 60세 이상의 자)로서 주간 또는 야간 동안의 보호가 필요한 자를 대상으로 하며, 서비스 내용은 신체기능상 장애를 가지고 있는 노인들에게 기능회복을 위한 재활서비스를 제공하여 지역사회 안에서 거주, 생활, 사회참여를 도모하고자 하는 데 그 목적이 있다. 낮 동안 각종 활동을 통해 생활능력에 대한 기능회복을 기하고 이용자에게 안정된 일상생활을 할 수 있게 원조한다. 장애를 가지고 있는 이용자를 수발하는 가족을 대상으로 어르신의 신체적 · 정신적 · 사회적 기능상태를 유지 · 향상시키고, 가족에게는 휴식과 케어 관련 정보를 제공하여 심리적 지지를 통해 어르신과 가족이 함께 지역사회 안에서 질적인 삶을 유지하는 데 원조한다. 어르신이 가정생활에 적응할 수 있도록 한다.

(4) 급식 및 목욕 서비스 등

① 급식서비스

이용노인들에게 올바른 급식서비스 제공으로 영양섭취를 통한 건강 유지 및 관리를 도모한다. 다섯 가지 기초식품군에 의거한 보다 다양한 식품의 조화로운 섭취로 인한 이용자들의 건강유지와 식품에 대한 편식을 최소화하여 올바른 식습관 형성을 통한 이용자 개개인의 질병 및 종류와 증상에 따라 적절한 식사제공을 통하여 질병의 예방과 치료에 그 목적이 있다. 급식생산의 위생적 관리를 통한 식중독 사고를 예방한다.

② 목욕서비스 등(몸 청결, 구강관리, 머리 감기, 얼굴 씻기, 몸단장, 배설, 옷 갈아입히기)

일반가정에서 목욕이 곤란한 노인, 허약노인, 독거노인, 노인부부 세대에게 중요한 서비스의 하나이며, 보호자가 있다 하더라도 청결부분, 즉 목욕서비스는 중요한 서비스의 하나이다. 목욕서비스(청결서비스)는 이용자의 청결한 생활유지와 삶의 자존감을 높일 수 있고, 신체의 혈액순환을 좋게 하고, 욕창이나 피부습진 등을 살필 수 있으며, 상쾌하고 건강한 기분이 들어 삶의 의욕을 가져다 준다.

(5) 송영서비스

이용자들의 송영서비스는 기관의 프로그램을 지지하며, 제공되는 서비스 중에서 가장 중요한 것이다. 주 · 야간보호의 많은 노인들은 기관에 오는 수단에 대한 원조가 없으면 보호를 받을 수 없다. 주 · 야간보호서비스의 기준을 시정할 때 교통수단을 살펴보는 것은 기관에 오도록 하는 것을 살펴보는 것만큼 중요하다. 이용자가 기관을 편안하고 안전하게 이용할 수 있도록 교통편의서비스를 제공하는 서비스이다.

(6) 노인가족에 대한 교육 및 상담

노인가족에 대한 교육 및 상담으로 지역사회 복지자원 발굴 및 네트워크 구축에 관한 사항이다. 여기에는 무의탁 노인 후원을 위한 결연사업과 지역사회 자원봉사자 등 인적자원 발굴사업이 포함된다. 교육서비스는 이용자의 낙상은 상태의 악화 및 사망으로 이어지는 위험한 것이기 때문에 수급자 또는 보호자에게 낙상발생 위험 정도를 미리 알리고 낙상에 주의하도록 교육하며, 마비 또는 구축 등으로 인하여 스스로 움직일 수 없는 수급자 또는 보호자에게 욕창예방에 대한 자료를 제공하고 설명한다. 또 상담서비스는 수급자의 상태변화 및 고충 등을 이야기하기 위하여 기관의 시설장이 수급자나 보호자와의 상담을 매월 정기적으로 실시하는 서비스를 시행한다.

(7) 급식영양서비스

나이가 들면서 미각과 기호가 변화되기는 하지만 유아기의 성장기에 습득한 미각이 남게 되는 경우가 많다. 그러나 미각, 후각, 시각이 둔해지면서 식사 시 느끼는 즐거움과 활동이 감소되며 치아가 빠지거나 틀니가 잘 맞지 않을 경우 정상적인 식사는 더욱 어려워진다. 노인이 되면서 활동에 따른 열량이 감소되므로 열량이 적고 모든 영양소를 골고루 섭취할 수 있는 식이습관 형성이 중요하다. 낯선 시설로의 이주와, 지위의 격하, 가족의 보살핌 부족과 신체적 기능의 감소 등으로 인해 식욕저하도 나타날 수 있고, 당뇨병, 고혈압 및 관절염, 치매 등 노인성 만성질환이 있는 경우는 더욱이 영양관리가 중요하다. 급식영양서비스는 개인의 특성에 따라 적절히 구분된 식사장소, 분위기, 식기류, 식단, 보조도구, 식사보조 방법, 인력 등을 포함한다.

① 단기보호서비스

단기보호사업은 부득이한 사유로 가족의 보호를 받을 수 없는 심신이 허약한 노인과 장애노인을 단기간 시설에 입소시켜 필요한 각종 편의를 제공함으로써 노인의 생활안정과 심신기능의 유지 및 향상을 도모하고, 부양가족의 신체적·정신적 부담을 덜어주기 위한 사업이다.

단기보호사업과 주간보호사업은 보호기간과 서비스 내용·비용 면에서 다소 차이가 있지만 동일한 목표를 갖는 유사한 사업이다. 단기보호사업은 주간보호사업과 마찬가지로 무료 및 실비사업과 유료사업으로 구분된다. 정부의 지원을 받는 무료 및 실비사업은 국민기초생활 보장 수급노인과 저소득층 노인을 대상으로 하고, 유료사업의 경우에는 일반노인을 대상으로 한다.

단기보호사업에서 제공되는 프로그램은 실시기관마다 다양하며, 대부분 급식, 치료 및 기타 일상생활에 필요한 편의를 제공하는 선에서 이루어지고 있다. 보호기간은 15일 이내이며 이용노인이나 부양가족의 요구 시에는 시설장의 재량으로 2회 연장이 가능하다. 지금은 단기보호사업을 노인입소시설에서 제공할 뿐만 아니라 지역사회복지관, 노인복지관, 재가노인봉사센터와 같은 이용시설에서도 허약한 노인이나 심신장애 노인을 대상으로 일시적으로 급식, 목욕, 물리치료, 기타 일상생활에 필요한 각종 서비스를 제공하고 있다.

② 방문목욕서비스

방문목욕서비스는 2008년 7월 시행된 노인장기요양보험법에 따라 65세 이상의 노인 및 65세 미만이더라도 노인성 질병을 가진 자가 장기요양인정 신청을 하여 국민건강보험공단으로부터 '장기요양인정서'를 발급받은 노령 또는 중증장애로, 거동이 불편하여 스스로 목욕을 하지 못하는 대상자에게 목욕서비스를 제공함으로써 신체적 청결과 근육경축 예방 및 심신의 기능을 향상시키고 안정된 생활을 유지시켜 주는 서비스이다. 목욕장비를 갖추고 재가노인을 방문하여 목욕을 제공하는 서비스로 2인의 장기요양요원(요양보호사)이 수급자의 가정을 방문하여 목욕서비스를 제공하는 것으로 목욕설비를 갖춘 차량을 이용하거나, 목욕차량에 부속되지 않은 이동식 욕조 등 장비를 가지고 수급자의 가정을 방문하여 목욕서비스를 제공하는 것이다. 방문목욕급여를 제공할 수 있는 장기요양요원은 노인복지법에 따른 요양보호사 1급 자격을 가진 자이어야 한다.

방문목욕서비스의 요금은 〈표 11-13〉과 같이 보건복지부 고시 제2008-12호에 명시된 본인부담액은 일반 15%, 의료수급권자 7.5%, 기초생활 수급권자 0%이고, 입욕이 아닌 전신목욕의 경우 차량 미이용 수가의 80%를 산정한다.

〈표 11-13〉 **방문목욕서비스 이용금액**

방문목욕서비스(방문당)	이용금액(원)	본인부담	보험부담
차량 미이용 방문목욕서비스	39,590	5,939	33,652
차량 이용 방문목욕서비스	71,290	10,694	60,597

Chapter 12

노인교육과 자원봉사

1. 노인교육의 필요성

노인교육은 노인들에게 현대사회에 적응할 수 있는 능력을 키우기 위한 지식의 습득, 고독감과 소외감을 감소시켜 삶의 보람을 찾아 노후를 보람 있게 지낼 수 있도록 하기 위해 필요하다.

현재 노인계층은 주로 빈곤한 생활과 성차별, 신분 등에 따라 교육의 기회에 대한 차별이 극심했던 조선 말기와 일제강점기에 성장기를 보냈기 때문에 적절한 공식교육을 받을 수 있는 기회가 제한될 수밖에 없었다. 2011년 노인실태조사를 보면, 65세 이상 노인들 중에서 공식교육을 전혀 받지 못한 노인이 32%, 문자를 해독할 수 없는 문맹노인이 11% 정도인 것으로 나타났다. 특히 여성노인의 문맹률은 17% 정도에 이르고 있다(정경희 외, 2012). 그러나 2008년에 비하여 2011년도에는 교육을 받지 않은 노인의 비율이 1% 포인트 정도 줄어들었을 뿐만 아니라 대학 이상의 교육을 받은 노인은 3% 포인트 증가한 것으로 나타나고 있다(박명하 외, 2009; 정경희 외, 2012). 이러한 노인인구의 교육수준 증가추이를 보면 점차적으로 고학력의 노인인구가 차지하는 비중이 더욱 높아질 것으로 예측된다. 그러나 사회변화로 인해 노인의 교육수준이 향상되고 있지만 공식 학교교육을 통해 습득한 지식만으로 만족스러운 노후생활을 영위한다는 것은 기대하기가 어렵다(권중돈, 2013). 또한 정보지식사회로 인하여 사회의 변화가 가속화되면서 세대 간의 지식의 격차가 심화되어 현 세대의 노인은 정보와 지식, 더 나아가 문화적 소외현상을 더욱 강하게 경험할 수밖에 없는 상황에 처하게 되었다(허정무, 2002). 그리고 평균수명의 증가와 노인인구의 양적인 증가로 인한 노인의 사회적인 영향력의 증대와 노인인력활용에 대한 사회관심의 증가, 노인의 잠재력과 능력을 인정하는 사회의 노인에 대한 관점 변화, 노인의 자기계발에 대한 욕구 증가, 노인의 자립의식 증가 등으로 인해 노인교육의 필요성이 더욱 높아지게 되었다(한정란, 2001; 허정무, 2002). 그러나 노인이 지닌 성향이나 노인이 처한 상황요인, 그리고 노인교육과 관련된 제도요인 등에서 야기되는 다양한 장애요인으로 인하여 노인교육은 아직까지 활성화되지 못하고 있다. 2011년 노인실태조사에서 65세 이상 노인 중 평생교육 프로그램을 이용하고 있는 노인은 7% 정도에 불과한 것으로 나타났다(정경희 외, 2012).

노인들의 평생교육 참여율을 성별 및 가구소득 수준별로 자세히 살펴보면 |그림 12-1|과 같다.

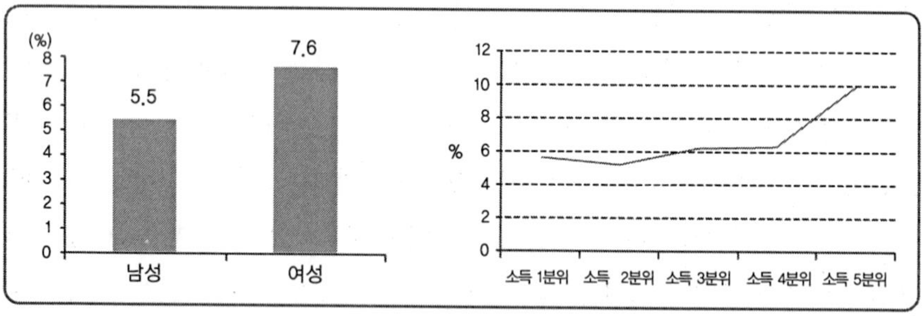

|그림 12-1| **성별 및 가구소득 수준별 노년기 평생교육 참여율**

출처 : 정경희 외(2012). 2011 노인실태조사. 보건복지부 · 한국보건사회연구원.

평생교육에 참여하지 않는 가장 큰 이유는 교육에 대한 욕구 자체가 없기 때문이며 향후 참여 희망률도 약 15%로 낮은 수준으로 상당수의 노년층은 평생교육을 받고 싶지 않거나 필요성을 느끼지 못하고 있다. 노년기 평생교육 미참여 이유를 자세히 살펴보면 |그림 12-2|와 같다.

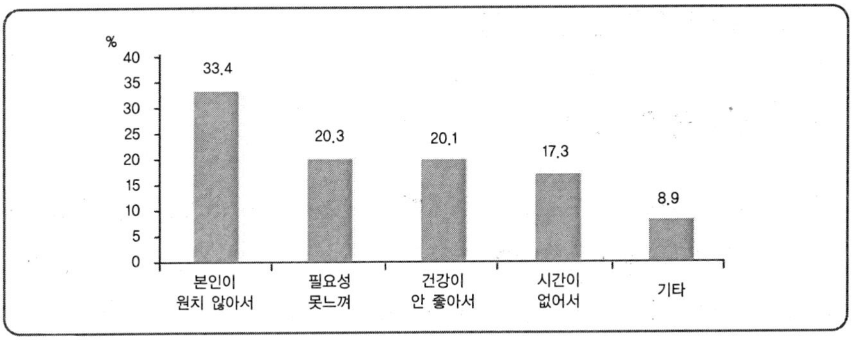

|그림 12-2| **노년기 평생교육 미참여 이유**

출처 : 정경희 외(2012). 2011 노인실태조사. 보건복지부 · 한국보건사회연구원.

그러나 앞으로 노인의 평생교육에 대한 의식이 증진과 사회참여 역량이 강화됨에 따라 노인교육은 더욱 활성화될 전망이다(권중돈, 2013). 이런 노인교육의 교육적 접근의 필요성을 구체적으로 살펴보면 다음과 같다(남제현, 2011).

첫째, 고령화시대 노년기 사회참여의 중요성이 증가함에 따라 노년기 동안 보다 효율적으로 살기 위한 준비교육의 필요성이 제기되었다.

둘째, 급속한 사회변화에 따른 적응교육과 세대 간 차이를 축소시키기 위한 노력이 요구되고 있다.

셋째, 노년이 갖게 되는 장애보다는 노인들이 개발해야 할 능력에 초점이 맞춰지고 있다.

넷째, 교육수준의 향상으로 기본적인 욕구에서 자기개발과 자아실현을 위한 욕구를 갖게 되었다.

다섯째, 젊은 세대의 부양의식에 대한 감소로 노인들이 경제적 · 사회적 · 심리적으로 자립해야 할 필요성이 대두되게 되었다.

여섯째, 가족구조의 변화에 따른 핵가족화로 노인들이 여가를 유효적절하게 보낼 수 있는 방법이 필요하게 되었다.

일곱째, 고령으로 인해 신체적인 쇠퇴와 직업생활의 은퇴, 가족 내의 지위나 역할의 갈등으로 인한 노인의 정체성이 위기에 직면하게 되었다.

2. 노인교육의 방법과 유형

1) 노인교육의 방법

노인교육은 아동중심의 교육학인 페다고지(pedagogy), 성인중심의 교육학인 안드라고지(andragogy)와 함께 교육학의 3대 체계를 구축하고 있다. 노인교육은 단순히 아동, 성인, 노인이라는 연령에 따른 대상의 구분이 아니라 연령, 지위, 성별에 관계없이 각자의 관심과 이해에 따라 여러 세대가 한데 모이고 상호작용을 함으로써 그 속에서 서로 간에 정보들을 교환하고 새로운 지식을 만들어 내는 적극적인 과정으로서, 제3의 교육학 또는 초세대적인 교육의 의미를 갖는 '트라이고지(trigogy)'를 의미한다(한정란, 2001). 이러한 노인교육을 Peterson(1983)은 "노인을 위한, 그리고 노인과 노화에 관한 교육적 노력의 실천과 연구"라고 하였으며, Jarvis(1990)는 "노인을 위한 교육, 노인과 노화에 관한 교육, 그리고 노인과 관련된 직업을 가진 이들을 위한 교육의 세 분야를 포함하는 교육적 노력의 연구와 실천"으로 규정하고 있다.

(1) 노인에 의한 교육

노인에 의한 교육방법은 노인의 지혜와 경험을 교육적으로 활용하는 노인교육 방법으로 교실학습을 통한 실질적인 교육의 제공, 다양한 경험의 제공, 대인관계의 확대, 전통의 전수, 노인의 사회참여를 목적으로 한다. 그리고 교육의 내용은 역사적 증언과 회상, 전통적 가치와 윤리, 전통예절, 전통적 기술과 민속, 전통예술, 전통음식, 기타 전문주제에 관한 교육, 지역사회봉사 등과 같은 직접적인 교육활동에서 간접적인 교육효과를 가져올 수 있는 모든 영역의 활동에 이르기까지 매우 다양하다. 그리고 젊은 세대 간에는 학습장면에서의 역할과 지위의 차이 외에도 세대차로 인하여 교수자-학습자의 관계가 주종관계로 전락할 위험이 있으므로 교육과정에서는 호혜적 관계를 형성하는 것이 중요하다.

(2) 노인에 관한 교육

노인에 관한 교육은 노인 및 세대 간 이해의 확장, 노화에 대한 준비와 적응을 목적으로 실시된다. 교육내용은 노화에 대한 준비, 노년기의 발달과 적응, 고령화사회의 영향, 노년기의 생리·심리·사회적 변화, 노인과 더불어 살기, 노후생활 설계와 성공적 노화사례 탐구 등으로 구성된다. 그리고 교육방법은 강의와 함께 자서전 작성 등의 다양한 방법이 활용될 수 있다.

(3) 노인을 위한 교육

노인의 역량을 강화하기 위한 교육활동으로 자기계발, 노화에의 적응, 사회적응, 능동적인 삶의 고취, 대인관계 확대, 자립과 사회참여 촉진 등을 목적으로 한다. 여가, 노후의 경제생활, 건강 등의 노후생활 전반에 필요한 내용은 물론, 노인의 복지와 권리, 취업, 생존과 일반교양, 죽음과 영성에 대한 내용을 교육한다. 그리고 자기지향적이고 의미 있는 학습원리 융통성과 상호존중의 원리, 노인중심의 원리 등에 근거하여 노인과 노화의 특성에 적합한 교육방법을 활용한다.

(4) 세대공동체 교육

세대공동체 교육은 여러 세대 혹은 여러 연령집단이 어떤 교육적인 목적을 위하여 공동체 안에서 함께 활동하는 것으로 세대 간 오해와 편견의 경감, 세대 간 공동체 의식의 제고, 인간과 사회에 대한 이해 증진, 세대 상호 간 원조 제공, 연령에 따른 차별의 인식 개선, 서로 다른 세대의 성장경험과 실질적 원조 등의 효과를 지닌다. 이러한 세대공동체 교육은 공식교육에서 노인을 교수자로 활용하거나 성인교육 프로그램에 노인을 학습자로 참여시키는 등 처음부터 여러 세대가 공동으로 참여하여 세대공동체 학습 프로그램이나 봉사활동 프로그램을 활용하여 교육을 실시할 수 있다.

2) 노인교육의 유형

Cyril Houle은 성인기를 독립적인 성인기, 초기 중년기, 초기 노년기, 후기 노년기의 4단계로 나누었다. 이 중 특히 관심을 둔 것은 마지막 두 단계로 55~75세까지의 초기 노년기와 75세 이상의 후기 노년기이다. 초기 노년기에 있어 교육은 첫째, 노년기에 성공적으로 적응할 수 있는 전략을 계획하는 데 도움을 주며, 둘째, 일로부터의 은퇴를 감소시킬 뿐 아니라 새로운 관심과 활동에 참가할 능력을 부여함으로써 새로운 직업획득이 가능하도록 해준다. 또한 교육은 노인들이 여가를 활용하는 데 일익을 담당하는 활동이 된다. 후기 노년기의 학습은 보통 개인적인 욕구와 관련되어 있으며, 그 욕구는 사회에 계속 공헌하는 것 또는 만족스러운 시간을 보내는 것 등을 포함한다. 그리고 교육은 많은 노인들에게 다른 연령 집단들과 교제할 수 있는 기회 및 지역사회 활동이나 주요 사건들에 계속 개입할 수 있는 기회를 제공해 준다. 또한 노년기의 학습은 노인 자신들의 정신과 육체에 생명력을 불어넣는 데에도 공헌함이 크다(Harris & Cole; 최신덕 역, 1985).

김종서 등(1982)은 『사회교육의 개념』에서 인생의 각 발달단계에서 발달과업으로서 반드시 학습해야 할 과제들을 구체적으로 제시하고 있다. 특히 60세 이후 노년기에 해당하는 발달과업을 살펴보면 다음과 같다(최성재·장인협, 2006).

(1) 지적 영역

① 세대차와 사회변화를 이해하기
② 은퇴생활에 필요한 지식과 생활 배우기
③ 정치, 경제, 사회, 문화에 대한 최신동향 알기
④ 건강증진을 위한 폭넓은 지식 갖기

(2) 정의적 영역

① 적극적으로 일하고 생활하려는 태도 유지하기
② 취미를 계속 살리고 여가를 즐겁게 보내기
③ 정년퇴직과 수입감소에 적응하기
④ 배우자 사망 후의 생활에 적응하기
⑤ 동료 또는 자신의 죽음에 대하여 심리적으로 준비하기

(3) 사회적 영역

① 동년배 노인들과 친교 유지하기
② 가정과 직장에서 일과 책임을 합당하게 물려주기
③ 가정이나 사회에서 어른 구실 하기
④ 자녀 또는 손자들과 원만한 관계 유지하기

(4) 신체적 영역

① 줄어가는 체력과 건강에 적응하기
② 노년기에 알맞은 간단한 운동을 규칙적으로 하기
③ 건강유지에 필요한 알맞은 섭취생활을 하기
④ 지병이나 쇠약에 대한 바른 처방하기

이러한 노년기의 발달과업에 따라 현재 우리나라에서 실시되고 있는 노인교육은 ① 노인교육전담기관, ② 학구단위 노인교육, ③ 대학교에서의 노인교육, ④ 사회단체에서의 노인교육, ⑤ 시설중심의 노인교육 등으로 분류된다. 그리고 노인교육이 이루어지는 장소로는 독자적인 교육시설도 있지만 그 밖에도 교회 혹은 단체나 지역사회의 기관・시설 등도 있다. 노인학교시설은 사회복지기관에서 운영하는 시설, 종교단체에서 운영하는 시설, 그리고 지역사회 독지가들에 의해 운영되는 시설들이 많았으나, 1990년대

부터는 어린이 프로그램을 실시하는 대부분의 교회와 성당 등 노인학교 프로그램을 병행하여 실시하는 시설들도 증가하고 있다(최태복, 2011).

2011 노인실태조사에서 나타난 노인교육 제공기관을 보면, 노인복지관이 45.8%로 가장 많으며, 지역별 노인복지기관들이 17.9%, 종교기관이 15.7% 순으로 나타났다. 프로그램 유형은 여가 및 취미가 43.3%로 가장 많았으며, 일반교양 20.6%, 건강관리 · 운동이 20.1%로 나타났다. 노인을 대상으로 하는 교육기관과 프로그램들을 자세히 살펴보면 |그림 12-3|과 같다.

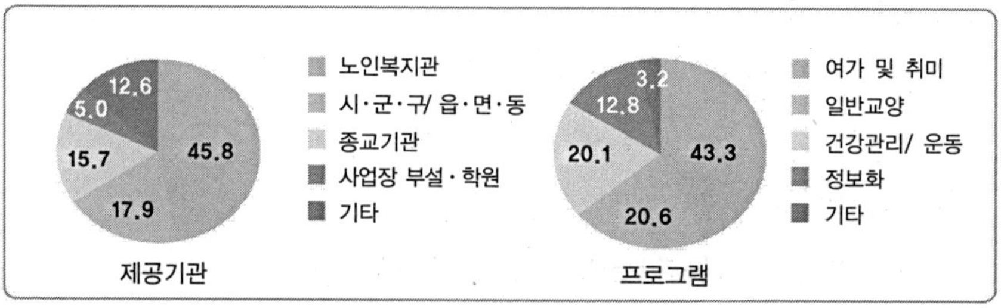

|그림 12-3| **노인대상 평생교육 제공기관 및 프로그램**

주 : 기타 제공기관에는 노인교실, 경로당, 대학(원)부설, 사업체부설, 학원 등이, 기타 프로그램에는 자원봉사자교육, 취업 및 직업교육, 노후준비교육, 대학 이상의 고등교육이 포함됨

자료 : 정경희 외(2012). 2011 노인실태조사. 보건복지부 · 한국보건사회연구원.

이상과 같이 노인을 대상으로 하는 노인교육은 주로 노인복지관에서 실시되고 있으며, 여가 및 취미생활 위주의 교육이 많이 진행되고 있음을 알 수 있다.

노인복지관의 노인교육 영역과 세부 프로그램을 살펴보면 〈표 12-1〉과 같다.

〈표 12-1〉 **노인복지관 교육영역 및 세부 프로그램**

대 상	영 역		세부 프로그램
노 인	평생교육 지원		한글교실, 외국어교실, 교양교실, 정보화교육, 역사교실, 예비노인 은퇴준비 프로그램 등
	취미여가 지원		음악(노래교실, 민요풍물교실, 댄스교실 등), 미술(서예, 수공예, 풍선아트), 원예, 다도교실, 연극, 레크리에이션, 운동, 바둑, 장기, 당구, 탁구
	고용지원		노인일자리사업, 고령자취업알선, 취업자 사후관리, 공동작업장, 은퇴준비교육
	건강생활 지원	기능회복 지원	물리치료, 양한방진료, 작업치료, 운동재활, ADL 훈련 등
		건강증진 지원	건강교육, 건강상담, 건강교실(건강체조, 기체조, 요가 등), 독거노인지원사업(기존 재가사업), 이미용, 노인건강운동 등
		급식지원	경로식당(중식서비스), 밑반찬도시락 배날, 푸드뱅크
		요양서비스	치매중풍환자 프로그램, 주·야간단기보호, 그룹홈, 장제서비스
	정서생활 지원		접수상담, 노인문제상담, 복지정보 및 상담, 전문상담(경제, 법률, 성 등), 심리상담, 종교행사, 죽음준비교육, 노인자살예방사업 등
	사회참여 지원		노인자원봉사 활성화사업, 지역봉사활동, 교통안전봉사, 동아리클럽 활동지원, 교통편의서비스 등
	경로당 혁신 프로그램		경로당활성화사업, 경로당임원리더십강화사업, 경로당주거환경개선사업 등
	주거지원		주택수리사업, 주거환경개선사업(도배 등)
	소득지원		후원금 연결, 은퇴 후 경제생활 적응, 경제교육 등
가 족	가족기능 지원		가정봉사원 파견, 방문간호, 노인돌봄서비스사업 등
	가족통합 지원		가족상담, 가족관계 프로그램, 가족캠프, 세대통합 프로그램 등
지역사회	지역자원 개발		자원봉사자 발굴관리, 후원자 개발, 외부 재정지원기관사업 수탁
	지역복지 연계		지역복지기관 연계, 지역협력사업(경로행사, 나들이 등) 등
	노인권익증진사업		정책건의, 노인인권 옹호, 노인인식개선사업, 편의시설 설치, 노인소비자 피해예방교육 등
노인복지관 조직	운영관리		인사관리, 재정관리, 시설관리 등
	사업관리		프로그램 개발, 실행, 점검, 평가, 보완 등
	연구개발		사업기획, 조사연구, 실습지도, 출판, 홍보, 자문(운영)위원회 등

출처 : 보건복지부(2012). 2012 노인보건복지 사업안내.

3. 노인교육의 발전방안

수명연장과 함께 노인의 교육수준과 경제수준, 건강상태가 개선되어 감에 따라 노인교육에 대한 욕구는 증가할 것으로 보인다. 따라서 노인교육을 활성화하기 위한 발전방안을 제시하면 다음과 같다(이윤경 외, 2013).

1) 노인교육의 관점 및 목적 확립

노년층이 시혜의 대상이자 쇠퇴와 조락의 시기에 도달하여 발달을 기대할 수 없다는 존재에서 벗어나 무한한 잠재력과 능력을 지닌 존재로 노년층을 재해석할 수 있도록 노인교육 목적의 확립과 노인이 평생학습사회의 한 주체자로서 다양한 교육에 더 많이 참여할 수 있는 방안마련이 요구된다. 따라서 노년교육을 평생교육의 관점에서 노인 자신의 능력개발 및 자아실현과 연계할 수 있는 질적 측면의 관리방안이 마련되어야 할 것이며, 노인의 적극적 노화와 자립능력을 이끌어 주는 사회분위기의 조성과 같은 중장기적 비전 및 정책도 제시될 필요성이 있다.

2) 노인교육의 추진체제 및 환경적 기반 마련

노인교육이 다양한 영역에서 다채로운 형태로 나타나고 다루어진다는 점은 바람직한 방향이라고 평가할 수 있지만, 다원화된 추진체계로 인한 비체계적이고 산발적인 노인교육서비스의 제공은 문제가 될 수 있다. 특히 노년교육기관의 운영을 관리하고 도와주는 주무부처가 교육부, 보건복지부 등 다원화되어 있고, 이 부처들 간의 역할분담 또한 미흡하여 혼선이 지속적으로 지적되고 있는 부분은 포괄적인 노인교육에 대한 비전 제시가 어려움이 크다는 점을 시사한다.

따라서 노인교육 관련 기능을 통합하는 부서의 일원화와 노인교육과 관련된 기능을 분명히 하여야 할 것이다. 한편 종교단체 및 대학과 같은 민간조직에서 노인교육을 진행하는 경우, 공공의 관리와 감독 기능이 가능하지 않거나 무의미할 수도 있기 때문에 지역사회 또는 관련 기관의 협의체와 같은 회의체를 구성하여 질적 관리를 가능하게 하는 네트워크를 형성하는 등의 방안마련이 필요하다.

3) 노인교육의 전문성 및 접근성 확보

노인들의 역량을 강화시켜 삶의 질을 향상시키기 위해서는 다양한 교육을 받을 수 있는 교육기회의 마련과 함께 노인교육을 진행하는 전문인력이 양성되어야 할 것으로 보인다. 노인교육 프로그램을 운영·지원·교육하는 사람들은 노인교육과 관련된 교과목(노인복지론, 노인교육론, 노년학, 노년심리, 노인상담 등)을 추가적으로 이수하는 등 최소한도로 꼭 필요한 교육내용을 부과할 수 있는 방편이 마련되어야 한다. 따라서 노년교육 전문자격제도를 신설하거나 실무자를 대상으로 재교육하는 방법 등 전문인력 양성체계가 마련되어야 하며, 노인교육현장에는 노년교육 전문인력이 배치될 수 있도록 규정이 마련되어야 한다.

또한 노인교육의 접근성을 높이기 위하여 노인교육에 대한 정보가 원활히 교류될 수 있는 정보교류의 장이 마련되어야 하며, 이에 대한 적극적인 홍보를 통하여 사회적 인식 및 참여를 제고하고 어디서나 손쉽게 정보를 확인할 수 있는 '노인교육 포털(portal)'이 운영될 필요가 있다.

4. 노인자원봉사의 중요성

일반적으로 노인은 서비스를 주는 자보다는 서비스를 받거나 도움을 받는 자로 인식되고 있다. 노인은 자원봉사자의 봉사를 받는 사회적 약자나 요보호대상자인 동시에 주체자로서 사회를 위해 자원봉사자로 활동할 수 있는 자원이기도 하다.

자원봉사활동은 자원봉사자에 의해서 행해지는 복지활동으로 노인자원봉사는 '노인을 위한 자원봉사'와 '노인에 의한 자원봉사'로 영역을 구분할 수 있다.

노인에 의한 자원봉사는 건강하고 경제적으로 여유 있는 노인층의 증가와 함께 이들이 자원봉사를 통해 노후생활에 대한 적응력을 제고하고 창조적이고 활발한 노후생활을 영위해 갈 수 있는 기회를 찾을 수 있다(원석조, 2011).

5. 노인자원봉사의 유형과 문제점

1) 노인자원봉사의 유형

현대사회에서 지역사회와 노인 자신을 위한 자원봉사활동의 유형은 지역사회의 특징과 욕구변화에 따라서 다양하게 전개될 수 있다. 노인의 건강상태, 과거 사회생활 경험이나 지식·경제적 여건 등을 고려해서 구분하고 활동하면 지역사회를 발전시키고 변화시킬 수 있는 하나의 커다란 구심점 역할을 하게 됨과 동시에 노인자원봉사활동 영역에 있어서 보다 더 많은 관심과 성취감을 가지고 다양한 역할을 무리 없이 수행할 수 있을 것이다.

(1) 사회복지 시설 및 기관 봉사활동

고령화사회에서 노인의 사회활동으로 자원봉사활동 영역이 다양화되면서 노인자원봉사자들의 사회복지시설의 방문은 시설의 목적과 활동내용을 경험하고 이해와 사랑을 베푸는 공감대를 형성하면서 삶의 의지와 용기를 북돋아 주고, 어려움을 함께 함으로써 이웃에 대한 사랑을 몸소 체험하는 좋은 기회가 된다. 사회복지 시설이나 기관에서 노인자원봉사활동의 구체적인 대상은 같은 노인세대나 장애인, 아동 및 청소년 등으로 각 분야에 따라 적절한 활동내용에 참여하게 된다.

(2) 지역사회를 위한 자원봉사활동

정보화·산업화사회로 인한 이웃과의 단절은 지역사회의 약화는 물론 그로 인한 많은 문제들을 일으키고 있다. 따라서 지역사회 발전을 위한 자원봉사활동의 다양한 역할수행에 있어서 중요한 활동영역은 다음과 같이 나누어 살펴볼 수 있다.

① 공공기관 협력 : 보건소, 병원, 도서관, 박물관, 관공서의 일손돕기 등

② 지역사회 문제의 개선

- 환경분야 : 환경감시활동, 도시환경 가꾸기, 재활용품 사용하기, 야생동물 돌보기 등
- 범죄예방 및 교정 : 성폭력 상담, 출소자 상담, 학교 유해환경 퇴치, 청소년 선도보호관찰활동, 우범지역 순찰
- 경제분야 : 소비자 상담 및 조사, 소비자 보호운동, 직업상담 및 알선, 계몽활동
- 교통분야 : 어린이 교통정리, 행사 교통정리, 카풀 자원봉사, 교통위반 감시, 교통안전캠페인, 장애·노약자를 위한 교통봉사단
- 정치분야 : 공명선거캠페인, 부정선거 감시, 선거사무소 사무보조, 투표·개표 참관인 활동, 선거인 등록사업 보조
- 재난·재해를 대비한 분야 : 재난 피해지역 돕기 및 구호활동, 재해예방을 위한 감시활동
- 기타 : 전통문화 계승하기, 유적지 환경 가꾸기 등

이상과 같이 지역사회에서 활동할 수 있는 다양한 자원봉사활동 영역은 지속적이고 체계적인 자원봉사활동으로 점차 정착되어 가도록 노력해야 한다.

(3) 환경보호운동

환경에 대한 중요성이 사회적으로 부각되면서 환경보호운동은 노인자원봉사활동의 한 영역으로뿐만 아니라 지역사회로 확대시키고 조직적으로 발전시켜 나가야 한다. 환경보호를 위한 노인자원봉사활동의 내용을 살펴보면 다음과 같다.

① 환경보존 측면 : 현장활동을 통한 깨끗한 거리 만들기, 낙서 지우기, 우리 지역 푸르게 가꾸기, 수질 보존하기 등이 있고, 계몽활동에서는 환경교육 지도와 민간환경단체 지원 등이 있다. 재활용 부분에서는 쓰레기 수거, 벼룩시장, 재생비누 만들기 등의 환경보존운동이 있다.

② 환경감시 측면 : 감시활동을 통한 수질감시, 자동차 배기가스, 대기오염 감시, 천연기념물 감시, 불량식품 감시활동 등이 있고, 조사활동에서는 환경탐사, 수질조사, 생태조사 등이 있다.

(4) 교통개선을 위한 자원봉사활동

우리나라는 교통재해 사고율이 세계 1위를 차지할 정도로 심각한 사회문제로 대두되고 있다. 이러한 현실에서 교통개선을 위한 자원봉사활동은 크게 두 가지로 나눌 수 있다. 첫째, 노인들의 자원봉사활동에 있어서 교통질서 지키기 봉사활동을 들 수 있다. 둘째, 각종 교통캠페인 등으로 구분할 수 있다. 캠페인의 내용은 교통안전의 증진을 통하여 인간의 생명존중의 의식고취와 함께 올바른 교통문화를 정착시키는 데 필요한 내용이나 자동차로 인한 다양한 문제들을 배울 수 있는 기회를 제공하도록 한다.

2) 노인자원봉사의 문제점

자원봉사활동은 남녀노소를 막론하고 누구나 할 수 있는 활동이지만 아무나 할 수 있는 것은 아니다. 이러한 노인자원봉사활동과 관련하여 지적되고 있는 문제점을 살펴보면 다음과 같다(권중돈, 2008).

(1) 노인 자신의 의지부족과 낮은 참여율

노인 자원봉사의 가장 근본적인 문제점은 노인들의 자원봉사 참여율이 낮은 수준에 머물고 있다는 점이다. '2012 사회복지 자원봉사 통계연감'에 따르면, 국내의 등록 자원봉사자 수는 총 540여만 명 중에 60대 이상은 69,000명으로 나타났다. 다른 연령대에 비해 노인자원봉사자 수가 낮은 이유는 자원봉사활동이 조직화되어 있지 않고 노인이 참가하는 방법을 모르거나 무력감을 가지고 자신을 평가절하하기에 그렇다.

연령대별 자원봉사자 현황을 살펴보면 |그림 12-4|와 같다.

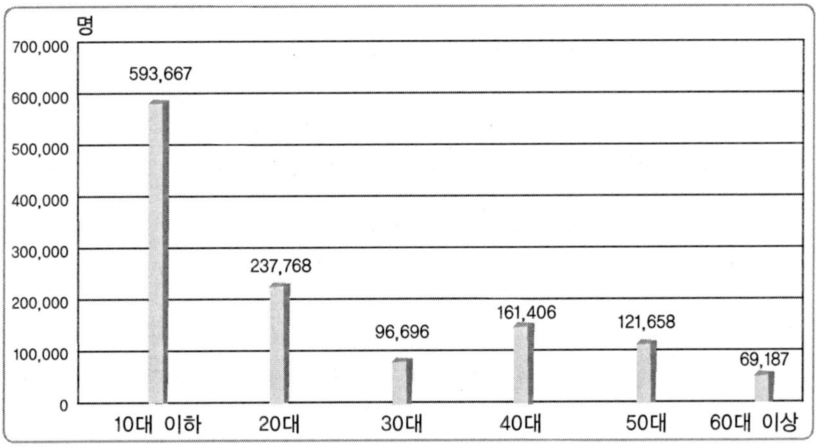

|그림 12-4| 자원봉사자 현황(연령대별)

출처 : 2012 사회복지 자원봉사 통계연감.

(2) 노인의 경제 및 건강상의 문제점

현재 노인계층의 대다수가 만성질환을 앓고 있어 봉사활동에 요구되는 신체적 기능수준을 확보하지 못하고 있으며, 경제적인 어려움으로 인하여 타인이나 지역사회의 발전에 기여하는 자원봉사활동에 참여할 만큼 여유롭지 못하다.

(3) 자원봉사 프로그램의 다양성과 전문성 부족

노인이 참여할 수 있는 자원봉사 프로그램의 다양성 부족에는 두 가지 의미가 내포되어 있다(이금룡, 2007). 하나는 노인이 참여할 수 있는 봉사 프로그램이 제한적이라는 의미이다. 또 하나는 노인의 욕구와 특성을 고려한 봉사 프로그램의 개발을 위한 노력이 부족하다는 의미이다. 노인을 위한 자원봉사 프로그램을 개발함에 있어서는 노화로 인한 기능 저하를 반드시 고려해서 노인의 풍부한 경험과 전문지식, 기술을 활용할 수 있는 전문봉사 프로그램의 개발이 동시에 이루어져야 한다.

(4) 노인의 자원봉사에 대한 인식과 홍보 부족

아직까지 우리 사회가 노인들이 서비스의 수혜자인 동시에 생산자(prosumer)임에도 불구하고 서비스의 수혜자(consumer)로만 간주하는 경향이 있어서, 이들을 자원봉사 인력으로 인식하지 못하였다. 또한 노인복지관 등과 같은 노인보건복지기관은 기관 자체의 고유한 업무들로 인하여 노인자원봉사에 인력과 재정을 투입할 수 있는 여력이 없는 상황이며, 자원봉사 관련 기관들은 주 대상자를 청소년과 성인 계층에 집중하여 노인들을 자원봉사자로 유입하기 위한 홍보에는 적극적이지 못하다. 이러한 사회적 현실로 인해 자원봉사의 능력이나 의지가 있는 잠재적 노인자원봉사자들이 어디서, 어떤 활동을 해야 할지 몰라 참여기회를 포기하게 되는 상황이다.

(5) 노인자원봉사 전문인력의 부재와 체계적 관리 부족

노인자원봉사활동은 초기에는 주로 대한노인회가 중심이 되었지만 1990년대 후반부터는 일부 광역 및 지방자치단체에서 노인자원봉사단을 조직하여 운영하고 있으며, 노인복지관 등에서는 자체 노인봉사단을 조직하여 운영하고 있다. 그러나 노인의 자원봉사 참여를 유도하기 위해서는 노인자원봉사에 대한 적극적인 홍보활동을 벌이고 노인의 특성에 적합한 자원봉사 프로그램을 개발하고 노인자원봉사자를 체계적으로 모집, 배치, 관리할 수 있는 전문적인 노인자원봉사조직이 필요하다. 전국적 조직망을 갖춘 지방자치단체의 자원봉사센터에서는 노인자원봉사자를 봉사자로 활용은 하되 이들을 위한 전문관리체계를 갖추지 못하고 있으며, 민간 노인복지기관에서는 전문인력과 재정의 부족으로 체계적인 봉사자 관리가 이루어지지 못하고 있다. 더구나 노인자원봉사 업무를 담당하는 종사자가 노인자원봉사의 관리에 관한 전문적인 교육훈련을 받지 못하여 체계적인 자원봉사자 관리에 많은 한계를 보이고 있는 것이 현실이다.

(6) 자원봉사 조직 간의 연계성 부족

현재 노인자원봉사활동은 대한노인회, 지방자치단체의 자원봉사센터, 직능별 퇴직자 단체, 노인복지관 등에서 실시하고 있다. 그러나 지역사회 내의 다른 기관과 연계하거나 지역 간 연계를 통한 노인자원봉사활동을 실시하는 사례는 거의 전무한 상황이다. 이와 같이 노인과 자원봉사 영역 각각에서는 전문성을 갖추고 있을지는 몰라도 두 분야 모두에서 전문성을 갖춘 조직이 부재한 가운데서 상호 간에 교류와 협력이 이루어지지 않음으로써 노인자원봉사활동의 체계적 관리나 조정은 한계에 직면할 수밖에 없다. 따라서 노인자원봉사자의 참여를 유도하고 적극적으로 수행할 수 있는 체계적이고 종합적인 노인자원봉사조직이 필요하다.

(7) 노인자원봉사활동에 대한 지원체계 미비

자원봉사활동이 무보수성을 기본 원칙으로 하고 있지만 노인자원봉사자에 대한 교통비, 식비 등의 실비 지원과 자원봉사 관리인력의 인건비와 운영비의 확보는 노인자원봉사의 활성화에 필수적 요건이다. 현재 중앙정부에서 노인자원봉사 대회를 개최하고 있고 전문자원봉사 프로그램을 지원하고 있지만, 노인자원봉사활동에 대한 재정지원은 주로 지방자치단체에서 이루어지고 있다. 현재 자원봉사에 참여한 노인에 대한 실비 지원에 그치고 있으며 노인자원봉사 관리자나 조정자의 인건비와 운영비를 지원하지 않는 경우가 대부분으로 노인자원봉사의 전문화와 활성화를 기대하기 어려운 상황이다.

(8) 자원봉사에 대한 사회적 보상체계의 미비

2005년 자원봉사활동 기본법의 제정으로 자원봉사활동 중의 신체적 상해, 경제적 손실, 재물 손괴 등에 대비한 보험이나 공제에 가입하도록 함으로써 노인자원봉사자에 대한 기본적인 보상체계는 갖추어졌다고 할 수 있다. 그러나 노인자원봉사자의 신분인정, 각종 포상제도, 자원봉사 저축제, 봉사경력의 인정, 세금감면 혜택, 노인복지서비스 이용 우선권 부여 등의 사회적 보상체계가 아직 미흡하다는 점들이 노인자원봉사활동의 문제점으로 나타나고 있다.

6. 노인자원봉사의 과제

노인자원봉사가 지닌 문제점을 개선하고 노인의 자원봉사 참여를 촉진하기 위해서는 노인의 자원봉사의식 개선, 자원봉사 프로그램의 개발, 노인자원봉사 관리자 및 지도자 양성, 노인자원봉사 전담조직의 설치, 자원봉사활동에 대한 보상체계의 강화 등과 같은 다양한 대안이 마련되어야 한다. 노인 자원봉사활동을 활성화하기 위한 과제를 살펴보면 다음과 같다(권중돈, 2008).

1) 자원봉사에 대한 홍보 강화

현재 노인계층은 자원봉사를 불쌍한 사람을 돕는 구제활동 또는 타인을 위해서 자신을 희생하는 것으로 인식하는 경향이 있다. 이러한 자원봉사에 대한 인식을 개선하는 것이 노인의 자원봉사 참여를 촉진하는 가장 우선적인 방법이 될 것이다.

2) 자원봉사에 대한 정보 제공과 적극적 모집활동

노인이 자원봉사를 하고 싶어도 구체적인 정보가 없어서 자원봉사에 참여하지 못하는 경우가 있으므로 자원봉사 교육 프로그램 등을 인터넷이나 기관 내 봉사활동에 공지하거나 동료 노인을 통한 구전홍보 등의 다양한 경로와 방법을 이용하여 노인들에게 자원봉사에 대한 충분한 정보를 제공할 필요가 있으며, 노인복지기관에서는 기관의 평생교육 프로그램이나 여가 프로그램을 이용하는 노인을 대상으로 하여 지속적으로 자원봉사 참여를 권유하고 교육수준이 높고 건강이 양호한 중상류층의 전문직 퇴직자 집단을 표적모집하거나 다양한 자원봉사 홍보방법을 이용한 자원봉사자 모집활동을 적극적으로 전개해 나가는 것이 필요하다.

3) 노인에게 적합한 다양한 자원봉사 프로그램 개발

노인의 신체적 · 심리적 · 사회적 특성에 적합하고 노인이 흥미를 가지고 참여할 수 있으면서 노인의 경험, 지식, 기술 등을 충분히 발휘할 수 있는 자원봉사 프로그램을 개발하여 노인이 자신의 흥미와 능력에 맞는 자원봉사활동을 선택할 수 있는 기회를 충분히 제공하여야 한다.

노인의 관심과 흥미를 유발하지 못한 점을 고려하여 앞으로 전문 자원봉사 프로그램을 지속적으로 개발하여 보급할 필요성이 있다.

4) 노인에 대한 자원봉사 교육의 강화

자원봉사활동이 선한 동기만으로는 실행하는 데 많은 어려움이 따르므로 잠재적으로 노인자원봉사자를 대상으로 한 체계적인 교육이 필수적이다.

5) 전문 자원봉사관리자에 의한 체계적 관리

노인자원봉사활동에 대한 현재의 관리방법은 특정 프로그램을 중심으로 한 단기적이고 비체계적인 관리가 이루어지는 경우가 대부분이다. 이러한 비전문적이고 비체계적인 관리방법으로는 노인자원봉사의 활성화와 전문화를 기대하기는 어렵다. 따라서 노인자원봉사자를 관리하고 지도, 감독할 수 있는 관리자(manager) 또는 자원봉사활동 조정자(coordinator)를 양성할 수 있는 교육체계를 구축하고 노인자원봉사자를 활용하는 모든 기관에서는 이러한 교육과정을 이수한 전문관리자 또는 조정자를 의무적으로 채용하도록 할 필요가 있다.

6) 노인자원봉사 전담조직 설치와 지원 강화

노인자원봉사자에 대한 관리체계는 분야에 따라 상이하여 자원봉사 전달체계 간의 상호 교류와 협력이 거의 이루어지지 않고 있다. 따라서 노인자원봉사자를 체계적으로 관리하기 위해서는 전국의 노인자원봉사자를 관리할 수 있는 전담조직의 설치가 필요하다.

7) 노인자원봉사에 대한 사회적 보상체계의 강화

자원봉사의 기본 원칙이 무보수성이지만 노인자원봉사자의 경우 경제적 능력이 제한되어 있어 교통비, 식비, 봉사활동 재료비 등으로 인해 경제적 부담을 느끼는 경우가 많다. 따라서 정부와 자원봉사자 활용기관에서는 자원봉사활동에 소요되는 최저한의 경비를 지원하는 것이 바람직할 것이다.

Chapter 13

노인과 죽음

1. 노년기 죽음의 의미

노년기에는 퇴직, 신체기능 및 생산성의 저하, 배우자와의 사별, 죽음의 임박 등의 심리·정신적으로 어려움을 겪게 되는데, 노년기에는 죽음이라는 문제가 다른 연령대와 다르게 당면과제로 부각된다. 따라서 노년층에서 찾아낼 수 있는 죽음의 의미는 시간의 종말, 상실, 형벌 등이다(김태현·손양숙, 1984). 그러나 노화과정에서 생물학적·사회적·심리적 어려움에 직면하면서 노인들은 자신의 죽음에 대한 생각을 자주 하게 된다. 특히 자녀의 성장이나 친지들과 지인들의 죽음을 경험하고 노화로 인해 건강상태가 나빠지는 것을 느끼면서 세월의 흐름과 자신에게 다가올 죽음을 생각하기 때문에 다른 연령대보다는 죽음에 대한 불안이 덜하다고 한다. 즉, 노인들에게 있어 죽음이란 갑작스러운 사건이 아닌 것이다.

다른 생애주기에 비하여 정신심리학적 문제나 죽음과 관련된 부분이 노년기에서 두드러지게 나타나게 되는데 이는 노년기의 죽음이라는 것이 심리적·사회적·생물학적 현상으로서의 의미도 있지만, 시간의 흐름과 노령화에 따라 거스를 수 없는 자연의 섭리라는 것을 알기 때문이다. 따라서 노년기에 자신 또는 타인의 죽음은 생물학적 현상으로 누구나 겪는 당위성을 가지고 있지만 정신·심리적으로는 노인 개개인의 삶의 태도와 죽음에 대한 사회적 이해에 따라 다양한 의미를 가지고 있다(김미혜 외, 2004).

Butler(1975)에 의하면, "노인이 노년기에 접어들면 당연히 죽음과 자신이 붕괴하는 불가피한 현상을 지각하기 시작하고 지나온 일생을 회고하며 자신의 성격을 재조직·재통합하려는 행동경향이 나타나게 된다"고 한다. 이는 과거에 대한 회상을 통한 자아에 대한 새로운 사고, 과거경험과 그 의미의 재평가 등을 통해 나타난다. 이 인생회고 과정에는 인생을 정리하고 노년기의 심리적 적응을 성취하여 아무런 두려움 없이 죽음에 직면할 수 있도록 해주는 긍정적인 측면이 있다(김대복, 1992).

노년기 죽음에 대한 인식의 증가가 노인의 삶에 긍정적으로 작용한다는 것에 대하여 Kalish(1976)도 "나이가 들어감에 따라 죽음에 대한 인식은 노인들에게 삶을 재조명하는 데 대단히 중요하며, 항상 수반되는 것으로 살아갈 수 있는 시간이 상대적으로 짧아지고 죽음이 다가온다고 자각하는 것은 그들이 여생을 어느 정도 유용하게 보내는 데 중요한 역할을 한다"고 주장하였다. 이는 정신적·심리적 건강에 영향을 주는 죽음을 직시하고 이해할 수 있게 되면 나머지 인생에서 일어나는 갖가지 어려운 변화에 적극적이고 생산적으로 대처해 나갈 수 있다는 점을 시사하고 있다(서혜경, 1987).

따라서 노년기의 죽음의 의미는 지금까지 지나온 다른 어떤 시기보다 큰 영향력을 지니고 있으며, 자신의 죽음을 어떻게 받아들이고 인식하고 있느냐에 따라서 각자의 삶의 가치 및 의미에 대한 만족도를 평가하고 남아 있는 삶을 더 활기차고 건강하게 보내려는 동기를 부여할 수 있다.

2. 노년기 죽음의 이론

일반적으로 노인은 죽음에 대해 공포와 불안감을 느끼지만 다른 한편으로는 죽음의 불가피성을 인지하고 수용하려고도 한다. 그러나 죽음에 대한 태도가 부정에서 수용으로 전환되기까지 단계를 거치게 된다. 즉, 노인들이 자신이 죽어가고 있다는 현실에 점차적으로 적응할 시간이 어느 정도씩은 필요한 것이다. 죽음에 대한 반응의 단계를 설명하는 이론 중 가장 잘 알려진 것으로 Kubler-Ross(1970)의 임종 5단계의 심리적 단계를 거쳐서 다가오는 죽음을 수용하게 된다고 하였다(박순영, 2005).

1단계, 부정과 고립(denial and isolation) 단계이다. 자신의 병이 말기 불치병 선고를 받는 것처럼 치유될 수 없는 것임을 진단받거나 알게 될 때 나타난다.

2단계, 분노(anger) 단계이다. (아직 자신의) 죽음을 인정할 수는 없으며, 삶이 끝났다는 것에 대한 원망과 불평, 분노 및 생존에 대한 애착을 나타나는 단계이다.

3단계, 타협(bargaining) 단계이다. 타협의 단계에서는 우선 슬픈 현실을 대면할 수 없고, 그 다음으로 자신이 믿는 신이나 사람들에게 노골적으로 분노를 표현하면서 현실을 바꾸어 보기 위한 타협을 시도한다.

4단계, 우울(depression) 단계이다. 더 이상 다가올 죽음에 대한 부인을 하지 못하게 되며, 초연한 자세와 분노와 걱정, 무감동이 극도의 상실감으로 바뀌면서 심한 우울증에 빠진다.

5단계, 수용(acceptance) 단계이다. 감정의 공백기가 생길 만큼 감정이 극도로 쇠약해지고 지칠 수 있으며, 주변에 자신이 가지고 있던 감정과 생각들을 털어놓을 여유가 생기게 된다. 즉, 자신의 죽음을 받아들이면서 인생을 되돌아보고 남은 삶을 정리하면서 죽음을 기다리게 되는 단계이다.

이러한 죽음의 단계에서 환자가 보이는 반응을 살펴보면 〈표 13-1〉과 같다.

〈표 13-1〉 Kubler-Ross의 죽음에 대한 적응단계

단 계	반 응
부정 고립 단계	• 죽음을 거부하고 부정하며 고립상태에 빠져드는 단계 • '아니야, 믿을 수 없어' 등으로 죽음이라는 현실을 거부하며 오진이라 생각하고 다른 병원을 찾아다님 • 부정을 통해 죽음과 관련된 심각한 감정으로부터 자신을 보호하려 함 • 이 단계의 마지막에는 사랑하는 사람이나 전문가에게 죽음에 관해 조금씩 표현하려는 징조를 보임
분노 단계	• 죽음을 더 이상 부정할 수 없게 되고 감정은 분노와 원망으로 변함 • '왜 하필 내가 죽어야 하나?'라고 하면서 주위 사람이나 신에게 원망, 시기, 질투, 화, 분노의 감정을 표현함 • 분노는 임종과정의 자연스러운 반응이므로 주위 사람은 환자의 표현을 비판하지 말고 감정을 표출하도록 도와주어야 함
협상 타협 단계	• 절박하게 다가온 죽음을 초인적 능력이나 의학 또는 신과의 타협을 통하여 잠시 동안 연기하려고 함 • '내가 죽어 가고 있구나. 그러나…'라고 하며 선행을 전제조건으로 신과 생명을 타협하며 의사의 지시를 잘 따르고 열심히 기도한다면 신이 죽음을 연기해 줄 것이라고 믿음
우울 단계	• 체념, 절망과 비탄의 감정상태에 빠져드는 시기로서 죽음을 더 이상 부정하지 않고 우울상태로 접어들게 됨 • 가족, 친지와 이별하기 위하여 사전에 자신을 분리할 준비를 함 • 과거나 현재의 상실에 대해 우울해하며 미래의 상실에 대한 예비적 우울감을 경험함 • 이 두 가지 우울은 필수불가결한 것이며 이 단계를 거쳐야 체념하고 평온하게 죽음을 맞이할 수 있음
수용 단계	• 우울감도 분노감도 느끼지 않으며 거의 아무런 감정도 갖지 않게 됨 • 행복의 단계는 아니며 아무 감정이 없는 단계에서 침착함과 평온함을 보이고 '이제 떠날 시간이다'라는 태도를 보임 • 대부분의 환자가 병원보다 집에서 임종하기를 원함

출처 : 이은희(2013).

죽음에 대한 연구의 권위자인 Alfons Deeken은 Kubler-Ross의 5단계에서 기대와 희망을 갖는 6단계를 추가하여 제시하였다. 이 단계에서는 회복하여 다시 소생할 수 있는 희망을 갖는 것이 아니라 영원한 생명에 대한 희망, 그리고 사랑하는 사람과 다시 만날 수 있다는 희망을 갖게 된다고 하였

다(Deeken, 1993). 그러나 이러한 죽음의 단계들을 모두 겪어야 편안하게 죽음을 받아들이게 된다는 것은 아니다. 사람에 따라 그 단계를 반복적으로 겪을 수 있고 다른 순서를 거치게 될 수도 있다. 임종이란 하나의 사건이 아니라 일련의 과정이기 때문이다. 임종에 관한 단계이론은 임종과 사별을 겪는 사람들을 이해하는 데 매우 중요한 통찰을 제공하는 동시에 단계들과 상관없이 이러한 과정을 통하여 평안한 죽음에 이르도록 노력하는 개인의 삶의 태도가 더욱 중요하다는 것을 제시하였다(김기태 외, 2004).

Chapter 14

고령사회와 노인복지의 미래

1. 고령사회 노인복지의 주요 쟁점

우리나라는 경제성장과 의료기술의 발달 등으로 고령화율이 높아짐에 따라 고령사회로 진입하게 되었다. 점점 높아지는 고령화율은 건강하지 못하고 기능상의 제약으로 인한 의존적인 삶의 수명이 연장되어 높은 의료 및 요양비용에 대한 사회적 부담이 사회적 전반에 걸쳐 증가하게 되었다.

노인인구가 많은 고령화된 사회에서는 만성질환 및 신체·인체기능의 저하로 인해 자립생활이 불가능한 노인에서부터 건강한 노인까지 전반적으로 욕구들이 다양하게 나타나고 증가되고 있다. 또한 노인복지정책도 노인인력의 활성화 및 건강·요양(health and long-term care) 보장, 노후소득 및 생활의 보장 등을 통해 그들의 삶의 질 향상에 노력을 기울여야 할 것이다. 따라서 고령사회에서 건강하고 활력 있는 노후생활을 위한 노인복지가 생산적 복지이념 구현을 위한 노인대책이 추진되어 있는지, 다양한 노인들의 복지욕구에 대응하기 위한 종합적 복지체계가 구축되어 있는지, 세대 및 연령 통합적인 사회정책이 추진되고 있는지, 민간과 국가가 협조하여 노인종합대책을 합리적으로 분담하여 추진되고 있는지에 대한 정확한 파악과 대책마련이 필요하다.

1) 장기요양보호서비스 간 관계의 쟁점

노인장기요양보험제도의 실시는 그동안 집에서 가족과 함께 생활하더라도 전문적인 케어의 정보와 방법의 부족으로 열악한 환경에서 지낼 수밖에 없었던 노인에게는 꿈과도 같은 것이었다. 그러나 노인장기요양보험의 서비스 제공환경의 준비 부족 및 재정적인 문제 등으로 인하여 요양이 필요한 모든 노인이 아니라 신체적·정신적 장애가 상대적으로 심한 노인만을 대상으로 시작하게 되어 중증장애가 아닌 노인들은 여전히 복지사각지대에 있다. 따라서 노인복지법의 대상으로 서비스를 제공받고 있었지만 노인장기요양보험제도의 대상에서는 제외된 신체적·정신적 장애가 있는 노인들에게도 그들을 위한 복지서비스가 제공되어야 할 것이다. 또한 노인장기요양보험은 사회보험이기 때문에 공공성이 결여될 가능성이 높아서 공공성을 뒷받침하기 위해서도 새로운 전달체계가 필요하다(김찬우 외, 2001; 강혜규 편저, 2008).

2) 노인소득보장체계의 쟁점

현재 국민연금을 비롯한 공적연금의 개혁에서 가장 중요한 것은 연금제도의 안정성에 대한 국민의 신뢰를 확보하는 것이다. 그러나 고령화 추세와 더불어 기금고갈 및 재정불안정은 국민적 공감대를 형성하지 못하고 있다. 따라서 중장기적으로 재정안정을 통해 연금제도를 개선하고 발전시켜 나가야 할 것이다. 경로연금의 제도 개선 또한 필요한 실정이다. 경로연금의 내실화를 통해 공적연금 미수급자 우선의 65세 이상 모든 저소득 노인들의 생계를 보조할 수 있도록 하여야 할 것이다(김찬우, 2001).

3) 노인인력 운영의 쟁점

생산성을 필요로 하는 노인들의 근로능력의 향상과 일자리 창출의 기회 마련을 위한 노인인력운영센터의 설치 및 거점센터의 확대가 필요한 실정이다. 현재 각 구마다 자활후견기관의 사업형태로 운영하고 있는 지역사회 시니어클럽의 지속적인 확대로 노인들의 일자리를 지원하고 대도시형, 중소도시형, 농어촌형 등으로 구분하여 확대해 나가 지역의 특성에 따라 노인들이 일을 할 수 있도록 하여야 할 것이다. 또한 노인들의 자원봉사활동이 활성화될 수 있도록 지원도 필요하다.

4) 사회참여 확대

노인들의 사회참여를 위한 노인복지회관 운영의 내실화와 경로당 운영의 활성화를 위한 방안마련이 필요하다. 현재 노인복지회관을 여가복지시설로 분류하고 있으나 향후 교육, 정보제공, 건강 등의 종합적인 노인복지센터의 기능을 할 수 있도록 하여야 하며, 경로당은 종합적인 운영을 위한 표준모형의 개발과 지역사회 복지자원 간의 연계를 강화해 나가야 할 것이다.

5) 실버산업의 활성화

노인들의 복지욕구 해결을 위한 실버산업이 활성화될 수 있도록 시장원리에 따라 추진될 수 있는 자원마련이 필요하다. 실버산업은 민간복지 분야와 관련이 높은 산업으로 요양시설과 재가시설의 중간 형태인 기본 간호와 편의시설을 갖춘 주택모델의 개발과 휴양용 주거단지 조성 및 노인용 편의주택의 공급도 확대할 필요가 있다. 또한 노인복지용품기술 개발을 위한 자금지원 및 유통의 활성화를 위한 노인복지용품 생산유통 확대방안 마련도 필요하다.

2. 고령사회 노인복지의 과제와 전망

1) 고령사회 노인복지의 과제

(1) 경제활동 참가율과 생산성 제고를 위한 정책적 노력 필요

우리나라 고령자 경제활동 참가율은 이미 높은 수준을 유지하고 있다. 또한 노인빈곤율이 높고 공적연금의 노후소득보장 기능이 상대적으로 약한 점을 감안할 때 앞으로도 높은 경제활동 참가율을 유지할 것으로 예상된다. 선진국의 고령자 노동정책이 고령자의 노동시장 참여 촉진에 초점을 맞추고 있다면, 우리나라의 경우는 이와 동시에 취업인구 내 비중이 지속적으로 증가할 고령자의 생산성 제고를 위한 정책개발이 시급하다(송창용 · 박보경, 2011).

(2) 출산율 제고를 위한 영유아 교육 및 보육 부문에 대한 재정적 증대 및 학령기 교육기관의 기능 확대 필요

영유아 보육 및 교육 부문의 경우 자녀양육 부담이 큰 영아에 대한 지원의 강화와 초중등교육 부문의 경우 학령인구 감소에 대비한 교사수급계획 조정, 학교 통폐합, 학교 유휴시설 활용 방안 등의 장기적 계획 마련이 필요하다.

대학교육의 적령 인구도 현재와 같이 고등학교를 졸업하는 층으로 국한하는 것에서 벗어나 일반 성인들도 대학 진학 및 재진학이 용이하도록 입학제도와 교육과정을 유연하게 조정할 필요가 있다. 또한 대학기능의 초점을 학위수여에만 집중시킬 것이 아니라 성인을 대상으로 하는 직무교육과 재교육 등의 다양한 프로그램 제공에 무게를 두는 것이 평생학습이 더욱 중요해지는 고령화시대에 보다 적합할 것이다.

(3) 평생학습기관의 직업재교육 기능 강화

생산성 제고를 위해 평생학습의 중요성이 더욱 강조될 것임에도 불구하고 평생학습에 소극적인 연령대의 비중이 증가함에 따라 노인의 교육참여율이 더욱 낮아질 것으로 예상된다. 따라서 평생학습기관의 기능을 자격부여에 국한시키기보다 빠르게 변화하는 노동시장의 환경에 대응하여 실질적인 직무능력을 향상시킬 수 있도록 직업 재교육기관으로서의 기능을 강화해 나가야 할 것이다. 또한 공급기반 확충이 필요하며, 이를 위해 민간 및 대학의 평생학습 참여 강화, 양질의 프로그램 개발 및 보급, 특히 유휴 여성인력과 노인인력 대상의 교육훈련체계 구축이 시급하다.

(4) 여성의 출산장려

가족정책의 핵심으로 출산을 장려함과 동시에 여성의 경제활동을 촉진하고 더불어 가정 내에서 아동과 노인의 돌봄서비스를 일정 수준 유지할 수 있도록 하는 포괄적 상생전략을 수립하여야 할 것이며, 이를 위해서는 가정 내에서의 남성과 여성의 역할분담과 가정과 사회의 역할분담이 필요하다. 이는 남성의 가족화, 여성의 시장화, 재생산 노동의 사회화(한국개발연구원, 2006)를 말하며, 일과 가정생활의 양립을 위해 가족친화적인 기업문화나 유연근로제 도입이 필요하다. 노인돌봄에 있어서는 장기요양서비스체계를 구축하는 가운데 남성과 여성 모두 가족간호휴가제도 등을 실질적으로 활용할 수 있는 지원과 실버서비스 산업 및 보건・사회복지서비스업의 육성은 여성의 경제활동을 제고하는 동시에 노인부양에 대한 가정과 사회 간 역할분담에도 일조할 것으로 보인다. 그러나 질 낮은 서비스업이 양적으로만 확대되는 것을 방지하기 위한 고민이 필요하다.

(5) 저부담-고급여 구조의 연금 재구조화

국민연금은 향후 가장 핵심적인 노후소득보장 수단으로 자리 잡을 것으로 예상되나 여러 가지 문제를 내포하고 있어 재구조화가 시급한 실정이며, 급여수준을 하향조정할 경우 노후소득보장 기능이 상실되므로 이보다는 보험료를 인상하는 것이 현실적인 방안이다. 이를 위해 세대 간 회계를 고려하여 보험료율에 대한 사회적 합의를 도출하는 것이 연금개혁의 핵심이 된다. 또한 노후소득 보장 및 고령자 복지에 대한 개인과 국가의 적정한 책임에 대한 사회적 합의의 도출과 고령자의 건강 개선 및 질병 예방 등을 통한 질적인 생활의 향상을 위해 경제적・사회적 충격을 최소화할 필요가 있으며, 정신적・신체적으로 건강한 노년 생활을 위한 여가・건강・운동 프로그램의 지속적인 개발과 예방적 노인건강관리서비스 제공이 필요하다.

(6) 새로운 인력정책과 인사관리 패러다임으로의 전환

노인의 기준연령을 포함해 노인에 대한 인식 변화가 필요하다. 그뿐만 아니라 고령층이 노동력의 다수를 차지하게 될 가까운 미래에는 현재와 같이 연령차별적이고 강제 조기퇴직제도를 기반으로 하는 노동시장제도와 기업들의 인사정책이 지속 불가능할 것이다. 또한 노인은 소속 조직의 문화에 대해 타 연령집단들보다 긍정적으로 인식하고 있으며, 직무・조직몰입도와 충성도가 높으므로 고령근로자의 고용 유지 및 활용으로 기업의 성과 향상에 기여할 수 있는 전환이 필요하다.

2) 고령사회 노인복지의 전망

(1) 고령화사회의 노인복지정책

국가의 노인보건복지정책인 '안정적 노후소득 보장', '건강한 노후생활 보장', '교육・여가・문화 향상'을 위해 노후소득보장제도는 점차적으로 안정적으로 개선될 것으로 보인다.

경로연금의 경우 차상위 저소득 노인을 대상으로 하는 무각출 노령연금의 기능은 없어지게 되며 기초생활보장 수급자에 대한 부가급여의 기능만 남게 되고 경로연금의 지급단가도 지속적으로 향상될 것이다. 국민연금의 경우 2070년까지 연금재정의 안정을 이루기 위해 2010년부터 2030년까지 단계적으로 15.9%까지 인상할 계획이다. 국민연금에 대한 제도개편 방향은 불가피한 면이 있으나 국민연금제도의 장기 지속 가능성, 사각지대 해소, 급여수준의 적정성, 근로자와 자영업자 사이의 형평성 문제, 퇴직금과의 연계 및 기업부담 증가 등의 문제점 때문에 기초연금을 포함한 다층체계의 구축이 필요하다는 의견도 제시되고 있다.

(2) 노인일지리 마련사업

정부는 노인들의 생활안정을 도모하기 위하여 노인일자리 마련사업을 확대해 나가고 있다. 정부의 노인일자리 마련사업은 생산적인 복지정책의 일환으로 노인의 사회참여와 지역봉사활동을 지원함으로써 건전한 노후 여가활동 여건을 조성해 나가기 위함이다. 사업내용은 ① 자원봉사사업(어르신 전문봉사단조직 · 활동), ② 취업지원사업(구인 · 구직상담, 취업정보제공, 취업알선, 취업교육 등), ③ 노인일자리사업(공익형 : 급식도우미, 스쿨존 교통지원사업, 지역사회 환경개선사업, 복지형 : 거동불편노인돌봄지원사업, 자살예방상담사업, 아동보조교사사업, 교육형 : 노 · 노강사 파견사업, 시장형 : 식품제도 및 판매사업, 인력파견형 : 경비 및 미화원파견사업)을 실시하고 있으며, 향후 확대 실시해 나갈 계획이다. 또한 사회적 일자리 창출사업으로 복지나 환경영역 등에서 민간기업 분야의 사업을 개발하여 안정적인 일자리로 정착될 수 있도록 제도화함으로써 새로운 고용을 창출할 계획임을 밝히고 있다.

(3) 노인장기요양보험제도의 확충

현행 노인장기요양보험제도의 대상에서 제외된 등급 외 자에 대한 서비스의 방안마련과 노인장기요양보험의 재원도달체계, 서비스 내용 등에 대한 제도의 정비 및 조정을 위한 지속적인 방안을 마련해 나갈 것으로 전망되며, 저소득자 보호, 예방체계, 노인장기요양보험의 공공성 확보라는 차원에서 기존의 노인복지법과 보건복지부가 새롭게 시작한 관련 노인서비스 사업들 간의 조정과 재구축이 이루어질 것으로 기대된다.

(4) 노인복지산업의 지원확대

국가 및 지방자치단체 등은 노인복지산업의 발전과 육성을 위하여 기반조성 등 종합적 시책을 의무적으로 강구하여야 한다는 내용이 담길 것으로 전망된다. 따라서 정부는 노인복지산업에 대한 규제를 합리적으로 개선하여 주거, 휴양 및 의료 서비스 등을 함께 누릴 수 있는 복합노인복지시설단지를 건립하고 노인편의주택 공급 등을 위한 규제완화 및 지원방안이 마련될 것으로 보인다. 또한 노인복지용구(용품) 등에 대한 연구·개발, 생산 및 보급 활성화를 위한 법적 지원체계의 마련과 노인복지산업에 대한 재정·세제지원이 확대될 것으로 전망된다. 현재 민간 노인요양전문병원 및 민간 재가복지서비스 공급 확대를 위해 재정융자특별회계, 국민주택기금, 국민연금기금 등에서 사업자금을 장기·저리로 융자하는 방안과 노인복지용품의 개발 및 유통 등에 대해 장애인용품과 근접한 수준의 세제지원 방안도 검토될 것으로 전망된다.

부록

NCS 학습모듈(인지 · 정서지원)

사회복지 프로그램의 실천에서 대상자의 일상생활을 원활하게 하기 위해 학습 및 인지 능력 향상을 돕는 인지 · 정서지원에 대한 이해를 향상시킬 수 있다. 인지 · 정서 지원 NCS 학습모듈을 통해 실천해 보자.

NCS 학습모듈	학습 지원하기(LM0701020202_14v1.1)

1-1. 계획서 작성 및 지도방법

학습 목표	• 대상자의 학습 진단 평가서에 근거하여 학습 욕구와 수준을 조사할 수 있다. • 대상자의 학습 욕구와 수준에 맞는 계획서를 작성할 수 있다. • 대상자의 학습 수준에 맞는 지도를 할 수 있다.

〈필요 지식〉

대상자의 인지 기능 지속과 활성화를 위해서는 학습 지원이 필요하다. 학습지원은 계획서 작성을 통해 이루어지며 이는 대상자의 욕구와 수준을 파악하고 있어야 한다. 대상자 수준은 〈표 1〉, 〈표 2〉, 〈표 3〉과 같다. 대상자가 아동, 장애인, 노인인지에 따라, 그리고 아동의 경우 복지 중점 대상자(저소득층, 결손 가정, 학대 피해 아동 등)인지에 따라 욕구와 수준이 달라진다. 따라서 사회복지 대상자별 이해와 욕구 파악의 방법, 프로그램 기획에 대한 이해를 통해 계획서를 작성하여 대상자에 알맞은 지도를 할 수 있다. 대상자의 욕구 파악을 위해서는 대상자의 욕구와 어떤 서비스를 필요로 하는가와 관련된 욕구파악과 분석이 필요하고 분석을 위한 선행 작업으로 여러 가지 조사 방법이 이루어진다. 그러나 인지 기능의 저하가 있는 대상자의 경우에는 선행 작업이 매우 제한되어 있어 욕구 파악이 어렵다. 이러한 한계에도 불구하고 욕구 파악은 매우 중요하기 때문에 사회복지 현장에서는 큰 딜레마에 빠지게 된다. 요보호아동의 경우 자기결정을 하기에 인지와 정보 습득이 미흡하며 대부분의 경우 아동의 무기력, 낙인 등의 두려움과 보호자의 무관심으로 인하여 욕구와 문제 해결 방안을 모색하기에 어려움이 있다. 따라서 발달 장애를 가진 대상의 경우, 대상자의 욕구와 보호자의 욕구, 인권 보호, 사회복지 패러다임의 변화 등을 고려하여 욕구를 판단하고 대상자가 자기결정권을 행사할 수 있도록 노력하는 자세가 필요하다. 보호자의 심리적 어려움으로 발생하는 대상자의 학습적인 발달의 어려움에 대하여 이해하여야 한다.

〈표 1〉 **발달 장애 특성(지적 장애 및 자폐) 비교**

구 분	지적장애	자 폐
정 의	• 지적 장애는 유전적 원인에 의해 또는 질병 및 뇌장애로 인하여 청년기 전에 야기된 정신발달 저지 또는 지체상태로서 정신발달 저지라고도 한다(18세 이전에 발병).	• 의사소통과 사회적 상호 작용 이해 능력에 저하를 일으키는 신경 발달 장애를 뜻한다. 자폐증(自閉症, autism)은 희랍어의 자아(autos)에서 온 것으로 자기도취의 뜻이 있다.
신체면	• 신장, 체중, 흉부, 폐활량 등에서 일반인보다 발달이 늦다. • 운동 기능에 현저한 지체를 보인다. • 뇌의 발육 장애로 인해 감각 기관의 이상을 흔히 볼 수 있다. • 면역성이 떨어져 감염되기 쉬우며 치아이상을 나타낸다.	• 신체적인 발달이나 외양은 정상이다.

심리면	• 실패에 대한 두려움을 나타내며 그로 인해 성취도가 낮다. • 심리적으로 불안하며 동요가 쉽다. • 주위의 거부로 공격, 위축 등의 부적응 행동을 보인다.	• 모방하거나 하는 척하는 것이 없다. • 생활 규칙을 고정적으로 반복한다. • 타인의 감정을 인식하지 못한다.
인지면	• 지능 발달에 전반적인 지체가 보인다. • 언어 이해 능력이 지체되어 있다. • 단기 기억력이 상대적으로 떨어진다. • 추상 능력이나 개념화가 어렵다. • 사물의 연관 관계를 이해하기 어렵다. • 주의 집중과 중재 전략에 결함이 있다. • 일반화와 전이 능력이 부족하다.	• 자폐아의 약 80%가 지적 장애, 약 5%가 기계적 기억이나 시각적 특수 능력을 갖고 있다. 지능은 평균 이하이다. • 4명 중 3명은 IQ가 70 이하로 발달이 지체되어 있다.
사회면	• 적응 능력이 부족하여 집단 생활의 적응에 도움이 필요하다. • 의사소통을 할 수 있는 기본 능력을 습득하는 데 도움을 필요로 한다. • 스스로 신변을 처리할 수 있는 자립 능력에 도움을 필요로 한다.	• 타인과 관계 형성을 하지 못한다. • 상황의 변화에 대응하지 못한다. • 타인에게 관심이 없고 어울리지 못한다. • 혼자 있는 시간이 많다. • 눈 맞추기가 잘 되지 않는다.

출처 : 말아톤복지재단 홈페이지.

〈표 2〉 치매 증세의 진행 과정 특성

구 분	치 매
정 의	치매는 후천적으로 기억, 언어, 판단력 등의 여러 영역의 인지 기능이 감소하여 일상생활을 제대로 수행하지 못하는 임상 증후군을 말한다. 알츠하이머병이라 불리는 노인성 치매, 중풍 등으로 인해 생기는 혈관성 치매가 있으며, 이 밖에도 다양한 원인에 의한 치매가 있을 수 있다.
초 기	• 기억상실증 때문에 생활에 지장이 발생한다. • 지리의 혼돈 – 늘 다니던 길에서 헤맨다. • 자발성을 잃음 – 삶에 대한 열의가 없어진다. • 기분, 성격의 변화 – 자신의 증세에 대해 불안해하고 걱정하며 남들과 잘 교제하지 않는다. • 매일 하는 일에 시간이 더 오래 걸린다. 등

중 기	• 기억상실증 악화 – 대상자가 기억을 하고 집중할 수 있는 시간이 더욱 단축된다. • 말이나 행동을 반복한다. • 사물을 제대로 인지하지 못하며 움직이는 데도 문제가 있다. • 정확한 단어를 못 떠올리고 이야기를 꾸며 댄다. • 읽기, 쓰기, 숫자 계산에 문제가 있다. • 환청 또는 화상을 보거나 듣는다. 등
말 기	• 가족이나 거울에 비친 자신을 못 알아본다. • 음식을 잘 섭취해도 살이 빠진다. • 의사소통을 못한다. • 아무거나 입에 넣거나 만진다. • 대소변을 가리지 못한다. 등

출처 : 이윤로 외(2000) 치매 노인과 사회복지실천. 학지사.

〈표 3〉 빈곤 계층 아동의 인지 발달 정도

구 분	내 용
인지 발달	기본 인지 기술, 수리적 사고 능력, 사회적 사고력, 과학적 사고력 등을 조사한 결과 빈곤층에서 차상위층, 차상위 이상 계층으로 갈수록 인지 기술 점수가 높아짐.
인지 하위 영역 발달	대상 영속성, 모방, 문제 해결 능력, 물체 탐색, 수 개념 등을 조사한 결과 빈곤층에서 차상위층, 차상위 이상 계층으로 갈수록 인지 기술 점수가 높아짐.
사회적 사고력	사회적 상호 의존, 지역사회와 이웃, 권리와 책임 등을 조사한 결과 빈곤층에서 차상위층, 차상위 이상 계층으로 갈수록 인지 기술 점수가 높아짐.

출처 : 보건복지부(2009). 한국 아동청소년 종합 실태.

〈욕구의 개념과 욕구 분석〉

1. 욕구의 개념

욕구 분석은 대상자들의 복합적인 욕구와 문제, 현재의 기능, 장점과 잠재 능력, 공식 · 비공식 지원 체계 등에 관하여 전반적인 자료를 수집하고 종합적으로 분석하는 과정이다. 이를 통해 현시점의 모든 종류의 문제점과 욕구를 파악하고 신뢰 관계를 확립한다. 이 과정에서 학습자는 대인 관계에 관한 기능이나 대상자의 존엄성과 대상자와의 대등한 관계유지라는 가치관이 요구된다.

교육적 욕구는 대상자에게 존재하는 균형 상태와 불균형 상태가 미래의 바람직한 상태와 현재 상태 사이의 차이 때문에 나타나는데 이러한 차이가 바로 교육적인 욕구를 의미한다.

교육적 차원의 욕구는 다음과 같이 구분할 수 있다.

(1) 기본적 욕구

인생의 전 생애에 걸쳐서 발생되는 교육적 동기와 관련된 욕구를 의미한다. Maslow는 욕구 5단계(표 4)를 통해 이러한 인간의 기본적 욕구야 말로 교육에 있어 일차적으로 고려되어야 할 요인임을 강조하며 교육 욕구를 설명하고 있다.

욕구가 낮은 수준에 머물러 있는 사람은 보다 높은 수준으로 이동하기 위해 무엇인가를 욕구하게 되는데 이러한 요구를 충족시켜 줄 수 있는 것이 교육이다.

〈표 4〉 **Maslow의 욕구 5단계 풀이**

단 계	욕 구	내 용
1단계	생리적 욕구	의식주에 대한 욕구, 인간의 생명을 유지하기 위한 기본적인 욕구
2단계	안전의 욕구	신체적 및 감정적인 위험으로부터 벗어나 보호되고 안전해지고자 하는 욕구
3단계	사랑 · 소속의 욕구	집단에 소속되어 인정받고 싶은 욕구(인간은 사회적 동물-동료와의 친교, 우정, 이성 간의 사랑)
4단계	자아존중의 욕구	소속된 단체의 구성원으로서 명예나 권력을 누릴 수 있는 존경의 욕구
5단계	자아실현의 욕구	지속적인 자기 계발을 통하여 성장하고 자신의 잠재력을 극대화하여 자아를 완성하고자 하는 욕구

(2) 자각된 욕구

가장 일반적으로 사용되는 용어로 대상자가 인식은 하고 있으나, 실제 행동으로 옮기지 않고 있는 욕구를 의미한다. 표출적 욕구는 대상자에 의해 표출된 욕구를 의미한다. 자각된 욕구와 표출된 욕구에서는 현재의 상태가 정확하게 진단되지 아니한 채 대개의 경우 바라는 상태만 표출되는 경향이 있다.

(3) 규범적 욕구

잠재적 대상자의 현재 상태의 정확한 진단이 필요하고 바라는 미래의 상태가 대상자의 욕구에 기인한 것이 아니라 여타 인증 및 자격 기준에 의해서 결정되는 경우를 의미한다.

(4) 상대적 욕구

선별된 특성에 따라서 두 집단이나 개인을 비교함으로써 발생되는 욕구를 의미한다. 상대적 욕구에서 미래의 바라는 상태는 비교 대상의 제반 조건이 된다.

이상에서 살펴본 바와 같이 교육 욕구란 현재의 교육 수준과 개인적 또는 사회적으로 기대되는 바람직한 교육 수준 사이에 존재하는 격차를 학습을 통해 해소하고자 하는 욕구의 형성을 의미한다. 다시 말해, 현재 능력 수준이 원하는 수준에 비해 부족한 상태에서 그 부족함을 학습 프로그램을 통해 충족시키고자 할 때 발생되는 결핍 충족을 원하는 상태나 조건을 말한다.

2. 욕구 분석

(1) 목적

욕구 분석의 목적은 어떠한 서비스를 제공하여야 하며 어떠한 내용이 포함되어야 하는가를 결정하는 것이다. 이를 위해 욕구 분석에서는 대상자를 분석하고 주제를 확인하고 특정 욕구를 파악하려 한다. 이는 현재 무엇이 어떻게 진행되어 가고 있는가를 파악하며 미래에 무엇이 어떻게 변화되어 갈 것인가를 발견하기 위한 것이다.

이러한 욕구 분석은 계획을 위한 출발점이 되고, 미래의 방향을 제시하고 프로그램의 개신 또는 폐지를 정당화시키며, 프로그램의 수정 · 보완을 통해 기관의 목표와 사명을 평가하는 잣대로서의 기능을 하게 된다. 또한, 서비스에 필요한 데이터를 제공할 뿐만 아니라 내용, 대상자의 참여 계획 등을 포함한 프로그램 분석의 지침이 된다. 이를 위해서는 대상자의 사회생활을 전반적인 관점에서 이해하며, 현시점에서의 모든 종류의 문제점과 욕구를 사정하고 제공자와 대상자와의 신뢰 관계를 형성하며, 대인관계에 관한 기능이나 대상자의 존엄성과 대상자와의 대등한 관계 유지라는 가치관리가 요구된다.

(2) 방법

프로그램의 기획자는 대상자의 서비스 욕구를 파악하기 위해 다양한 욕구 분석 방법을 숙지하여야 하며 어떠한 방법을 사용하여 요구를 분석할 것인가를 결정하여야 한다. 욕구 분석 방법은 욕구 분석의 목적, 개발할 교육 프로그램의 유형 대상자의 속성 및 특성, 기획자가 이용할 수 있는 자원 등의 요인에 의해 영향을 받는다. 여기에서는 실제 사회복지현장에서 많이 활용되고 있는 조사 연구 기법과 면접법, 델파이 기법 등을 살펴본다(표 5 참조).

〈표 5〉 욕구 분석 방법의 종류

기 법	내 용
조사연구 기법	• 가장 널리 이용되는 기법으로 대규모 집단의 특성을 기술하는 데 유용하다. • 조사 결과를 일반화할 가능성이 높고 효과적으로 다룰 수 있는 변수가 많다. • 조사 대상을 본질보다는 겉에 나타나는 현상으로 관찰할 수밖에 없다는 단점도 있다.
면접법	• 행동 특성이 개개인의 독특한 습관에 관련되었거나 집안 문제 등 사적인 성격의 문제를 밝혀낼 때 매우 효과적이다. • 직접 대면으로 알아내기 때문에 심도 있는 대답을 얻을 수 있다. • 시간과 경비 등이 조사연구기법에 비해 과다한 경우가 많고 면접자의 주관적 해석이나 편견이 작용할 우려가 있다.
델파이 기법	• 델파이라는 말은 그리스에서 예언가들이 미래를 점치던 아폴론 신전이 있던 델포이에서 유래했다. • 정리된 자료나 통계 모형을 통한 분석이 어려울 때 전문가들의 의견을 조사하여 전반적인 방향을 잡아가는 사회 과학 분야의 대표적인 조사 방법이다. • 이 기법은 먼저 전문가를 선정하고 개략적인 질문을 정한 뒤 1차 설문을 한다. 설문 결과에 따라 질문을 수정하고 2차 설문을 하는 식의 과정을 수차례 반복하여 그 결과를 분석한 뒤 최종 결론을 도출한다.

〈평생교육〉

1. 평생교육 개념 및 필요성

(1) 평생교육의 개념

평생교육을 처음으로 거론한 사람은 프랑스의 교육가 Poul Lengrand이다. 랑그랑은 사람이 태어나서 죽을 때까지 계속되는 교육, 즉 유아기, 아동기, 청소년기, 성인기, 노인기 등의 발달 단계에 따른 교육이 일관성 있는 연속적인 과정으로 편성되는 수직적 차원의 교육 통합과 수평적 차원의 교육 통합으로 가정교육과 학교교육 그리고 사회교육이 상호 유기적으로 동시에 이루어져야 한다고 주장하였다.

이 주장을 바탕으로 R. H. Dave는 평생교육의 견해를 이론화시켰다. 그는 평생교육을 개인적 및 사회적 삶의 질을 계속적으로 향상시키기 위하여 평생 동안에 걸쳐 연장 실시되는 모든 형태의 형식적, 비형식적, 무형식적 교육 활동 전부를 포괄시키는 교육이라고 정의하였다.

현재는 평생교육법에서 평생교육을 학교 교육을 제외한 모든 형태의 조직적인 교육 활동을 말하고 있다. 즉, 정규 학교에서 행하는 정규 교과 학습을 제외한 학교 또는 학교 외의 장소에서 이루어지는 모든 대상, 모든 형태의 교육 활동을 평생교육이라 보면 될 것이다.

(2) 평생교육의 목적

평생교육은 인간이 태어나면서부터 죽을 때까지 계속적으로 교육을 통해 성장 발달하며 어떠한 제한도 받지 않고 누구나, 언제, 어디서나 원하는 교육을 받을 수 있는 사회의 건설을 목적으로 한다.

(3) 필요성

현대 사회는 개인의 여가 선용 및 자아실현, 급변하는 세계에 적응하기 위해서, 그리고 세대 간의 통합 및 사회의 안정을 위해서 현대사회의 평생교육을 필요로 한다.

현대의 정보화 사회에서는 지식과 정보의 양이 증가되기에 더 나은 삶을 영위하기 위해서 끊임없는 학습이 필요하며 따라서 평생교육으로 급변하는 사회 변동에 효과적으로 대처할 수 있고 사회 발전을 촉진시킬 수 있다. 또 개인의 잠재적 개발 가능성을 높이고 욕구를 만족시킬 수 있다.

2. 대상자 특성별 평생교육

대상자별로 평생교육의 의의, 활동 내용, 필요성 등이 다르며 여기서는 인지적 · 정서적으로 크게 특성이 구별되는 청소년, 장애인, 노인을 구별하였다.

(1) 청소년 평생교육

청소년기가 과거보다 긴 이행기를 겪고 있다. 이는 청소년기가 정서적으로 이른 시기에 시작되어 계속되고 있기 때문이며 이 과정에서 많은 청소년들이 혼란과 갈등을 겪고 있다. 따라서 청소년기를 어떻게 육성하는가는 사회와 국가의 미래와 중심을 변화시키는 중요한 과제이다. 하지만 지금 학교에서의 교육은 경쟁과 차별의 교육이다. 이로 인하여 학교 폭력, 자살, 체벌, 교실 붕괴와 같은 문제들이 발생하게 되며 학생들은 학교에서의 교육으로 배움의 기쁨을 느끼기는 어렵다. 이 기능을 보완하기 위해서 학교 교육에 의존하기 보다는 학교를 벗어난 지역사회, 가정 등에서 변화되는 사회에 적응할 수 있으며 미래에 대한 고민을 할 수 있는 새로운 교육 활동이 필요하다.

청소년 평생교육의 내용은 급변하는 사회 속에서 청소년의 인생관과 가치관의 변화, 세대 간의 단절이라는 문제들을 해결하기 위해서 청소년의 의식 변화, 삶과 문화에 대한 연구, 청소년 문제에 대한 관심이 지속적으로 이루어져야 한다. 두 번째로 성교육, 다양한 여가 교육, 단체 활동, 매스미디어 교육 등이 있다. 이외에도 청소년의 문화와 그들의 특성을 잘 이해하고 탐색하여 음악, 패션, 춤, 인터넷 등 그들의 개성과 자유를 마음껏 펼칠 수 있는 다양한 교육 프로그램이 제공되어야 한다.

(2) 노인 평생교육

현재 우리 사회는 고령화 사회로, 노인의 수명이 늘어나며 노인 인구가 양적으로 증가되고 있다. 평생교육은 요람에서 무덤까지 인생의 전 과정에 걸쳐서 이루어지는 교육 활동인 동시에 인간 완성을 지향하는 교육이다. 이에 인생의 노년기에 이루어지는 노인 평생교육은 급변하는 사회에 노인의 소외감을 줄여 사회의 구성원으로 살아가는 데 도움이 되고자 한다. 교육을 통해 자신을 발전시키고 여가 시간을 효율적이며 보람되게 활용함으로써 삶의 질을 향상시키고자 한다.

〈표 6〉 노인 평생교육의 개념

구분 \ 개념	노인을 위한 교육	노인에 관한 연구	노인에 의한 교육
학습자	노인	모든 연령의 학습자	모든 연령의 학습자
교수자	모든 연령이 가능	모든 연령이 가능	노인
목 적	재교육, 사회 적응, 자기 개발, 여가 활용, 직업 준비 등	노인기 준비, 노인 이해, 노화에의 적응, 퇴직 준비 교육 등	세대 간 이해 확장, 사회 참여, 사회
주요 내용	노인의 특성, 노인기에 필요한 건강, 여가, 작업 기술 등	노인의 특성, 노화 과정에 적응하기 위한 지식과 기능, 고객으로서의 노인의 특성 등	노인의 경험과 지혜가 기여할 수 있는 역사적 사실, 전통 지식과 기능, 각종 봉사활동 등

가정과 사회에서의 비활동적인 생활, 역할의 상실, 고부・손자녀 등 가족 간의 갈등문제는 노인 교육이 해결해야 할 과제이다. 오늘날 노인 문제가 사회 문제로 인식되고 있는 이유는 노인 문제가 이미 가정에서 해결할 수 있는 범주를 넘어섰기 때문이다. 그렇기 때문에 노인 교육은 노인의 문제를 해결하는 접근 방법으로서 주요한 역할을 하게 된다.

(3) 장애인 평생교육

장애인 평생교육은 장애로 인한 결핍을 보완하기 위한 교육이 아닌 장애 유무를 떠나 인간 자체가 지니는 평생학습권과 평생교육권의 보장을 위한 기회를 제공받아야 한다. 장애인에게 평생교육이 중요하다고 해서 비장애인과 분리하여 요구되는 지원이 완전히 다른 것은 아니다. 평생교육은 삶의 질과 깊은 관계를 맺고 있으며 인간의 경제적 조건뿐만 아니라 일상생활의 질적 수준과 인간적 삶의 가치 문제를 다루고 있기 때문이다. 따라서 장애인의 경우 비장애인과 통합되는 환경적 변화와 함께 학습이 이루어져야 하며 개인의 욕구가 충족되어야 한다.

〈수행내용 / 학습 지원 프로그램 개발하기〉

■ 재료 · 자료

- 사회복지 실천론 관련 서적, 평생교육 관련 서적, 필기도구, 포스트잇, 다양한 평가 도구 틀

■ 기기(장비 · 공구)

- 컴퓨터, 빔 프로젝터, 화이트보드, 책상, 의자 등

■ 안전 · 유의사항

- 팀을 구성하여(인원은 자유롭게 구성) 팀장을 선출하고 과제물을 취합, 정리하여 결과물을 제출 및 발표할 수 있게 한다.
- 교수자 위주가 아닌 토론 형식의 자유로운 분위기에서 모든 팀원들이 참여할 수 있는 분위기를 조성한다.

■ 수행순서

프로그램 개발 모델

1. 프로그램 개발 모델의 필요성

프로그램 개발 모델은 프로그램의 성공적인 결과를 보장하기 위한 방법들로 구성된다. 이러한 프로그램 개발 모델은 매우 단순하게 이루어질 수 있고, 반면에 매우 복잡하게 구성될 수도 있다. 일반적으로 프로그램 개발 모델은 프로그래머들로 하여금 개발 모델을 기준으로 프로그램 개발 과정을 쉽게 따라갈 수 있도록 제시해 주는 것을 말한다.

프로그램의 내용이나 대상자의 특성, 프로그램의 시간대 등에 따라 고정적일수도 있고, 융통성이 있을 수도 있기 때문이다.

(1) 일반프로그램 개발 모델(Continuing Education Programmer Model)

일반 프로그램 개발 모델은 지역사회 교육 프로그램 개발에 적합한 특성을 가지고 있다. 대학이나 복지 기관, 청소년 관련 기관, 사회봉사 단체 등과 같은 지역사회 교육의 장에 많이 사용되며 구체적인 자료와 방향을 담고 있어야 한다. 일반 프로그램 개발모델의 특성은 첫째, 구체적이고 확실한 특성을 가지고 있으며 둘째, 실제적이며 구체적이다. 셋째, 다양한 프로그램 개발 활동을 위해 현재 그들이 가지고 있는 기술이나 자원의 상태를 점검하도록 해줌으로써 자기 진단적 체크리스트의 성격을 띤다. 넷째, 실행 과정에서 발생할 수 있는 다양한 문제들이 예측 가능하다.

〈표 7〉 **일반 프로그램 개발 모델 단계**

1단계 지역사회 욕구 조사	지역 사회 구조 결정	지역 사회 대표 상담	지역 사회 활동 참여	형식적비 형식적 연구수행	지역 사회 욕구 파악	우선 순위 결정		
2단계 프로그램 계획	기획안 준비	예산 준비	프로그램 개발에 대한 논의	대략적인 개발 결정	활동 스케줄과 편의시설 준비	강사 섭외	강의 기자재 획득	교수 자원 개발
3단계 프로그램 홍보 및 시장 조사	표적 집단 명료화	홍보 매체 선택	홍보 준비	홍보를 위한 장소 물색	홍보 실시			
4단계 프로그램 관리	참여자 확인	예산 관리	시설 관리	불만 해결	행정적 문제 해결			
5단계 인적 자원관리	교수자 오리엔테이션	교수 훈련	교수 지원 제공	지역 과의 연계	시간, 장소 관리			
6단계 의견 공유		통계 자료 편집	과정	인터뷰 준비	인터뷰 실행	자문 역할수행	공개적 의사소통	개별적 의사소통
7단계 평가	프로 그램 평가	코스 평가	교수 평가	자기 평가				

(2) 전문 교육 프로그램 개발 모델

전문 교육 프로그램 개발 모델은 학습 구성원들이 서로 잘 알고 있는 사람들이거나 또는 동질적인 학습자 집단들로 구성되었을 때 보다 효과적이다. 전문 교육 프로그램 개발 모델의 경우, 욕구란 학습자 개인의 흥미보다는 직업이나 전문성의 관리라는 측면에서 요구되는 것으로 보고 있다. 따라서 지식 의존적이며 학습자들로 하여금 그러한 내용을 숙달하게 하는 데 효과적이다. 전문 교육 프로그램 개발 모델의 특성은 다음과 같다. 첫째, 전문 교육 프로그램 개발모델은 학습자의 욕구 분석으로부터 출발하지만, 이때 욕구의 분석은 참여자들의 전문적 성향에 대한 정확한 이해에 초점을 둔다는 점에서 일반 프로그램과 다르다. 둘째, 전문가들이 프로그램을 조직하고 개발하려는 사람들을 위한 모델이기는 하지만 모든 프로그램에 있어서 활용이 가능하다.

(3) 레너의 10단계 프로그램 개발 모델

앞의 두 모델이 단계적이며 절차 중심적이라면 레너에 의해 개발된 10단계 모델은 단계와 절차를 강요하지 않는 유동적인 모델로, 각각의 절차와 단계들이 매우 자연스럽게 연결되어 있다. 일상적인 의미에서 프로그램 개발 모델이 갖는 특성을 많은 부분에 서 레너의 10단계 개발 모델이 반영하고 있다. 레너의 10단계 모델은 기본적인 요소들로 매우 신중하게 제시하고 있는 반면, 각 단계에 따른 전략적 질문들은 자세하게 언급하고 있지 않다. 레너의 10단계 모델이 자연스럽고 질적인 특성을 가지고 있음에도 불구하고 프로그램의 각 요소들을 설명하기 위해 단계라는 개념을 사용하고 있으며 교사들로 하여금 학습 상황 내에서의 문제 또는 교수 활동에 대한 생각, 활동 계획에 대한 생각을 하도록 도와준다. 또 서서히 진행되는 단계별 과정으로 보고 있으며 어느 시점에서든지 프로그램이 시작될 수 있다는 장점이 있다.

- 1단계 : 자신의 현재 수준 파악, 자신의 기술과 지식, 흥미, 힘, 약점 등 파악
- 2단계 : 학습자 파악, 학습자의 능력과 흥미, 기대, 학습 경험 파악
- 3단계 : 체제 분석, 프로그램을 통해 요구되는 조직이나 기관의 철학, 법칙 등 분석
- 4단계 : 학습 목표 설정, 학습자들이 변화에 대한 기대 설정
- 5단계 : 학습 전략, 교수 전략 설정
- 6단계 : 자원 평가
- 7단계 : 평가 기법 선정
- 8단계 : 교수 활동 계획
- 9단계 : 실행
- 10단계 : 결과 평가

〈문제와 욕구 파악〉

1. 대상자의 특성을 파악한다

프로그램에 참여하는 대상자들의 성별, 연령, 사회 환경적 특성, 신체적 정서적 특성, 학습능력 정도, 의사소통의 특성을 미리 파악할 수 있어야 한다. 또 대상자가 프로그램에 참여하여 학습지원을 받게 될 경우의 어려운 점들도 파악을 해야 한다. 이러한 특성과 문제점, 욕구를 파악함에 있어서 각 기관별로 체크리스트 또는 환경 조사서들을 작성하여 문제 파악을 하는 데 기초 자료로 사용이 가능하다.

문제 분석 시 부족한 것과 문제를 구별해야 한다. 장애인 시설이 부족하여 장애인 시설을 늘려야 한다는 것은 문제 상황을 나타내는 것이 아니다. 문제는 변화가 되는 것을 기대하고 진행하는 것이다.

대상자의 욕구를 파악하기 위해서는 대상자 면담, 욕구 조사서 활용 등이 있다. 욕구조사 방법으로는 자료 수집을 위한 질문지법, 대상자의 행동

과 실제 상황을 보는 관찰법, 심층 분석을 하는 사례 연구, 집단 연구를 통한 방법이 있다.

2. 대상자 선정 및 욕구를 분석하고 작성한다

대상자 인원 선정 시 대상 집단이 속한 커다란 일반 집단에서 문제에 노출된 위험 집단으로 축소한 다음에 문제에 노출되어 신청 사업의 대상이 되는 표적 집단으로 나눈다. 최종적으로 표적 집단 중 해당 사업에 실제로 참여가 될 클라이언트 집단으로 나눠 대상을 선정한다.

3. 욕구 분석을 통한 계획서를 과정에 맞게 작성해 본다

이때 팀별로 한 대상(case)을 선정하여 과정을 나누어 작성해 보는 것도 좋은 방법이다. 욕구와 관련된 역사적 사건, 이론, 연구 조사 결과, 원인론, 문제의 심각성, 크기, 유형 등을 서술하기 위한 데이터를 수집하는 데 초점을 두어야 한다.

〈표 8〉 대상 아동 체크리스트 예시-욕구사정 시 사용

<table>
<tr><th colspan="8">대상 아동 기초 조사서</th></tr>
<tr><td rowspan="2">대상학생</td><td colspan="5">성명 :</td><td colspan="2">학년 반 번</td></tr>
<tr><td colspan="7">주소 :</td></tr>
<tr><td rowspan="2">보호자</td><td colspan="7">성명 : (관계 : /동거 여부 :)</td></tr>
<tr><td colspan="4">전화 :</td><td colspan="3">핸드폰 :</td></tr>
<tr><td rowspan="4">지원 희망</td><td colspan="7">학비지원 □ 학교 급식비 지원 □</td></tr>
<tr><td colspan="7">방과후 보충 학습 □ 특기적성 교육 활성화 □</td></tr>
<tr><td colspan="7">상담 프로그램 □ 문화 체험 활동 □ 봉사 체험 활동 □</td></tr>
<tr><td colspan="7">동아리 □ 건강하고 즐거운 학교생활 적응 프로그램 □ 기타 □</td></tr>
<tr><td rowspan="2">기초 현황</td><td>기본 사항</td><td colspan="6">□ 기초생활수급자 □ 차상위 저소득층
□ 일반저소득 □ 담임교사 추천</td></tr>
<tr><td>세부 사항</td><td colspan="6">□ 소년 소녀 가정 □ 사회복지시설 수용 □ 장애인 가정
□ 법정 한부모 가족 □ 새터민 자녀 □ 보훈내상자 자녀
□ 조손가족 □ 기타 대상자</td></tr>
<tr><td rowspan="13">학교생활</td><td rowspan="9">학습능력</td><td colspan="6">학기별 점수 기재</td></tr>
<tr><td></td><td>1학기
중간고사</td><td>1학기
기말고사</td><td>2학기
중간고사</td><td>2학기
기말고사</td><td>종합 평가</td></tr>
<tr><td>국 어</td><td></td><td></td><td></td><td></td><td></td></tr>
<tr><td>수 학</td><td></td><td></td><td></td><td></td><td></td></tr>
<tr><td>사 회</td><td></td><td></td><td></td><td></td><td></td></tr>
<tr><td>과 학</td><td></td><td></td><td></td><td></td><td></td></tr>
<tr><td>영 어</td><td></td><td></td><td></td><td></td><td></td></tr>
<tr><td>석 차</td><td></td><td></td><td></td><td></td><td></td></tr>
<tr><td>종 합</td><td colspan="5">전학년 석차 ( )</td></tr>
<tr><td>학업
흥미도</td><td colspan="3"></td><td>학교
적응력</td><td colspan="2"></td></tr>
<tr><td>교사와의
관계</td><td colspan="3"></td><td>교우와의
관계</td><td colspan="2"></td></tr>
<tr><td>생활</td><td colspan="6">결석 [ ] 지각 [ ] 병가 [ ] 조퇴 [ ] 징계 [ ]</td></tr>
<tr><td rowspan="2">건강 보호</td><td>신체 발육</td><td colspan="2"></td><td colspan="2">과거 병력</td><td colspan="2"></td></tr>
<tr><td>식생활</td><td colspan="2"></td><td colspan="2">방과후 보호</td><td colspan="2"></td></tr>
<tr><td>심리 · 정서 영역</td><td colspan="7">상담 □ 심리검사 □ 사회성 향상 프로그램 □ 진로 탐색 및 체험 활동 □
기타 ( )</td></tr>
</table>

출처 : 화천초등학교 교육복지사업.

〈학습 지원 계획서 작성〉

학습 지원을 함에 있어 대상자별로 필요한 학습 지원 사업에 관하여 계획서를 작성하여 학습의 효과성을 높이고 실제적으로 어떠한 변화가 이루어졌는지에 대한 평가가 가능하게 된다. 효과적인 기획과 관리에 어떤 것들이 반드시 성취되어야 하는지를 명확히 규정하고, 효과성을 기초로 한 기획이라는 주제를 보다 구체적으로 적용시켜야 한다. 현재 당면한 문제와 지원 사업들의 복잡성을 탐구하는 목적은 학습 지원에 대한 보다 포괄적인 이해의 필요성을 이끌어 내어, 의도한 다양한 결과를 도출하는 것에 더욱 정확하게 초점을 맞출 수 있도록 하는 것이다. 모든 것은 학습 지원을 통해서 대상자들의 삶의 변화에 관한 것이다.

1. 학습 지원 계획 작성 과정

사회복지 현장뿐만 아니라 기업 및 산업에서도 매우 유용하게 사용되고 입증된 체계 틀이 있다. 이는 프로그램을 체계 주입(input), 전환(throughputs), 산출(outputs), 결과(outcomes)와 관련된 요소로 분류함으로써 프로그램을 더욱 포괄적으로 이해할 수 있게 해준다. 투입은 자원 및 원재료, 전환은 변화 과정, 산출은 산출물 혹은 서비스의 완결, 결과는 대상자의 삶의 상황 혹은 환경에 있어 측정 가능한 변화를 말한다.

(1) 투입

학습 지원 사업에서 투입에는 학습 지원 대상자, 제공자, 물적 자원, 시설, 장비의 다섯 가지 요소가 포함된다. 학습 지원 대상자는 원재료를 의미하여 다른 요소들은 문제와 욕구를 가진 사람들을 문제와 욕구를 해결할 수 있는 사람으로 전환하는 데 사용하는 자원을 의미한다. 〈표 9〉를 참고하여 요소를 정의하고 모니터링과 평가, 보고 목적에 유용하도록 각 요소들을 정의한다.

〈표 9〉 **학습 지원과 투입과 관련된 변수**

변 수	내 용	예
학습지원자 변수	자격 여부	연령, 거주 여부, 소득
	인구 통계 또는 특성 변인	인종, 성별, 소득, 종교, 교육, 고용, 인구조사 표준 지역
	사회적 요인	약물 남용 경력, 정신 건강 이력 등
	장점 및 문제 프로필	건강상의 문제, 가정 환경, 금전 관리 기술
학습제공자 변수	인구 통계 또는 특성 변인	성별, 민족, 교육, 경력
	자격증 요인	면허증, 자격증, 학위
물리적 지원	물적자원	음식, 의복, 현금
	시설	주거 시설, 사무실 설비, 의료 시설
	장비	차, 컴퓨터, 장비

(2) 전환

전환 과정은 개입이나 학습 지원 내용을 의미한다. 이는 직원, 물적 자원, 시설, 장비 등의 자원이 대상자를 위해 사용되도록 함으로써 대상자가 학습 지원 과정을 완료하고 자신의 문제를 해결(결과)하게 되기를 바라는 제공 과정에 해당된다.

〈표 10〉 **전환 요소**

요 소	예	목 적
서비스 정의	13세 이하 소아 당뇨 환자에게 당뇨에 관한 학습 지원	제공될 학습 내용에 대한 공통의 이해와 동의를 구하는 기초로 공식적 정의를 제공하기 위함
서비스 과업	인테이크 및 심사, 문제 규명, 사례 계획의 수립 등	유사한 문제를 가진 유사한 대상자들이 제공받는 서비스에 대해 어느 정도 동질성을 확보하기 위함
개입 방법	8명 이하의 집단에 대한 집단 상담	동일한 프로그램 내에서 제공되는 서비스에 대해 어느 정도 동질성을 확보하기 위함

(3) 산출

산출을 측정하고자 하는 목적은 대상자가 실제로 제공받는 이용 가능한 서비스가 얼마나 있는가, 프로그램 설계에 명시된 바와 같이 대상자가 학습을 종결했는가, 또는 학습 지원을 충분히 받았는가 하는 것을 규명하기 위한 것이다. '얼마나'라는 질문에는 서비스 단위로 답해야 하며 이러한 답은 중간 산출로 정의된다. 서비스 종료라는 질문에는 우리가 이해하는 종료의 의미로 답해야 하며 이러한 답은 최종 산출로 정의된다.

(4) 결과

프로그램 가설이 수립되어 있을 때, 우리는 어떠한 결과를 성취하기를 바라는지 측정 가능한 결과이다. 결과는 프로그램에 참여하여 마친 대상자가 성취한 삶의 질에 있어서의 측정 가능한 변화로 정의된다. 결과의 척도는 수량 집계, 표준화된 척도, 기능 수준 척도, 대상자의 만족도로 측정 가능하다.

2. 학습 지원 내용의 작성

(1) 목적 및 목표 작성하기

사업 목적은 누구(구체적 표적집단), 어떤 문제, 어떠한 변화가 구비되어 사업을 기획함에 있어 성취하고자 하는 목적지를 의미한다.

- 사업 목적의 예시 : 국민기초생활보장 수급권자 어르신 중 손자녀를 양육하고 있는 조손자 가정의 조모에 초점을 두어 상호 지지와 개인 양육 능력 지원을 통해 가족의 상실된 역할과 기능을 보완, 동기부여를 함으로써 가족 구성원의 잠재 능력을 개발하고 나아가서는 가족 기능이 강화되는 것을 목적으로 한다(시립강동노인복지관 자조모임을 통한 조부모 손자녀 세대의 가족 역량 강화 프로그램 중에서).

목표는 프로그램 목적이 측정 지표라고 할 수 있으며 목적보다 한층 구체적으로 측정 가능한 형태로 진술된다.

- 이상적 목표설정의 원칙 : SMART
  - 구체적(Specific)이어야 한다.
  - 측정(Measurable)할 수 있어야 한다.
  - 성취(Achievable)할 수 있어야 한다.
  - 결과지향적(Result-oriented)이어야 한다.
  - 달성한 날짜(Time-bounded)가 표시되어야 한다.

(2) 사업내용 작성하기

① 사업명 정하기

대상자의 욕구와 문제를 분석한 후에 제안하며 대상자, 사업의 방향 및 목적을 구체적으로 제시한다.

② 사업 내용

문제 및 욕구 사정 후 목표와 내용, 방법이 선정되고 나면 이를 기초로 전반적인 계획을 세워 하나의 안으로 만들어서 문서화하게 된다. 학습 계획서에는 주요 계획 또는 장기간의 내용 설명이 들어가 있어야 한다. 계획안은 직원의 학습 지원 활동이 실제적으로 기재됨으로써 효율적이며 효과적인 사업을 진행하기 위해 필요한 단계이다.

계획안에 포함되어야 할 요소들은 활동의 성격, 종류, 직원의 전문적 판단 등에 따라 여러 가지 형태로 달라질 수 있으나 대체적으로 주의 집중을 위한 도입, 목표, 내용, 방법, 기타 자료 및 장비, 평가 방법 등이 포함된다.

㉠ 실제 사용하게 될 실행 학습 내용 및 방법들을 서술하여 기술적 기반을 근거로 하여 수행 방법을 구체적으로 기술한다.

ⓛ 담당자의 역할과 과업을 구체적으로 제시한다.
ⓒ 활동별 시간 계획에 따른 사업 일정을 기재한다.
ⓡ 소요되는 예산 내용들을 정리한다.
ⓜ 홍보 및 지역 자원 활용 계획들을 정리한다.
ⓑ 목표에 따른 평가 방법들을 제시한다.

3. 사업 계획서 작성 예시

학습 능력 향상 '수준별 부진아 지도'

○○초등학교

○ 추진 배경
- 개인차를 고려한 맞춤형 교육을 실시하기 위하여 한글을 잘 알지 못하고 이해력이 미흡한 아동들을 선발하여 부진아 지도를 실시하고자 함(학력 저하를 이유로 학교생활에 흥미를 잃은 아동들이 학력 향상을 통해 용기와 자신감을 갖게 하여 즐거운 학교생활을 할 수 있도록 도움을 줄 것임)
- 아동에게 심리적 안정을 주면서 학습에 대한 흥미를 유발하고 욕구를 증대시켜 학습 성취를 이룰 수 있도록 개개인의 아동에게 알맞은 맞춤식 학습 심리치료가 필요함. 초기에는 심리적 안정을 줄 수 있는 다양한 미술 치료 기법을 통하여 흥미를 유발하고 표현을 증대시켜 아동에게 성취감과 만족감을 주고자 함

○ 사업 목적
- 학생 개개인의 수준에 맞는 수준별 학습지도
  • 다양한 학습 기회 제공으로 학습 동기 유발 및 자신감 부여
  • 최저 수준의 교과 학습 능력 증진을 위한 기본 학력 신장
- 경제적인 이유로 사교육을 받지 못하는 아동 지원
  • 사교육비가 경감되고 공교육에 대한 신뢰를 높임
  • 학교 교육의 질 제고를 통한 공교육 신뢰 회복

○ 사업 기간 : 2016년 4월 1일 ~ 2016년 12월 23일

○ 서비스 대상

구 분	인지 미술 치료	기초 학력 보충	교과 학습 보충
선발 기준	– 1차 : 1~2학년 담임 추천 – 2차 : 심리 검사 및 인터뷰(척도 활용) – 3차 : 대상자 4명 선정	– 1차 : 3~6학년 담임 추천 – 2차 : 부진아 평가(3RS) – 3차 : 대상자 10명 이내 선정	– 1차 : 교과 학력 부진 학생 – 2차 : 5학년 2차 평가, 2, 3, 4, 6학년 20명 – 3차 : 대상자 30여 명 선정

○ 프로그램 준비 및 운영 과정

운영절차	일정	주요 운영 사항
기본계획 수립 ⇩ 담당자 협의회 ⇩ 수준별 프로그램 강사 선정 ⇩ 수준별 프로그램 진행 ⇩ 중간 평가	3월 5일	운영 계획 확정
	4월 9일	대상 학생 선정 및 수준별 프로그램 계획
	4~7월	인지 미술 치료, 교과 학습 부진, 기초 학습 부진 강사 선정
	4월~현재	수준별 프로그램 진행 4월~현재
	8월~	행사 후 결과 및 평가 정리 행사 후 결과 및 평가

○ 추진 체계

번호	이름	담당업무	번호	이름	담당업무
1		사업 총괄	6		교과 학습 부진 2학년
2		대상학생 및 외부 강사 관리	7		교과 학습 부진 3학년
3		기초 학습 지도	8		교과 학습 부진 4학년
4		인지 미술 치료 지도	9		교과 학습 부진 5학년
5		교과 학습 부진 2학년	10		교과 학습 부진 6학년

○ 운영의 개요

	인지 미술 치료	기초 학력 보충	교과 학습 보충
내용	• 한글 깨치기 • 미술 치료를 통한 정서적 안정감 향상	• 읽기, 쓰기, 셈하기 등 기초 학력 지도	• 국어, 수학, 교과 보충 학습
아동 선발기준	1차 : 1~2학년 담임 추천 2차 : 심리 검사 및 인터뷰(척도 활용) 3차 : 대상자 4명 선정	1차 : 3~6학년 담임 추천 2차 : 부진아 평가(3RS) 3차 : 대상자 10명 이내 선정	1차 : 교과 학력 부진 학생 2차 : 5학년 2차 평가 2, 3, 4, 6학년 20명 3차 : 대상자 30여 명 이내 선정
강사	외부 강사 (미술 심리 치료사)	외부 강사	내부 강사 (학년별 2人 총 9명)
일시	매주 2회 40분 운영 (월, 목, 격주 수요일 보충학습)	매주 2회 40분 운영 수준별 2그룹 (월, 화, 목, 금)	매주 2회 학년별 교사가 시간 편성
비고	심리 검사를 통한 인지 능력 검사 인터뷰	부진아 평가 자료 첨부	중간 평가 결과 5학년 2차 평가
교재선정	아동의 수준에 맞는 맞춤형 교재를 선정하여 맞춤형 교육 실시		

○ 평가 방법

- 학업 결과를 주기적으로 확인할 수 있도록 개인별 카드 작성
- 학기별 성취도 평가를 반영하여 아동의 문제점 발견 및 피드백
- 학교생활 변화 사전사후 비교(학교적응력 척도 활용)

TIP

학습 활동 독려와 학생의 학습력 향상을 위해 담임 선생님과 담당 강사, 교장 선생님의 적극적인 면담으로 학습 방향 및 지도 방법을 반성하고 아동의 욕구를 충족시키고자 노력함. 방학 중에도 수업을 진행함

○ 운영 성과

- 인지 미술 치료 대상 학생, 담임 교사 만족도가 매우 높음
- 출석률 90% 이상, 학부모 상담이 동시에 진행되어 학부모 만족도가 매우 높음
- 교과 학습 보충을 통해 소그룹 지도를 통한 교과 학습 부진아의 학습 능력이 향상되었으며 방학 중 프로그램을 통해 지속적인 관리가 되었음
- 학력 저하를 이유로 학교생활에 흥미를 잃은 아동들이 학력 향상을 통해 용기와 자신감을 갖게 되고 즐거운 학교생활을 할 수 있도록 도움을 줌으로써 대상 학생들의 출석률이 높아져 학교 적응력이 향상되었음
- 기초 학습 지도(학업 성취도 향상)
- 인지 미술 치료(학습 흥미도 향상)
  - 사전 : 한글 받아쓰기 불가능, 자기 표현(언어) 위축, 산만하고 불안함
  - 사후 : 한글 받아쓰기 가능, 자연스러운 의사 표현가능, 읽고 쓰기 가능, 주의 집중 향상

○ 향후 과제

- 학교 내 지도뿐만 아니라 가정에서 보완할 수 있는 여건이 형성되지 않아 단기간에 학업 성적이 향상되기 어려움
- 대학생 자원봉사, 학습 멘토링 연계를 통한 지속적인 관리가 필요함

○ 운영자 전체 tip

TIP

- 방과 후 수준별 프로그램을 진행할 안정적인 공간 확보가 필요함
- 학습 부진 학생의 수준별, 체계적 지도를 통해 맞춤형 교육이 이루어졌음
- 학습 부진 학생들의 지속적인 관리를 위해 대학생 자원봉사, 학습 멘토링 등 인적 자원 확보가 필요함

기초 학습 지도 계획안

지도 과 : 수학　지도 학년 : 3~6학년　지도 교사　　　(인)

번호	일시	지도 내용	비고

교육 복지 학습 프로그램 대상 학생 지도 카드

○○초등학교

<table>
<tr><td>이름</td><td colspan="2"></td><td colspan="2">학년 반</td><td colspan="2"></td><td colspan="2">지도과목
(○로 표시)</td><td colspan="2">국어, 수학</td></tr>
<tr><td colspan="11">기 본 학 습 지 도 현 황</td></tr>
<tr><td rowspan="4">진단기간</td><td colspan="10">진단평가, 형성평가, 학업성취도 평가, 수행평가 결과를 통하여 담임 교사가 대상 학생의 기간별 학업 성취도를 해당 급간에 ○로 표시</td></tr>
<tr><td colspan="10">교과별 학업 성취도 범위 (0~100%)</td></tr>
<tr><td colspan="5">국어(%)</td><td colspan="5">수학(%)</td></tr>
<tr><td>0~
40</td><td>41~
60</td><td>61~
70</td><td>71~
80</td><td>80
이상</td><td>0~
40</td><td>41~
60</td><td>61~
70</td><td>71~
80</td><td>80
이상</td></tr>
<tr><td>1학년</td><td></td><td></td><td></td><td></td><td></td><td></td><td></td><td></td><td></td><td></td></tr>
<tr><td>1학기
중간</td><td></td><td></td><td></td><td></td><td></td><td></td><td></td><td></td><td></td><td></td></tr>
<tr><td>1학기
말</td><td></td><td></td><td></td><td></td><td></td><td></td><td></td><td></td><td></td><td></td></tr>
<tr><td>2학기
중간</td><td></td><td></td><td></td><td></td><td></td><td></td><td></td><td></td><td></td><td></td></tr>
<tr><td>2학기
말</td><td></td><td></td><td></td><td></td><td></td><td></td><td></td><td></td><td></td><td></td></tr>
<tr><td colspan="11">학습 프로그램 진행 전후의 대상 학생의 학업 성취도에 관한 소견</td></tr>
<tr><td></td><td colspan="5">지도교사</td><td colspan="5">담임교사</td></tr>
<tr><td>학년
초</td><td colspan="5"></td><td colspan="5"></td></tr>
<tr><td>1학기
중간</td><td colspan="5"></td><td colspan="5"></td></tr>
<tr><td>1학기
말</td><td colspan="5"></td><td colspan="5"></td></tr>
<tr><td>2학기
중간</td><td colspan="5"></td><td colspan="5"></td></tr>
<tr><td>2학기
말</td><td colspan="5"></td><td colspan="5"></td></tr>
</table>

인지 미술 치료 개별 지도 카드

이름 : 강사 (인)

순서	날짜	주제	교육내용	비고

TIP

- 사회복지실천론 중 사례 관리 작성 및 프로그램 작성방법을 병행하여 학습하면 학습 계획서 작성 시 도움이 될 수 있다.
- 대상자 특성 파악, 문제, 욕구 사정은 많은 연습이 필요하다. 작성한 내용들을 발표하며 모니터링을 한다면 도움이 될 수 있다.

참고문헌

강용규 외(2013). 노인복지론. 경기 : 공동체.

강은나 외(2014). 초저출산 · 초고령화 사회의 위험과 대응전략. 초고령화 사회와 노인 복지 서비스. 연구보고서 2014-22-1-3. 한국보건사회연구원.

강 인(2003). 성공적 노화의 지각에 관한 연구. 노인복지연구, 20.

강현숙(2002). 노년기 성에 관한 질적 연구 : 무배우자 노인의 성욕구 실태와 해소 유형을 중심으로. 성신여자대학교 대학원 석사학위논문.

고명석 외(2014). 노인복지론. 서울 : 대왕사.

고수현 외(2009). 새로운 노인복지론. 경기 : 양서원.

곽정남(2012). 노인요양시설 주 · 야간보호센터 실내공간 사례연구. 연세대학교 생활환경대학원 석사학위논문.

곽종형(2018). 노인복지론. 강원 : CC-LAND

권중돈(2008). 전문 노인자원봉사 프로그램 매뉴얼. 보건복지가족부.

______(2012). 노인복지론(5판). 서울 : 학지사.

권중돈 · 조주연(2000). 노년기의 삶의 만족도에 영향을 미치는 요인. 한국노년학, 20(3).

김경호(2002). 저출산 고령화 사회의 노인복지정책. 고령화 사회의 변화 : 의식에서 제도까지. 한국사회조사연구소, 27-52.

김귀환(2012). 노인복지론 : 초고령사회 대비를 위한 노인복지정책 고찰. 서울 : 동문사.

김근홍 · 박영란 · 이정규(2006). 사회문제와 사회복지. 서울 : 학현사.

김기태 외(2002). 노인복지 실천론. 경기 : 양서원.

김기태 외(2011). 가족구조와 심리사회적 요인이 노인의 자살생각에 미치는 영향. 노인복지연구, 52.

김기태 외(2013). 노인복지론. 경기 : 공동체.

김대복(1992). 노인에게 있어서 삶의 의미와 죽음의 불안과의 관계. 계명대학교 교육대학원 석사학위논문.

김동배(2008). 한국노인의 성공적 노화척도 개발을 위한 연구. 한국사회복지학, 60(1).

김만두(2006). 사회복지법제론. 서울 : 홍익재.

김미혜 · 권금주 · 임연옥(2004). 노인이 인지하는 '좋은 죽음' 의미 연구 : 복 있는 죽음. 한국사회복지학, 56(2).

김미혜 · 신경림 · 강미선 · 강 인(2004). 한국노인의 성공적 노후에 대한 경험. 한국노년학, 24(2).
김미혜 · 정진경(2003). 노인자원봉사자의 봉사활동 헌신과 생활만족에 관한 연구 : 활동이론을 중심으로. 한국사회복지학, 54.
김성철 외(2009). 노인복지론. 경기 : 광문각.
김신열(2011). 노인학대 개입을 위한 지역사회 네트워크의 필요성. 복지동향, 158. 서울 : 나눔의 집.
김익균 외(2008). 노인복지론. 서울 : 교문사.
김재현(2013). 노인들의 여가 참여 특성에 따른 우울감, 사회적응, 여가만족, 삶의 만족에 관한 연구. 전남대학교 대학원 박사학위논문.
김종서 외(1987). 평생교육의 체제와 사회교육의 실태. 서울 : 한국정신문화연구원.
김종일 · 엄명용 · 최경구(2004). 사회문제론. 서울 : 청목출판사.
김지영(2010). 인구 고령화로 인한 사회변화와 문화정책적 대응방안. 문화정책논총, 23. 한국문화관광연구원.
김진수(2011). 노인의료비 지출 증가와 효율적 관리방안. 보건 · 복지 이슈엔포커스, 114.
김찬우(2001). 고령화시대의 노인복지정책 변화와 민간복지 분야의 과제. 사회복지정책 변화와 민간복지 변화의 과제. 사회복지공동모금회 창립6주년 기념 심포지움.
김찬우 외(2008). 노인장기요양보험제도 도입에 따른 지역보건 · 복지서비스의 변화 전망과 과제. 강혜규 편저. 서울 : 보건복지부 · 한국보건사회연구원.
김철중(2000. 04. 28). 조선일보, 34면 45판.
김태준 외(2007). 고령사회에 대응하기 위한 노년교육 장기발전방안 연구. 서울 : 한국교육개발원.
김태현 외(2009). 노인복지론. 경기 : 공동체.
김태현 · 김동배 · 김미혜 · 이영진 · 김애순(1998). 노년기 삶의 질 향상에 관한 연구. 한국노년학, 18(1).
김태현 · 손양숙(1984). 노인의 죽음에 대한 태도 연구. 한국노년학, 4.
김형수(2012). 우리나라 노인자살의 현황과 과제. 자살예방 생명사랑 포럼 및 2012년 충청남도 정신보건사업 평가대회 발표논문. 충남 : 충청남도광역정신보건센터.
김형준(2012). 노인복지시설 사회복지사의 조직몰입에 영향을 미치는 요인에 관한 연구. 광주대학교 대학원 박사학위논문.
남기민 · 홍성로(2008). 사회복지법제론. 경기 : 공동체.
남재현(2011). 노인교육의 문제점과 해결방안. http://cafe.daum.net/sangakli
노용환 외(2013). 우리나라의 자살급증 원인과 자살예방을 위한 정책과제. 보건복지포럼, 6. 한국보건사회연구원.
노유자 · 김남초 · 이선미(1996). 한국 호스피스의 현황과 전망에 관한 연구. 성인간호학회지, 8(2).

대통령비서실(2004). 저출산·고령사회 대응을 위한 국가실천전략. 고령사회 대책 및 사회통합 기획단 : 인구·고령사회 대책팀.
문현정(2013). 취약계층 재가노인의 사례관리 성과와 영향요인에 관한 구조모형 구축. 서울대학교 대학원 박사학위논문.
박귀영 외(2013). 사회문제론. 경기 : 정민사.
박명하 외(2009). 2008년도 노인실태조사 : 전국 노인생활실태 및 복지욕구조사. 보건복지부·계명대학교 산학협력단.
박석돈 외(2013). 노인복지론. 경기 : 양서원.
박수경·문수경(2005). 성공적 노화를 위한 신체장애노인의 심리적 임파워먼트 관련요인 연구. 한국노년학, 26(1).
박순미·손지아·배성우(2009). 노인의 생활만족도 변화에 대한 종단적 접근 : 인구사회학적 변인을 중심으로. 사회과학연구, 25(3).
박순영(2005). 독거노인과 가족동거노인의 죽음에 대한 태도 비교 연구. 부산대학교 행정대학원 석사학위논문.
박지영(2014). 고령화사회의 노인자살-노인자살 예방을 위한 사회복지 기능에의 반성과 고찰-. 복지동향, 188. 서울 : 나눔의 집.
박현식 외(2014). 노인복지론(개정판). 경기 : 양서원.
백종만 외 공역(2006). 사회복지개론. 서울 : 시그마프레스.
백지은·최혜경(2005). 한국노인들이 기대하는 성공적인 노화의 개념, 유형 및 예측요인. 한국가정관리학회지, 23(3).
범경아(2010). 사회기술 훈련이 여성 노인들의 심리적 복지감과 대인관계에 미치는 영향. 숭실대학교 대학원 석사학위논문.
보건복지부·인구보건복지협회(2012). 노인의 안전한 성생활을 위한 연구.
보건복지부·중앙노인보호전문기관(2013). 2012 노인학대 현황 보고서.
사회복지교육연구센터(2010), 사회복지정책론. 서울 : 나눔의 집.
서인균 외(2011). 학대경험이 노인의 자살생각에 미치는 영향과 스트레스, 우울, 사회적 지지의 매개효과. 보건사회연구, 31(1), 한국보건사회연구원.
서혜경(1987). 한미 노인의 죽음에 대한 태도 연구. 한국노년학, 7, 39-60.
석재은(2008). 우리나라 노인장기요양서비스 시장의 특성과 정책과제. 보건복지포럼, 8.
성혜영·조희선(2005). Rowe와 Kahn의 구성요소를 활용한 성공적 노화 모델. 한국노년학, 26(1).
송주라(2013). 노인장기요양시설의 사례관리 실천활동에 관한 연구. 공주대학교 대학원 박사학위논문.
송진영(2011). 노인복지론. 서울 : 나눔의 집.
송창용·박보경(2011). 고령화시대의 이슈와 정책과제. 서울 : 한국직업능력개발원.

신기원(2010). 노인장기요양보험제도의 운영실태와 발전방향. 공공행정연구, 11(1).

신학진 · 전상남 · 유길준 · 이은용(2010). 독거노인의 자아통합감이 삶의 질에 미치는 영향 : 주관적 건강요인별 조절효과를 중심으로. 한국노년학, 30(4).

심재신(2014). 노인교육 복지지원을 위한 노인평생교육 활성화 방안 연구 : 전라남도 지역을 중심으로. 상명대학교 대학원 박사학위논문.

안경숙(2007). 장기요양보호 노인가족부양자의 재가복지서비스 필요도에 영향을 미치는 요인. 경성대학교 대학원 박사학위논문.

안용민(2013). 자살예방 및 정신건강 증진을 위한 정책방안. 보건복지포럼, 6.

양옥남 · 김혜경 · 김미숙 · 정순둘(2006). 노인복지론. 경기 : 공동체.

____________________(2006). 노인복지론(제2판). 경기 : 공동체.

여공진(2009). 장기요양보험 시행 이후 변화된 현실의 목소리를 전하다. 복지동향, 3.

오성배(2007). 노인장기요양보험의 도입에 따른 노인전문병원의 활성화방안에 관한 연구. 원광대학교 대학원 박사학위논문.

오영희(2009). 노인의 치매실태와 대책. 보건 · 복지 이슈앤포커스, 17.

우국희(2006). 영국 재가노인보호서비스 공급확대를 위한 민간영리부문의 참여와 한국에의 시사점. 노인복지연구, 32.

원석조(2011). 노인복지론. 경기 : 공동체.

유성호 · 김혜경(2003). 60대 사별여성노인의 성에 관한 질적 고찰. 박재간 편. 고령화 사회와 노인복지의 과제. 아시아미디어리서치.

유지웅(2009). 노인범죄 발생 실태분석과 예방대책. 경찰대 치안정책연구소.

윤경아 외(2012). 현대노인복지론(4판). 서울 : 학지사.

윤공진(1995). 성공적 노화와 삶의 질 : 한국노인 대상연구에서 고려할 측면들. 한국 심리학회 춘계심포지엄.

이갑숙(2013). 여가활동이 노인의 생활만족도 및 고독감에 미치는 영향과 사회적 지지의 조절효과에 대한 연구. 호서대학교 벤처전문대학원 박사학위논문.

이규식(2002). 고령사회에 부합하는 복지정책의 방향. 시장경제연구원.

이금룡(2007). 한국사회의 노인자원봉사활동. 한국노인종합복지관협회. 실버플랜, 5.

이금룡 · 박상욱 · 유은경(2013). 노년기 생성감과 생활만족도와의 관계에서 자아통합감의 매개효과에 관한 연구 : 자원봉사활동에 참여하는 노인들을 중심으로. 한국노년학, 33(2).

이미진(2009). 노인장기요양보험의 공공성 확보방안. 복지동향, 8.

이송희 옮김(1993). 행복한 죽음. 서울 : 큰산.

이수철(2012). 자살, 사회의 이면을 보여 주는 거울. 정책동향분석, 23.

이안나(2013). 노인의 자원봉사활동 만족도가 자아통합감에 미치는 영향 : 자기효능감의 조절효과. 호서대학교 벤처전문대학원 박사학위논문.

이용교(2006). 디지털사회복지개론. 서울 : 인간과 복지.
이윤경(2013). 노인 장기요양 대상자 규모와 대상자 선정의 타당성검증. 보건·복지 이슈앤포커스, 189.
______(2014). 노인의 가족형태 변화에 따른 정책과제 : 1994-2011년의 변화.
이은희(2013). 신노인복지론. 서울 : 학지사.
이장욱(2011). 한국고령사회의 노인복지정책 발전방안. 고려대학교 대학원 석사학위논문.
이재풍(2012). 요양보호사의 직무 특성과 임파워먼트가 서비스 질에 미치는 영향. 명신대학교 대학원 박사학위논문.
이창주(2011). 노인장기요양보험 서비스전달체계가 부양자의 삶의 질에 미치는 영향. 성결대학교 대학원 박사학위논문.
일본 개호보험법. 제7조 제1호.
임동혁(2012). 고령화 사회의 재가복지를 통한 노인목회 방안 연구. 총신대학교 목회전문대학원 박사학위논문.
임우석 외(2013). 노인복지론. 서울 : 도서출판 신정.
장석규(2007). 노인부양자의 요양보호서비스 이용의사 결정요인 연구. 명지대학교 대학원 박사학위논문.
장세철 외(2005). 현대인복지론. 서울 : 학지사.
장영식 외(2012). 우리나라의 자살실태와 정책과제. 보건·복지 이슈 앤 포커스, 165.
장준오(2009). 노인범죄 및 범죄 피해. 한국형사정책연구원.
정경희 외(2011). 2011년도 노인실태조사. 보건복지부 한국보건사회연구회.
정경희 외(2013). 국제적 관점에서 본 한국의 노인학대 실태 및 정책적 대응. 보건복지포럼, 6.
정경희·한경혜·김정석·임정기(2006). 노인문화의 현황과 정책적 함의- '성공적 노화' 담론에 대한 비판적 검토를 중심으로-. 서울 : 한국보건사회연구원.
정상양 외(2012). 한국노인복지론. 서울 : 학지사.
정순둘(2007). 여성노인과 남성노인의 성공적 노화에 관한 인식 비교연구. 한국노년학, 27(4).
정연순(2012). 노인장기요양 서비스 이용자의 요양등급 변화 요인에 관한 연구 : 서울시 노인 주·야간보호시설을 중심으로. 서울시립대학교 도시과학대학원 석사학위논문.
정옥분 외(2008). 노인복지론. 서울 : 학지사.
정진욱(2011). 일본의 자살예방 대책. 보건·복지 이슈 앤 포커스, 84.
조맹제(2009). 국내 치매노인 유병률 현황과 위험요인. 보건복지포럼, 156.
조선일보(2013. 3. 31). 노화원인은 세포관리체제 결함 때문.

지순덕(2013). 감정노동 매개를 통한 직무만족에 관한 연구 : 서울시 노인복지시설. 중앙대학교 대학원 박사학위논문.

지은정 외(2012). 고령화사회 노인의 사회참여 활성화 방안 : 노인일자리 사업과 자원봉사를 중심으로. 서울 : 한국노인인력개발원.

채구묵(2009). 사회보장론. 경기 : 학현사.

최경숙(2009). 비영리요양기관에서 바라본 노인장기요양보험 1년. 복지동향, 8.

최성재(1986). 노인의 생활만족도 척도 개발에 관한 연구. 한국문화연구원논총, 49.

최성재・장인협(2006). 노인복지학. 서울 : 서울대학교출판부.

최신덕(1983). 노인과 가족. 아산사회복지사업재단 편. 현대사회와 노인복지. 서울 : 아산사회복지사업재단, 229-241.

최인영(2007). 한국 중년세대의 가치관과 성공적인 노화 인식에 대한 연구. 이화여자대학교 대학원 박사학위논문.

최태복(2011). 노인교육 프로그램의 발전방안에 관한 연구. 대전대학교 대학원 박사학위논문.

최현식・하정철(2012). 노인의 삶의 질과 삶의 만족도에 관한 연구. 한국데이터정보과학지, 23(3).

최희경(2010). '신노년' 정책담론에 대한 비판적 재검토. 한국사회정책, 17(3).

통계청(2011). 2011년 사회통계조사결과.

______(2013). 2013 고령자통계.

한국여성정책연구원(2012). 성인지 통계.

한동효(2008). 고령화 사회의 노인범죄의 추이와 영향요인 연구. 지방정부연구, 12(2).

한영희(2012). 노인 주・야간보호서비스의 만족도에 관한 연구 : 제주특별자치도 중심으로. 한일장신대학교 대학원 석사학위논문.

한정란(2001). 교육노년학 : 노인을 위한, 노인에 관한, 노인에 의한 교육. 서울 : 학지사.

허정무(2002). 노인교육 이론과 실천방법론. 서울 : 학지사.

허준수(2010). 노인복지연구. 서울 : 도서출판 신정.

현외성(1992). 비교사회정책연구. 마산 : 성은출판사.

______(2012). 노인복지학 신론. 경기 : 양서원.

홍현방(2003). 노인의 영양건강과 성공적인 노화의 관계 : 대전광역시 노인을 중심으로. 노인복지연구, 21.

홍현방・최혜경(2003). 성공적인 노화 정의를 위한 문헌연구. 한국가정관리학회지, 21(2).

황남희(2014). 노년기 평생교육 현황과 정책과제. 보건・복지 Issue & Focus, 233.

황상민・김도환(2004). 한국인의 라이프스타일과 세대의 심리적 정체성 : 세대 차이 연구를 위한 심리학적 모델. 한국심리학회지 : 사회 및 성격, 18(2).

황진수(2001). 노년학의 이해. 서울 : 한국노년학회.

황진수 외(2011). 노인복지론. 경기 : 공동체.

Baltes, M. M., & Lang, F. R.(1997). Everyday functioning and successful aging : the impact of resources. *Psychology and Aging, 12*(3).

Baltes, P. B., & Smith, J.(2003). New frontiers in the future of aging : From successful aging of the young old to the dilemmas of the fourth age. *Gerontology, 49*.

Baltes, P. B., & M. M. Baltes(1990). Psychological Perspective on Successful Aging : the Model of Selective Optimization with Compensation. In P. B. Baltes and M. M. Baltes(eds.). *Successful Aging : Perspectives from the Behavioral Sciences*. New York : Cambridge University Press.

Bassuk, S. S., T. A. Glass, & L. F. Berkman(1999). Social Disengagement and Incident Cognitive Decline in Community-dwelling Elderly Persons. *Annal of Internal Medicine, 131*(3).

Butler, R. N.(1975). *Why Survive? : Being old in America*. New York : Harper and Row Co. Deeken, Alfons. 소노 아야코 공역. 박기현 옮김(1995). 삶과 죽음을 생각한다. 서울 : 대한교과서.

Charbonneau-Lyons, D. L., P. M. Mosher-Ashley, & M. Standford-Pollock(2002). Opinion of College Students and Independent-living Adults Regarding Successful Aging. *Educational Gerontology, 28*.

Chou, K. L., & I. Chi(2002). Successful Aging among the Young-old, Old-old, Oldest-old Chinese. International. *Journal of Aging and Human Development, 54*(1).

Crosnoe, R., & G. H. Elder(2002). Successful Adaptation in the Later Years : a Life Course Approach to Aging. *Social Psychology Quarterly, 65*(4).

Eustis, N. J. Greenberg, & Patten, S.(1984). Long-term Care for Older Persons. A Policy Perspective. Brooks/ Cole Publishing Company, 7.

Fisher, B. J., & D. K. Specht(1999). Successful Aging and Creativity in Later Life. *Journal of Aging Study, 13*(4).

Hagestad, G., & Heugarten, B.(1985). Age and life course. In R. H. Binstodk & E. Shanas(eds.). *Handbook of Aging and the Social Sciences*(2nd ed.). New York : Van Nostrand.

Harris, D. K., & Cole, W. E.(1985). *Sociology of Aging*. 최신덕 역. 노년사회학. 서울 : 경문사.

Havighurst, R. J.(1968). Ersonality and patterns of aging. *The Gerontologist, 38*.

____________(1963). Successful Aging. In R. Williams, C. Tibbits & W. Donahue(eds.). *Processes of aging, 1*. New York : Atherton Press.

Hendriks Jon(2003). Structure and Identity-Mind the Gap : Toward a Personal Resource Model of Successful Aging. In S. Biggs, A. Lowenstein & J. Hendriks(eds.). *The Need for Theory*. Baywood Publishing Company Inc.

Jarvis, P.(1990). Trends in education and gerontology. *Educational Gerontology, 16*(4), 401-409.

Kahn, R. L.(2003). Successful Aging : Intended and Unintended Consequences of a Concept. In L. Poon, S. Gueldner, & B. Sprouse(eds.). *Successful Aging and Adaptation with Chronic Diseases*(pp. 55-69). New York : Springer Publishing Company.

Kalish, R. A.(1976). Death and dying in a Social context. *Handbook of Aging and the Social Science*. Binstock, R. H. and Shanas E.(ed). New York : Van Nostrand Reinhold.

Kane, R. A., & R. C. Kane(1987). *Long−Term Care : Principles, Programs, and Policies. New York* : Springer Publishing Company.

Kubler−Ross, Elizabeth(1970). Five Stages a Dying Patient goes throuth. *Medical Economics,* 272-292.

Moody, H. R.(2005). From successful aging to conscious aging. In M. L. Wykle, P. J. Whitehouse, D. L. Morris(eds.). *Successful Aging Through the Life Span : Intergenerational Issues in Health*(pp. 55-68). New York : Springer Publishing Company.

O'eilly, P., & Caro, F. G.(1994). Productive aging : An overview of the literature. *Journal of Aging & Social Policy,* 6(3).

Peterson, K. A.(1983). *Facilitating Education for Older Learners*. San Francisco : Jossey−Bass.

Pincus, L.(1974). *Death and the Family*. NY : Random House.

Rosenberg, M.(1965). *Society and the Adolescent Self−image*. Princeton, NJ : Princeton University Press.

Rowe, J. W., & Kahn, R. L.(1998). *Successful Aging*. NY : Dell publishing.

Strawbridge, W. J., Wallhagen, M. I., & Cohen, R. D.(2002). Successful Aging and Well−Being : Self−Rated Compared With Rowe and Kahn. *The Gerontologist, 42*.

Walker, A., & Maltby, T.(2012). Active ageing : A strategic policy solution to demographic ageing in the European Union. *International Journal of Social Welfare, 21*.

Weg, R. B.(1996). Sexuality, sensuality and intimacy. In J. E. Birren et al.(eds). *Encyclopedia of Gerontology, 2*. New York : Academic Press.

http://cafe.naver.com/funnyedu

http://cafe.naver.com/social86

찾아보기

인 명

내 용

저/자/약/력

■ 박희숙

광운대학교 사회복지학 석사
중앙신학대학교 대학원 박사
현 경복대학교 복지행정과 교수
사단법인 행복을나누는사람들 대표이사

■ 장원태

연세대학교 경제학 석사
고려대학교 경제학 박사
현 경복대학교 의료복지과 학과장

■ 곽종형

신한대학교 사회복지학 석사
호서대학교 경영학 박사
중앙신학대학교 대학원 박사
현 성산효대학원대학교 교수

노인복지론

|공저자| 박희숙 · 장원태 · 곽종형

|1판 1쇄| 발행 2023년 10월 30일

|발행인| 김동훈
|발행처| 공동체

|주소| 경기도 고양시 일산동구 호수로 358-39, 동문타워 I 905호(백석동)
|전화| 031) 814-3000(대표)
|팩스| 031) 814-3100
|홈페이지| www.compub.co.kr
|전자우편| compub@naver.com
|출판등록| 2005년 10월 6일
|등록번호| 제396-2005-36호

|ISBN| 979-11-6725-517-4
정가 19,000원